JOAN ROSÀS XICOTA

# MÁS ALLÁ DEL ÉXITO Y DEL FRACASO

## Los valores que sostienen a las personas ante el éxito y el fracaso

EDICIONES OBELISCO

**Colección Empresa**
MÁS ALLÁ DEL ÉXITO Y DEL FRACASO
*Joan Rosàs Xicota*

1.ª edición: enero de 2021

Corrección: *TsEdi, Teleservicios Editoriales, S. L.*
Maquetación y diseño de cubierta: *Isabel Estrada sobre una imagen de Shutterstock*



Edita: Ediciones Obelisco, S. L.
Collita, 23-25. Pol. Ind. Molí de la Bastida
08191 Rubí - Barcelona - España
Tel. 93 309 85 25
E-mail: info@edicionesobelisco.com

ISBN: 978-84-9111-640-0
Depósito Legal: B-20.227-2020

Impreso en Black Print CPI Ibérica, S. L.
c/ Torre Bovera, 19-25
08740 Sant Andreu de la Barca - Barcelona

*Printed in Spain*

# Agradecimientos

Para empezar con estos agradecimientos, debo referirme de forma muy especial, al apoyo que me ha otorgado mi esposa, Maria Carme, y a las horas compartidas con ella mientras yo estaba escribiendo, tanto el verano de 2019, cuando estaba recuperándome de una fractura de peroné, como durante el confinamiento de hace unos meses por la pandemia de la Covid-19. Como siempre, estás conmigo en los momentos importantes. Y debo decir, al mismo tiempo, que tanto mi hija mayor Núria, con su admiración por este proyecto, como la pequeña, Elisabet, con sus consejos sobre cómo seguir avanzando, habéis sido y sois para mí un estímulo imparable.

La confianza y el espíritu de seguir siempre avanzando que nos hemos transmitido en la familia han sido y son fundamentales en nuestras vidas. Y así ha sido también en esta ocasión. Por ello, quiero expresar que todos vosotros, Maria Carme, Núria y Elisabet, y vuestros maridos, Albert y Marcel, y también el pequeño de la familia, Jordi, de poco más de un año, habéis sido mi mayor aliciente para terminar este proyecto.

También quiero agradecer a mis familiares con los que he compartido esta iniciativa y que me habéis animado a terminarla. Todos vosotros también formáis parte de este libro, aún y no teniendo un apartado concreto. Y querría hacer una mención a mi sobrino Francesc, que ha diseñado la portada de la versión catalana del libro, y a mis sobrinas, que, cada una a su modo, también han contribuido al desarrollo de esta obra.

Debo dar las gracias a muchas personas que han participado en esta aventura y, de manera especial, a los veintidós personajes que irán apareciendo en las próximas páginas. A todos vosotros, muchas gracias por confiar en mi persona y a vuestra decisión de publicar vuestros pensamientos sobre temas tan comprometidos como pueden ser el éxito y el fracaso.

A continuación, debo dirigirme a dos personas clave para la realización de esta obra: a Marta Vila y Mariano Veloy. Marta inmediatamente creyó en el proyecto y me animó a llevarlo a cabo. Luego, me presentó a Mariano, con quien hemos estado trabajando codo con codo durante casi dos años. Trabajar con él durante todo este tiempo ha sido una experiencia muy gratificante.

Mi agradecimiento también es para todos mis queridos amigos de los grupos del *Gin*, la *Calçotada*, el *Sopar Absolut* y la *Colla Pessigolla*; todos vosotros sois siempre una fuente de alegría e inspiración constante.

A Isidre Fainé también quiero expresar mi agradecimiento por su aliento en la publicación de esta obra; a Josep Baselga, por sus reflexiones y sugerencias; y a María Novo, por explicarme cómo encontrar tiempo para escribir y por presentarme a los editores. Del mismo modo, merecen mi consideración Óscar Aguer, por su contribución inicial; Joan Massons, que me ha asesorado en temas clave; y Ricardo Díez Hochlietner, hijo, por ayudarme a completar la sección de su padre, el primer protagonista en aparecer en el libro.

No sé si es lo habitual agradecer también a los editores, pero en este caso me siento en la necesidad de hacerlo por la confianza que habéis puesto en mi desde el primer momento cuando os expliqué en qué consistiría el libro. A Juli Peradejordi y Anna Mañas, pues, muchas gracias por haber creído en este propósito.

Como nota final querría añadir que los derechos que perciba el autor por las ventas de este libro, se destinarán a investigación médica y a cubrir los costes del tratamiento del guía del Kilimanjaro, Nickson Johnson Mgonja, uno de los protagonistas de este libro. Poco después de nuestra ascensión con él al Kilimanjaro, le fue diagnosticado un mieloma múltiple del que está siendo tratado en Tanzania.

# Introducción

## El porqué de este libro: un canto a la vida

Podría decir que hay muchas razones por las que he decidido escribir este libro, pero todas ellas las podría resumir en dos fundamentales que incluyen las demás. Por un lado, la necesidad de compartir la pasión por la vida y, por otro, de expresar la gratitud por lo que tengo y hago, y por quién soy.

Este libro es, por tanto, un canto a la vida. Y me gustaría empezar esta introducción con este poema de la madre Teresa de Calcuta.

> La vida...
> es una oportunidad, aprovéchala;
> es un sueño, hazlo realidad;
> es un reto, afróntalo;
> es un deber, cúmplelo;
> es amor, disfruta de él;
> es tristeza, supérala;
> es un misterio, desvélalo;
> es un himno, cántalo;
> es felicidad, merécela;
> es la vida, defiéndela.

## Cómo nace la idea

He tenido la suerte de que mi trayectoria profesional me ha llevado a viajar por todo el mundo y conocer personas fuera de lo común, de culturas y ocupaciones muy distintas y con roles en la sociedad de lo más variado. También he tenido el privilegio de establecer relaciones estrechas con ministros, científicos, presidentes de bancos, académicos, deportistas, empresarios, así como con mujeres y hombres corrientes que han sido o son una referencia para mí por los motivos que explico en el libro. Por alguna u otra razón, son personas de las que he descubierto algún aspecto o vertiente que representan o ha representado una fuente de admiración e inspiración. Son una recopilación de ejemplos muy variados de éxito en la vida de unas personas con las que he ido desarrollando una estrecha afinidad que me ha llevado a conversar con ellos sobre el éxito y el fracaso en su concepción más amplia. Estos protagonistas son de todas partes; de países lejanos, como la India, Japón o Estados Unidos, pero también son de mi ciudad, Granollers, o de la ciudad en la que vivo y que también siento mía, Barcelona.

Pero debo decir algo importante sobre los que participan en esta publicación: «No están todos los que son». Ciertamente, hay muchas personas que también tendrían que estar, pero, obviamente, esto no ha sido posible. A las limitaciones de tiempo y espacio, también se ha añadido un componente de azar a la hora de incorporarlos; ¿coincidimos o hablamos en el momento y en el lugar oportuno? Seguro que sí. En todo caso, este proyecto también está inspirado por otros «compañeros de viaje» que significan lo mismo para mí, a pesar de que no hayan intervenido directamente en la redacción del libro. A ellos también les dedico cariñosamente este trabajo.

## Más allá del éxito y del fracaso, y lo que me gustaría lograr

Esta obra, pues, recoge las reflexiones de veintidós personas, con experiencias de la vida muy diferentes, que han expresado lo que piensan sobre el éxito y el fracaso en las diferentes facetas de la vida (personal, profesional, familiar, espiritual, social, económica, respecto a la salud...), en conversaciones que hemos mantenido en los últimos tres años. Y ha sido en esta introspección con cada una de ellas de dónde han surgido consideraciones sobre lo que de verdad es importante en la vida de cada uno. En estas conversaciones, los partícipes también expresan sus apreciaciones sobre la distinción entre éxito y fracaso, la relación entre éxito y felicidad, fracaso e infelicidad, las relaciones familiares, los retos personales y los de la sociedad, y otros.

Asimismo, estas valoraciones personales revelan algunas de las claves que han llevado a estos protagonistas a alcanzar el éxito en ámbitos de su vida o, por el contrario, han sido también la razón de haber sufrido fracasos en otros ámbitos. Son testigos que transcienden su propia historia y, como la lección de un buen profesor, se convierten en ejemplos para comprender mejor quiénes somos, qué nos hace felices o desgraciados y cómo es el mundo en el que nos movemos.

¿Y yo qué querría lograr con este proyecto? Muy simple, que pueda ser de utilidad para otras personas, que inspire a lanzarnos a la vida con pasión y con la ilusión de hacerla mejor para alguien, conocido o desconocido, de una manera o de otra y en cualquier lugar, no importa dónde. Puede ser en la puerta de al lado de casa o a miles de kilómetros lejos, en otro continente. En el viaje a Ítaca, siempre encuentras a algún desconocido que te ayuda en un momento clave, sin esperar nada a cambio y con quien no volverás a converger. Así que, ¿por qué no hacer lo mismo con personas con las que habrás coincidido durante tu travesía y que quizás no volverás a ver más? Esta aspiración también incluye, naturalmente, los seres de nuestro alrededor, con los que convivimos de cerca cada día. Tengo que decir que este deseo de que otros puedan sacar algún provecho de este texto va especialmente dirigido a los jóvenes, que acaban de empezar su aventura de vivir. A ellos, desearía que este libro les reafirme en su fe para creer que el mundo está a su alcance y que sí que pueden marcar la diferencia.

Así, el libro también contiene las reflexiones de dos jóvenes, en sus veinte años, con los que coincidí durante un año, cuando hicieron unas prácticas académicas bajo mi tutela como parte de su programa universitario de master. A estos dos jóvenes, sin embargo, no les he preguntado qué opinan del éxito y del fracaso, sino que les he pedido que expresen lo que piensan de las reflexiones y recomendaciones que hacen sus otros «compañeros sénior» que han contribuido a esta publicación contando sus pensamientos.

Con el objetivo de no influir los unos a los otros, ninguno de ellos ha leído las respuestas y las opiniones de los demás. Sólo lo habrán podido hacer una vez publicado el libro. Los dos jóvenes mencionados, en cambio, sí que han leído las aportaciones de cada uno de los «coautores» para que justamente puedan opinar sobre sus consideraciones.

A continuación, presento a los protagonistas de este proyecto:

**Ricardo Díez Hochleitner**: empresario, humanista, expresidente del Club de Roma Internacional, cofundador de Prisa (El País) y receptor de múltiples condecoraciones y homenajes.

**Ruth A. Davis**: diplomática norteamericana y la primera mujer directora del Servicio Exterior de los Estados Unidos.

**Roser Camp, viuda de Castells**: madre de familia, empresaria y modelo de vida.

**Dennis L. Meadows**: científico, profesor y coautor del libro *Más allá de los límites del crecimiento* (1993) y ganador del premio The Japan Prize, de la Technology Foundation of Japan.

**Martí Boada**: científico, divulgador de sostenibilidad y ganador del Premio Global 500 de las Naciones Unidas.

**Federico Mayor Zaragoza**: catedrático de Farmacia, exministro de Educación y Ciencia, exparlamentario europeo, exdirector general de la UNESCO y autor de diversos libros de poesía y prosa.

**María Novo**: catedrática de la Universidad Nacional de Educación a Distancia, autora de 27 libros, entre lo que destacan *Despacio, despacio* (2010) y *El éxito vital* (2017). Directora del proyecto *EcoArte* para la integración de la ciencia y el arte.

**Ángel Villán**: escalador, bombero y guía de alta montaña y escalada.

**Francesc Cobo**: doctor en medicina, hematólogo-oncólogo, corredor de triatlones y experto en pájaros.

**Nickson Johnson Mgonja**: guía de montaña en el Kilimanjaro.

**Ashok Khosla**: empresario social, expresidente de la Unión Internacional para la Conservación de la Naturaleza, copresidente del Panel Internacional sobre Recursos de las Naciones Unidas y asesor de gobiernos sobre sostenibilidad.

**Ramon Parellada**: hostelero, empresario, humanista y propietario de la Fonda Europa de Granollers.

**Pep Bou**: arquitecto técnico de formación, actor de teatro y mimo, y creador de espectáculos poeticovisuales a partir de las formas y la ductilidad de las pompas de jabón.

**Shlomo Ben Ami**: exministro de Asuntos Extranjeros y de Seguridad de Israel, negociador de la Cumbre de Paz de Camp David promovida por el presidente Bill Clinton, y exembajador de Israel en España. Exmiembro del Consejo Asesor de la Comisión Internacional para la No Proliferación Nuclear.

**Núria Roca Pasqual**: señora residente en un albergue municipal.

**Josep Lluís Rovira**: empresario y miembro de múltiples consejos asesores y patronatos.

**Gunter Pauli**: fundador y presidente de la Fundación Zeri, profesor, empresario, divulgador y autor del *best-seller* mundial *La economía azul* (2011), entre otros libros. Premio a la Mejor Educación sobre la Naturaleza en la China (National Award for the Best Nature Education) en 2019.

**Antonio Valero**: científico, fundador y director de CIRCE (Centro de Investigación de Recursos y Consumos Energéticos).

**Javier González Fraga**: expresidente del Banco de la Nación Argentina, expresidente del Banco Central de la República Argentina, empresario, académico y humanista.

**Leandre Mateu Rocher**: propietario del clásico *Dole Cafè* en Barcelona, reconocido por sus bocadillos de tortilla, sus tertulias y sus recitales de villancicos.

**Lluís Girbau Cabanas** y **Giorgio Teresi**: dos jóvenes de 23 y 26 años que han hecho unas prácticas de máster con el autor y se han pronunciado respecto al sentido que tiene este libro y la opinión que les merece.

## Un homenaje a tres personas excepcionales

En esta introducción, querría al mismo tiempo hacer un reconocimiento a tres personas que habrían formado parte de este libro pero que no han podido hacerlo porque murieron antes de llevar a cabo esta idea. Aun así, con este «homenaje» consigo que, de algún modo, también participen de este proyecto hecho realidad.

## Lluís Diumaró Vila

El amigo Lluís Diumaró fue el primer periodista que cubrió el telediario de los fines de semana en los informativos de la televisión catalana TV3. Con sólo treinta tres años, murió en un accidente de coche en Potsdam (Alemania), junto con otros dos periodistas de TV3, Joan Fornell y Josep Ylla, y un intérprete chileno, en junio de 1990. Volvían de hacer un reportaje sobre la caída del Muro de Berlín.

*El mosén Joaquim Lluís es el primero por la izquierda, Lluís es el segundo y el amigo Martí Vall es el cuarto. La fotografía fue hecha en octubre de 1976.*

Con catorce o quince años coincidí por primera vez con Lluís. Me impresionó por su elegancia y distinción. Era el ejemplo de un joven perfecto. Empezamos a salir a la montaña juntos y en seguida fuimos forjando una amistad sincera y basada en la admiración mutua. Mi primera salida de escalada fue con él al Sot del Bac en Figaró. Descubrí que, además de aquellas virtudes suyas, que ya me habían cautivado al principio de conocerle, Lluís era la persona más entusiasta que había conocido nunca. Continuamente, desprendía ilusión a su alrededor y motivaba a los otros a crear nuevos proyectos.

Mientras estudiaba la carrera de Ciencias de la Información, compaginó sus estudios con sus primeros trabajos en el mundo de la comunicación. Empezó en la revista de Granollers *Plaça Gran*, como fotógrafo. Poco después, arrancó Radio Granollers, como director, y contribuyó a crear y consolidar una radio que no existía. A continuación, pasó por TV Cardedeu hasta que lo llamaron de TVE en Cataluña para hacerse cargo del programa *Cinc cèntims*. Y, dos años después, entró en TV3 donde, además de llevar el telediario de la noche los fines de semana, también creó el primer espacio informativo para niños, llamado *Splash*.

La progresión de Lluís en todo lo que hacía era exponencial. Sus realizaciones audiovisuales y sus programas informativos tenían aquella impronta personal suya y eran de una calidad inmejorable, con todos los detalles trabajados cuidadosamente.

En verano de 1989, vino a nuestra casa, en Nueva York, con su mujer, Mercè. Por las mañanas, muy temprano, salíamos a correr juntos y manteníamos interesantes conversaciones mientras recorríamos los parques de Jackson Heights en Queens.

La trágica noticia de su muerte aquel verano de 1990 nos conmovió a todos los que le conocíamos. Representó un indiscutible error del azar y la historia porque Lluís estaba llamado a seguir creciendo y a ser muy grande. No tengo ninguna duda de que habría sido un referente internacional del periodismo audiovisual innovador. A veces, he pensado que su contribución al mundo de la comunicación y su prestigio personal lo habrían llevado a ser el primer catalán en recibir el The Pulitzer Prize, que equivaldría al Premio Nobel en Periodismo. ¿Por qué no?

Con estos párrafos, pues, quiero honrar la memoria de este brillante profesional que no pudo continuar el camino del éxito que le correspondía.

## Dr. Antoni Viscasillas

El Dr. Antoni Viscasillas fue un insigne médico de Granollers que murió en junio de 2015. Muy posiblemente me salvó la vida cuando, con cuatro años, me diagnosticó una meningitis que otros médicos descartaban. Esta enfermedad me volvió a aparecer cuando tenía siete años y estuve casi tres meses ingresado en el Hospital del Mar de Barcelona. En todo momento, él me hizo un seguimiento muy de cerca hasta mi total curación.

Recuerdo que, en una ocasión, al poco de salir del Hospital del Mar, fuimos con mi madre a verle para que me hiciera un reconocimiento. Al terminar la visita, le pedí si podría ver la reproducción de un caimán que tenía en una estantería en el consultorio. La respuesta del Dr. Viscasillas fue que me lo llevara a casa. La ilusión que me hizo ese regalo fue tan grande que todavía hoy, cincuenta años más tarde, mantengo ese vivo recuerdo que me transporta a la felicidad de ese momento.

Desde mi juventud, le hacía visitas periódicas que, en realidad, no respondían a consultas médicas, sino a compartir con él mis vivencias, que eran objeto de su admiración. Recuerdo que estaba entusiasmado cuando

le expliqué que, con mi amigo Josep Lluís, habíamos subido el Mont Blanc en tres días (ida y vuelta) desde Granollers. También pasamos muy buenos ratos hablando de cómo combinaba yo los estudios con mi trabajo en el Departamento de Extranjero de la desaparecida Banca Catalana donde, con sólo diecisiete años, ya me relacionaba con el extranjero.

El Dr. Viscasillas fue un ejemplo de profesionalidad y dedicación hacia los otros. Tenía una profunda fe religiosa. Era un médico excelente y comprometido que contribuyó a que el mundo fuera un lugar mejor para muchos. Siempre estaba cerca de las personas y de sus necesidades.

Compartir momentos con él, alguna tarde, a última hora y sin prisas, representaba una auténtica inyección de fuerza vital. En los últimos años de su vida, de vez en cuando, lo iba a buscar e íbamos a desayunar un suizo –chocolate a la taza con nata– a la cafetería Sant Jordi de L'Ametlla. Nuestras conversaciones eran tan entrañables como siempre.

## Joaquim Muns Albuixech

Joaquim Muns, consejero y gran amigo. Ha sido una persona clave en mi vida, desde que lo visité por primera vez en la Facultad de Económicas de la Universidad de Barcelona, la primavera de 1984, hasta los últimos momentos antes de morir en su casa, en noviembre de 2015.

En junio de 2009, presenté a Joaquim Muns en un acto público en el Círculo Ecuestre de Barcelona y empecé explicando que era un hombre de una honestidad y un rigor excepcionales. «El mundo sería mejor si hubiera más gente como tú», añadí.

Descubrí su rigor y su responsabilidad desde el primer momento que lo conocí, en 1984. En aquellos momentos, yo había decidido que quería estudiar y vivir en Estados Unidos. Era mi «sueño americano», que compartí con mi mujer, Maria Carme.

La forma de alcanzar este objetivo podría ser a través de una beca que me permitiera hacer un posgrado en Estados Unidos y al mismo tiempo vivir y trabajar después en el país. De hecho, no tenía otra opción. Una beca Fulbright sería ideal porque me permitiría hacer justo esto. Se trataba, pues, de preparar un proyecto que tuviera sentido y que aportara unas buenas cartas de recomendación. Supe de la existencia de un tal Joaquim Muns, catedrático de Organización Económica Internacional de la Universidad de Barcelona y que había sido director ejecutivo del Fondo Monetario y del Banco Mundial. Había vivido muchos años en Estados Unidos, pero en ese momento residía en Barcelona y era una persona de gran prestigio internacional. ¡Qué magnífica oportunidad de obtener una carta de recomendación suya! Y así fue como le fui a visitar a su despacho para pedirle la carta.

Pero la sorpresa fue mía cuando literalmente me dijo: «Escúcheme, yo a usted no le conozco y, por lo tanto, no le puedo firmar una carta de recomendación. Ahora bien, si consigue la beca, entonces vuelva y le ayudaré en todo lo que pueda en Estados Unidos».

Quién me iba a decir en ese momento que, justo veinte años más tarde, él acabaría siendo, con la doctora Montserrat Millet, mi director de la tesis doctoral.

La vida de Joaquim ha sido brillante, comprometida y, por supuesto, internacional. De joven, estudió en el Liceo Francés. Una vez terminadas las carreras de Derecho y Ciencias Económicas en la Universidad de Barcelona, con tan sólo veinticinco años, contactó con el prestigioso profesor Karl Popper[1] y se fue a su cátedra, en la London School of Economics. En Londres, compaginaba sus estudios con un trabajo de colaborador en la BBC, hacien-

1. Karl Raimund Popper (1902-1994). Filósofo y profesor austríaco que se convirtió en ciudadano británico. Es considerado como uno de los filósofos de la ciencia más importantes del siglo XX. El racionalismo crítico es la base principal de la filosofía de Karl Popper. Consiste en hacer una crítica a las teorías establecidas por la ciencia y se opone expresamente al positivismo lógico. Popper se opone al empirismo basado en la naturaleza y la experiencia de los sentidos. Sostiene que la formación del conocimiento pasa a ser como un proceso evolutivo que incluye tanto la inclusión de experimentos acertados como la exclusión de intentos fallidos. Para Popper, sin embargo, ninguna teoría científica puede ser establecida de una forma concluyente. En el discurso político, apoyaba con vigor la defensa de la democracia liberal.

do de comentarista en temas económicos. Que en los años sesenta, ese chico de Sant Andreu, con tan sólo veinticinco años, estudiase en «la London» e hiciese de comentarista en la BBC era un hecho muy remarcable.

Luego, emprendió una vida profesional que no podía ser más rica y estimulante, en los organismos internacionales de más prestigio: en la OCDE en París, en el Fondo Monetario y en el Banco Mundial en Washington DC. Y, años después, continuó como miembro del Parlamento Europeo y del Consejo de Gobierno del Banco de España. También fue asesor económico del Vaticano.

A lo largo de los años y en innumerables ocasiones, compartimos muchas horas hablando de todo. Joaquim era un hombre idealista y reflexivo y, para mí, optimista y alegre. Sabía valorar muy bien lo que la vida le ofrecía en cada momento. Recuerdo que una vez, a principios de los años noventa, después de ir a ver una obra en Broadway, fuimos a cenar a un restaurante, justo delante mismo del teatro. Me explicó la formidable experiencia de haber vivido seis meses en Ecuador, en 1966, enviado a una misión técnica por el Fondo Monetario. Hablaba de los Andes nevados, de la cultura indígena, de la candidez de las personas que lo acompañaban, de la historia que impregnaba el barrio de San Agustín en Quito y de las vistas desde la Virgen del Panecillo. Toda una vivencia fascinante propia de una persona que amaba la vida.

A partir del año 1993, en el que Maria Carme y yo fuimos a vivir a Barcelona, recuerdo nuestras salidas periódicas con Joaquim, cuando lo pasábamos a recoger a su casa para ir al Montseny o a pueblos de la Costa Brava. Una vez más, disfrutaba de cada momento y compartía ilusionado su alegría con nosotros. A menudo, lo iba a ver a la Facultad o a su casa para hablar un rato y pedirle sus sabios consejos. Qué suerte haber podido compartir tantas vivencias con él y qué honor que haya sido una persona importante en mi vida.

Como ya he dicho al principio, con este breve reconocimiento, consigo que Lluís Diumaró, el Dr. Antoni Viscasillas y Joaquim Muns también formen parte de este libro.

## Los valores esenciales, la montaña y el mosén Joaquim Lluís

Cuando tenía once años, mi padre murió de manera repentina a finales de un mes de julio. Unos días después, el mosén Joaquim Lluís vino a casa y convenció a mi madre para que fuera con él de campamentos ese mismo verano. Pasadas unas semanas, bien entrado agosto, se presentó en casa el día acordado, con el Land Rover que utilizaba para cubrir la intendencia de los campamentos, y fuimos juntos hasta el alberge Casanova, en el Montseny. Allí ya estaban todos los chicos que hacía unos días que ya habían llegado.

Salimos de Granollers por la tarde, a última hora, y llegamos al atardecer. Por el camino, una vez acabada la carretera asfaltada, continuamos por una pista forestal y tuvimos que atravesar un riachuelo que cruzaba la ruta por donde circulábamos. Era ya casi oscuro y nos encontramos un grupo de vacas justo en medio de la pequeña corriente de agua. Esto nos obligó a salir del coche para apartarlas porque nos cortaban el paso y nos impedían seguir adelante.

A pesar de la simplicidad de este hecho y la proximidad del lugar a donde nos dirigíamos, esta anécdota me quedó muy grabada en la memoria y representó el comienzo de una relación con Joaquim Lluís que para mí ha sido una fuente permanente de valores y motivación. Su convicción para hacer siempre todo lo que se pueda, e ir hasta allá donde sea posible, con

*Parte del «Grup de Travessa» después de subir al Aneto en 1973. Joaquim Lluís es el quinto por la izquierda.*

paciencia y determinación, ha sido un ejemplo para toda una generación de jóvenes que, yendo con él, descubrimos los valores esenciales en la vida y las virtudes de la montaña. Con su liderazgo y espíritu incansable para buscar siempre la verdad, nos enseñó a ser fieles a nuestras convicciones y valorar lo que teníamos. Y en la montaña, nos llevó a descubrir nuevos lugares y también a valorar lo que teníamos más cerca.

Aquella pequeña anécdota de una tarde de agosto, pues, fue el inicio de una experiencia que me acompañaría desde entonces: el descubrimiento de la montaña en sus muchas dimensiones, desde la plenitud que vives con tus compañeros cuando llegas a una cumbre, al canto estridente de los cuervos que te acompañan bajando una canal inhóspita, la serenidad que transmite un valle perdido entre montañas o bien la fuerza radiante que desprende un río bravo de montaña.

La confianza que infundía Joaquim nos enriqueció ya de muy jóvenes y nos llevó a lograr hitos importantes para nosotros. Todos recordamos como, con sólo quince años, logramos subir a la cima del monte Aneto en 1973, una gesta que en aquellos momentos nos pareció espectacular. Y en los años siguientes ascendimos otras muchas montañas de gran significación para nosotros; el Monte Perdido, el Vignemale, el Balaitous... El grupo de amigos que nos hallábamos en torno a Joaquim, y que formamos el llamado *Grup de Travessa*, fue un componente importante en nuestra vida y nos sentimos muy orgullosos. Casi cincuenta años después, todavía salimos a la montaña y compartimos vivencias.

Para concluir este punto, sólo querría añadir que para mí el ejemplo de Joaquim Lluís durante todos estos largos años ha sido el mejor estímulo para atreverte a vivir intensamente, con compromiso y generosidad, y movido por tu propia fe.

## La pandemia de la Covid-19 y algunas reflexiones

Con estas líneas no pretendo hacer un análisis de la trágica pandemia de la Covid-19 que estamos padeciendo. Ni siquiera quiero profundizar en esta terrible pesadilla porque éste no es mi objetivo. Pero escribo estas líneas durante el confinamiento y siento que tengo que hacer una mención sobre lo que estamos viviendo, aunque sea muy breve. Además, el objeto central de este libro gira en torno a los conceptos del éxito y del fracaso. Y la primera pregunta que me viene a la cabeza es si las devastadoras consecuencias de la pandemia son el ejemplo de un fracaso colectivo.

Hemos tenido que detener el mundo forzosamente y esto nos tendría que llevar a una reflexión sobre lo que es importante de verdad, tal como los coautores del libro también lo expresan en sus reflexiones.

Y en este contexto de incertidumbre global, me hago esta pregunta: ¿qué ha sucedido y por qué un virus, ni tan sólo un organismo vivo por sí mismo, nos lleva al confinamiento de los pueblos en todo el mundo, a una paralización de la economía mundial y a aumentar en millones las personas que pasarán hambre? Seguro que son necesarias reflexiones a todos los niveles, empezando por uno mismo, sobre cuál es la respuesta a esta pregunta.

La Covid-19 nos ha hecho sentir muy cerca de nosotros y de nuestras familias las garras de la enfermedad y la muerte, o quizás, desgraciadamente, incluso, experimentarlas en primera persona. Y esta cruda realidad nos ha llevado a muchos de nosotros a tener una consciencia más clara sobre tantos conciudadanos nuestros que mueren de hambre, por guerra o en el mar, ahogados o de inanición, en este «mundo común y sin fronteras» en el que todos vivimos. Todas estas realidades ya existían, pero, quizás ahora, somos más conscientes de estas personas desafortunadas o nos sentimos más cerca de ellas.

Como he dicho al principio, este libro es un canto a la vida y yo ahora añado que también es un canto a la esperanza. La esperanza en la humanidad, al constatar que tantos profesionales y voluntarios, instituciones y sus dirigentes están dando lo mejor de ellos para encontrar soluciones a la grave pandemia y sus consecuencias, y dar un paso colectivo hacia un mundo mejor.

## Lo más importante

Termino esta introducción evocando la teoría de los «esenciales» que me formulé a mí mismo hace mucho tiempo y que procuro tenerla bien presente a lo largo de la travesía; todo lo que hacemos lo podemos reducir a dos categorías: los «esenciales» y los «no esenciales».

Y ahora es esencial para mí escribir una dedicatoria para Maria Carme, Núria y Elisabet; recordar a mis padres, Hilari y Mercè, y a mis hermanos Josep Maria y Carme; y asimismo alzar la vista y mirar bien, bien arriba.

A mis queridas Maria Carme, Núria y Elisabet, las tres personas más importantes en mi vida, sin las cuales, ni sería tan feliz ni este libro habría sido una realidad.

En recuerdo a mis padres, siempre presentes, a pesar de los años que hace que ya no están. El trabajo y la honestidad de mi padre, y la perseverancia y la valentía de mi madre...

... valores que siempre nos han acompañado, con mis queridos hermanos, Josep Maria y Carme.

© Capítulo Español del Club de Roma

# Ricardo Díez Hochleitner

## *Homenaje a Ricardo*

Empiezo el cuerpo del libro y la presentación de sus 22 protagonistas con una mala noticia. Nuestro estimado y entrañable Ricardo falleció el pasado 1 de abril de 2020 en Madrid, después de una admirable trayectoria tanto a nivel internacional como en España. No en vano ha sido reconocido como un español universal, a quien se le concedió la nacionalidad colombiana y los títulos de ciudadano honorífico de Tanzania y Afganistán. Pero Ricardo nunca dejó de sentirse profundamente español y contribuyó al bien de su país de manera determinante, en muchas ocasiones y desde las diferentes organizaciones internacionales en las que ocupó puestos de la más alta responsabilidad.

La vida está llena de paradojas. Lo sabemos todos. Y en esta ocasión, la paradoja es que fue precisamente Ricardo quien me inspiró antes que nadie a escribir sobre el éxito y el fracaso. Me fascinaba preguntarle una y otra vez cuál era la clave de su éxito tan amplio y generalizado. Yo lo llamaba «comprensivo» porque comprendía todas las facetas de su vida. En primer lugar y ante todo, la faceta de su familia: su mujer, Ascensión, sus 7 hijos con sus cónyuges, 22 nietos y 9 biznietos. Y después, sigue toda una vida brillante en todas sus vertientes: empresario, humanista, directivo del más alto rango en organizaciones internacionales, hombre de estado determinante, pero sin militar en partidos políticos, literato, orador.

Y, como acabo de explicar, la paradoja es que Ricardo no ha podido ver acabado este libro tan inspirado en su persona, si bien, su profunda fe trasciende su fallecimiento y él sigue ahí, transmitiendo esa esperanza y fe en las personas que le hizo grande y querido por todos. Tu ejemplo queda ahí, Ricardo, tal como expresaste en uno de nuestros encuentros de no hace mucho tiempo:

«Debemos ser generosos con los demás porque Dios lo es con nosotros y espera que aportemos paz, comprensión y amor a un mundo complejo y tantas veces dominado por la soberbia, la envidia y el desprecio a los demás. Pero yo sé que hay otra manera de vivir con amor basada en escuchar y ayudar a los demás, empezando por la propia familia y los amigos y luchando cada día por mejorar la vida de los demás, con los recursos que estén a nuestro alcance».

Sirvan estas palabras del mismo Ricardo como un homenaje a una persona excepcional que mejoró el mundo de muchas maneras, sembró la semilla del amor y la esperanza, y ha dejado una profunda huella en todos quienes le hemos conocido.

## Entusiasmo y cariño

En nuestras vidas, todos nos hemos cruzado con personas que han representado mucho para nosotros o que han sido determinantes por alguna razón. Para mí, Ricardo Díez Hochleitner ha sido una de estas personas. Creo que encarna el exponente del éxito en todas sus facetas de la vida: personal, familiar, académica, profesional e institucional.

Mis primeros contactos con él fueron a raíz del Club de Roma. Desde el primer momento me fascinó su entusiasmo, su proximidad, su cariño y sencillez, a la vez que su inteligencia, su visión de futuro y compromiso con las personas y con el mundo. En seguida descubrí su profunda amabilidad y sensibilidad con los demás, y me intrigó cada vez más cómo había conseguido tener éxito en todos los ámbitos de la vida. La respuesta que Ricardo me daba una y otra vez era siempre la misma: «El secreto está en mi mujer, Ascensión, en mis hijos y mi familia, y en los amigos», a lo cual le contestaba que, conociendo a Ascensión, no me extrañaba... porque es sin duda una persona magnífica, con una calidad humana y un empuje extraordinarios...

En gran parte, la elaboración de este libro se debe a Ricardo. Mi relación con él me llevó justamente a pensar qué son el éxito y el fracaso en nuestras vidas. Y por esta razón, le expliqué el proyecto y le dije que él sería el primero en expresar sus reflexiones y pensamientos en este libro. Él es, y ha sido, un ejemplo para tantas personas que le conocíamos y que al poco tiempo de relacionarnos, pasamos a quererle y admirarlo, no por lo que tenía, que era mucho, sino por cómo era como persona y por todo lo que había hecho en la vida. Ricardo es un indiscutible ejemplo de la mayor satisfacción que se puede alcanzar por haber vivido una vida repleta de éxitos a todos los niveles.

## Trayectoria vital

La experiencia profesional de Ricardo Díez Hochleitner es asombrosa. Desde muy joven fue profesor en la Universidad de Salamanca y asesoró al Gobierno español en materia de educación con sólo veinticuatro años. A partir de ahí, su papel en organizaciones como la UNESCO, el Banco Mundial o el Club de Roma, entre muchas otras, ha sido clave para entender el papel de España en el panorama internacional. Sin embargo, habla de estos logros con la máxima modestia, porque no es eso lo que lo ha movido en la vida, sino el deseo de ayudar a los otros y aprender.

«En mi formación ha tenido una importancia capital el hogar donde crecí, que estaba marcado por el amor a los idiomas. Mi padre, Félix, nació en Palencia y tenía una vocación nacida en el ambiente de un pueblo con vocación de amor universal. Así, quería abrirse al mundo, conocerlo y servirlo. Esta vocación lo llevó a aprender hasta catorce idiomas y se convirtió en profesor de Filología Española en Bilbao, donde conoció a mi madre, Frida. Ella había nacido en Múnich y había llegado a Bilbao para profundizar en sus estudios de las lenguas románicas, en especial la lengua castellana. Se enamoraron y se casaron. Durante mi infancia fui al colegio alemán, pero en casa también se hablaba ruso y francés. Cuando llegó el momento de escoger la carrera, me decanté por la química, porque estaba interesado en el desarrollo de la ciencia, que era sinónimo de modernidad. Después de empezar mis estudios, mi padre fue nombrado profesor en la Universidad de Salamanca, así que surgió la oportunidad de estudiar en Salamanca, y la aproveché».

Cuando terminó Ciencias Químicas, Ricardo estuvo trabajando un tiempo como profesor, pero pronto empezó a colaborar con la industria, aunque no estaba tan interesado en el negocio en sí mismo como en proyectar en la sociedad los saberes de la ciencia. «Siguiendo esta vocación, acepté la invitación de una empresa alemana para hacer de puente entre España y Alemania y fomentar y desarrollar el conocimiento industrial. Gracias a mi dominio de distintos idiomas, tuve la oportunidad de colaborar con empresas en el extranjero haciendo de embajador y eso me permitió entrar en contacto con mucha gente de gran valor».

Su interés de actuar como puente entre la ciencia, las humanidades y la tecnología marcó toda su carrera, y le permitió llevar a cabo tareas y proyectos de enorme interés, impregnando a los mismos de los valores humanistas y de esa sensibilidad tan extraordinaria hacia las personas que siempre caracterizó a Ricardo. Interesado por la educación, empezó a escribir criticando los sistemas educativos, porque entonces se primaba estudiar muchas asignaturas sin que hubiera una interconexión que permitiera forjar el conocimiento y, de este modo, empezó a hacerse un nombre. «Me llamaron para asesorar al Ministerio de Educación cuando todavía era muy joven –sólo tenía veinticuatro años–, y así fui progresando, aunque sin darme ninguna importancia porque para mí no era nada especial, sino que simplemente trataba de ayudar».

Su primer trabajo importante fuera de España fue en la UNESCO. Allí era el único español y el miembro más joven, pero Ricardo, como era habitual, no le daba importancia alguna, porque para él representaba una oportunidad de aprender y no de enseñar. Cuando dejó la UNESCO, se trasladó a Washington DC para incorporarse a la Organización de Estados Americanos y más tarde al Banco Mundial.

«Allí todos estábamos muy ilusionados con la educación, y esa ilusión, que me ha acompañado siempre en la vida, se la debo a mi padre. Fue él quien me transmitió el respeto a las diferencias culturales del mundo y quien me inculcó, a través de los idiomas, la comprensión y la empatía por las personas que habían nacido y crecido en culturas foráneas, con experiencias vitales y pautas de comportamiento muy diferentes a las nuestras. En casa se daba por supuesto. No importaba qué nacionalidad, religión o qué ideas tuviera un individuo, siempre y cuando su comportamiento estuviera basado en el respeto a la dignidad que toda persona merece... Siendo profundamente católico, mi padre nunca criticó a nadie, sino que siempre demostró un gran respeto a las motivaciones del alma de cada persona.

Siempre escucho con interés no porque sea educado, sino porque tengo mucho que aprender de los sentimientos y la fe de otras personas. Todavía hoy me sorprende el respeto con el que, a mis veinte años, era capaz de escuchar las creencias de los demás sin ceder en las mías. A medida que me he hecho mayor, he tenido que conversar con personas que tienen puntos de vista muy distintos, y ese respeto aprendido en casa ha sido fundamental. El trato con las personas asiáticas, por ejemplo, reforzaba mi fe, porque sus argumentos eran lógicamente humanos, y comprendí que la fe está en el amor entre las personas y en la voluntad de servicio que surge de este amor. En cada religión encontraba lo mismo con otras palabras, los mismos valores».

Una vez terminó su trabajo en el Banco Mundial, Ricardo regresó a París con su familia, cosa que le hizo feliz porque «Francia y su cultura siempre han sido un referente para mi familia». Y no hace falta decir que la familia ha sido siempre fundamental para él. «Con tanta actividad, mi vida ha sido más bien ajetreada y mi mujer y mis hijos me han servido de referente porque me daban seguridad y me recordaban siempre quién era».

De regreso a España, y tras ocupar importantes cargos en el Ministerio de Educación y Ciencia, que desembocaron en la primera gran reforma y apertura de la educación en España, participó en la creación del Grupo PRISA y del periódico *El País*, entre otros proyectos fundamentales para la transición democrática de España, pero insistía en restarle importancia a su participación. «Estos trabajos, como todos los que he tenido en mi vida, han sido producto de las relaciones humanas, nacidas del afecto sincero y de estar disponible para ser útil y aprender. He tenido la suerte de no buscar nunca trabajo, sino que siempre me lo han ofrecido y, si creía que había sintonía y era bueno colaborar con esas personas, aceptaba y trataba de ayudar en aras del éxito común».

## Dios y los otros. Claves del éxito

El éxito es un don de Dios, un regalo que no apreciamos suficientemente. No me estoy refiriendo a mí, porque yo no soy quién para valorar mis actuaciones como exitosas, sino a que a personas de tanta calidad y que me impresionan califiquen dichas actuaciones como éxito en esos términos tan cariñosos. Soy consciente de que decir que el éxito es un don divino es una manera de cargar a Dios con el peso de la responsabilidad, pero, como ser humano, es una forma de pensar desde el punto de vista de la fe y de la relación que establecemos con Dios. Por otro lado, también es importante analizar todos los factores que intervienen en la valoración y las consideraciones que llevan a determinar que una persona ha tenido éxito en la vida, porque la valoración que hacemos de las cualidades de otra persona depende en buena medida de nuestros valores, pensamientos y creencias. Es decir, en esta valoración del éxito intervienen muchos elementos y, generalmente, tendemos a simplificarlo todo, cuando en realidad es muy complejo. Cuando estamos ocupados en las tareas del día a día y en las exigencias de la rutina diaria, no prestamos atención a estas consideraciones, pero cuando nos tomamos un momento para reflexionar en lo que pensamos y lo que piensan los demás, nos damos cuenta de que estamos ante interacciones muy complejas en las que influyen tantísimos factores.

He tenido una vida con mucho trabajo y responsabilidades, estableciendo los planes de educación, implicado en el Banco Mundial o apoyando la restauración de la monarquía en España en la persona del rey Juan Carlos I. En esos años, quizás no me paraba a pensar suficientemente, pero es importante hacerlo porque al detenerse y mirar (y admirar), uno también aprende a querer: deja espacio para el amor y para darse a los demás. No es fácil hablar de eso, porque se trata de un afecto que nos implica como seres humanos y resulta muy difícil de describir. Cuando siento afecto por alguien, su rostro, sus gestos, despiertan en mí un amor fraternal, de confianza y veo mis propios sentimientos reflejados en el rostro del otro. Al darse este tipo de comunicación, los mensajes, las ideas que surgen vienen del otro lado y yo reenvío lo que he recibido: el alma, la cabeza y el corazón del otro. Aquí es donde encuentro la libertad para formular, para pensar, para decir, para personalizar atributos que nunca hubiera tenido desde mi persona, sino que siempre vienen de otro ser. Por lo tanto, nunca he visto el éxito como una cosa mía, sino algo que venía de esa empatía, de esa fraternal relación de amistad, de afecto y de trascendencia respecto a los demás.

## La maduración del ser

Como la mayor parte de la gente, he tenido el regalo que fueron mis padres, unos seres superiores. Ahora bien, la consciencia de haber tenido esta suerte no surge de manera espontánea, sino que es algo que se va desarrollando a lo largo de los años, a medida que maduras. Con el transcurso de las distintas etapas de la vida, como los estudios, la universidad, el trabajo, te vas encontrando con muchas personas de manera muy normal, muy natural, pero, al mismo tiempo, descubres algo maravilloso en ello. Nunca me he sentido incómodo ante los demás, sino que, por el contrario, siempre he tenido la oportunidad de tener encuentros donde ha existido el diálogo del afecto. Me he encontrado con tantas personas con las que he podido hablar con veracidad, con autenticidad, gracias a la madurez del afecto. Amigos con los que hablo y tengo la impresión de que estoy conversando conmigo mismo, porque encuentro el eco de mi ser, de mi alma, de mi entraña y de mi mente. Y lo extraordinario es que no hablo solo, sino que conversamos los dos.

## El verdadero éxito

A mis ojos, el éxito, que con frecuencia observamos en el mundo empresarial, cuando hombres y mujeres buscan el reconocimiento más allá de cualquier principio, no tiene el menor interés, y no hay que valorarlo en absoluto. Hemos visto a sujetos con un éxito extraordinario, pero que no merecen ningún reconocimiento. El éxito que desprenden se da generalmente desde el egoísmo, pero, en mi opinión, eso no es ningún éxito, sino un rotundo fracaso. En la medida en que en algún momento he notado algún pequeño grado de satisfacción, sentido de realización o de éxito personal, ha sido siempre el resultado de la interconexión, del cariño y del respeto hacia los demás. Se trata de una oportunidad, el regalo de encontrar el verdadero afecto de otras personas, porque, gracias a este afecto, uno puede reconocerse en el otro, y ve sintetizado y devuelto en su grado máximo lo poco que uno aporta.

Por otra parte, hay personas que se autoflagelan con un supuesto fracaso, pero seguramente están haciendo un juicio de valor completamente injusto. Ahora yo podría sacar a la superficie episodios en los que me he sentido mal, pero en eso no radica la felicidad. Por el contrario, la felicidad es la autenticidad que buscamos y encontramos en la honestidad que nos ofrece un amigo del alma. Cuando veo el rostro de un buen amigo, siento que me da confianza, porque me está trayendo mis propios sentimientos y valores a flor de piel. Eso es la amistad, el amor. Demasiadas veces nos fijamos en los pequeños detalles egoístas, y ahí no radica la felicidad, sino en el hecho de compartir e interactuar.

## El diálogo con el otro

Cuando quiero ayudar a otro, en realidad, me ayudo a mí mismo, porque esta interconexión me permite hablar al otro con admiración, cariño y respeto. Además, me muestra que yo no tengo siempre la respuesta, sino que la respuesta emana de nuestra relación, de nuestro afecto y de reconocer los caminos que hay que recorrer del brazo de otras personas. No es lo que uno piensa o lo que piensa el otro, sino que para ser honestos con nuestro propio pensamiento, debemos expresar lo que pensamos pero al mismo tiempo, escuchar e interiorizar lo que nos dicen nuestros familiares y amigos, porque de ese diálogo surge la verdad o, por lo menos, una autenticidad, un camino hacia la verdad.

Pienso en la sincera comunicación que tuve con mis padres y en nuestros innumerables intercambios de palabras, opiniones, gestos y sentimientos. Y sobre todo pienso en la profunda comunicación que ahora mantengo con mi mujer, mis hijos, mis nietos y mis amigos, y me doy cuenta de que cada uno de esos seres con los que he convivido tiene su propia forma de ser, pero a todos los puedo mirar a los ojos con franqueza y amor. Y eso no es una casualidad. Cuando de pronto surge una sonrisa en la que se refleja el afecto y el cariño del otro, experimentas un sentimiento que ninguna otra palabra puede expresar.

## Sin enemigos

Por supuesto, después de una larga trayectoria como la mía, también me he encontrado con individuos que me aborrecían de una manera que entonces ni siquiera era capaz de imaginar. ¿Cómo me he defendido de estas personas, si trato de buscar siempre el afecto? Pues muy fácil, con la fe.

Si me encontrara ante alguien que, por los motivos que fueran, percibiera en su ser sensaciones negativas o actitudes hostiles hacia mi persona o si su forma de ser y actuar fuera profundamente adversa a mis convicciones, yo reaccionaría desde mi ser. Y no sería para atacarle o actuar con algún tipo de violencia, sino para tomar esa realidad como referencia y precisamente afirmar los valores que deben movernos. Por el contrario, cuando me encuentro con alguien de quien percibo su amor y estima hacia mí, veo reforzadas mis convicciones, siento la armonía del momento, y ése es el regalo, ése es el futuro.

Eso es lo que llamo los valores y la razón de ser de mi vida, mi condición de servidor al mundo y a los demás. Es algo con lo que me siento muy compensado. De este modo, todo se vuelve más sencillo y comprensible, y ves que tantas veces los supuestos problemas no son más que cobardías.

## Un futuro cogidos del brazo para los jóvenes

Cuando pienso en el futuro, pienso en mis hijos, mis nietos y mis biznietos, y en mis amigos más jóvenes, y siento la necesidad de ayudarles, que es, como digo, una manera de ayudarme a mí mismo. Para ello es necesario hablar con todo el cariño, la admiración y el respeto debido, y no pensar que uno tiene la respuesta válida a todas las dudas o todos los problemas, sino que debemos recorrer el camino cogidos del brazo. De este modo, podemos establecer una relación auténtica. Me gustaría que esta manera honesta y generosa de relacionarnos fuera mi legado para el futuro.

# Ruth A. Davis

Ruth A. Davies es una persona increíble, con muchas cualidades personales y profesionales que la convierten en una mujer excepcional. Ha ayudado a forjar la historia de Estados Unidos gracias al hecho de ser pionera en la diplomacia americana por haber sido la primera mujer afroamericana nombrada directora general del Servicio Exterior de los Estados Unidos. Ruth ha contribuido directamente a consolidar y fortalecer el papel de la mujer en el Servicio Exterior americano con más de 38 000 diplomáticos y personal de dicho servicio, repartidos por todo el mundo.

Nació en Phoenix en 1934 y creció en el sur de Estados Unidos en plena segregación racial, una experiencia que la ha empujado siempre a trabajar para un mundo mejor. Se graduó en el Spelman College con un *magna cum laude* y recibió su master en Organización Comunitaria de la prestigiosa Universidad de California en Berkeley, antes de incorporarse a los servicios diplomáticos norteamericanos.

Conocí a Ruth a raíz de la Organización Internacional de Mujeres Emprendedoras (IWEC) que cofundó y de la cual es presidenta. Ambos asistimos a las conferencias anuales de IWEC que tuvieron lugar en Estocolmo y Estambul en 2014 y 2015 respectivamente. Rápidamente me di cuenta de que no era una persona común y que era una mujer profundamente virtuosa que dejaba una impresión duradera fuera donde fuera. Ésta fue la razón de preguntarle si podía referirme a ella como *La Gran Ruth,* a lo que sonriendo me respondió: «¡No hay problema!». Y así es como la llamo de vez en cuando.

Ruth tiene una personalidad fuerte que emana autoridad y exige respeto. Naturalmente genera lo que los romanos definieron como *Auctoritas,* o autoridad moral suprema de una persona. Ruth también irradia confianza y generosidad, y todo el mundo descubre con facilidad lo amable que es.

A lo largo de su carrera, desempeñó el cargo de embajadora en Benín de 1992 a 1995, y de cónsul general de los Estados Unidos en Barcelona antes de la celebración de los Juegos Olímpicos de 1992. Gracias a esta experiencia, contribuyó al éxito de los juegos celebrados en Atlanta facilitando el intercambio de experiencias entre las ciudades de Barcelona y Atlanta.

Dejó una huella indeleble en Barcelona, con muchos amigos con los que mantiene una estrecha relación a pesar de los muchos años que han pasado desde entonces. Su impacto en Barcelona se refleja en la conmovedora y encantadora anécdota que tuvo lugar en 1991. Al acabar su mandato en Barcelona, un numeroso grupo de empresarias catalanas de una organización llamada Grup Set organizó una fiesta de despedida con más de trescientos invitados en el Palacio Real de Pedralbes. Entre los invitados se encontraban el presidente de la Generalitat de Catalunya, Jordi Pujol, y el alcalde de Barcelona, Pasqual Maragall. Grup Set le dio a Ruth un regalo que nunca olvidaría, el mejor regalo que podría haberse imaginado... Ruth se quedó atónita cuando sus padres entraron por la puerta a mitad de la fiesta y ambos fueron recibidos por el presidente de la Generalitat de Catalunya y el alcalde de Barcelona. Según Ruth, fue «la sorpresa más inesperada y extraordinaria que he tenido en mi vida y el mejor regalo de aniversario que podría haber recibido». El hecho de que los dos principales representantes institucionales de Cataluña se reúnan para recompensar a su estimada cónsul y sus esfuerzos para estrechar las relaciones con los Estados Unidos en todos los niveles demuestra cómo era Ruth de querida por todos desde su época en Barcelona.

En el año 2000, Ruth se enfrentó a un episodio en su vida de una manera encomiable y admirable, gracias a su fuerza moral y su profunda fe. Le diagnosticaron mieloma múltiple y le dieron tres años de vida. Gracias a la atención médica y a su determinación para luchar contra el grave diagnóstico, Ruth superó esta enfermedad tan grave y hoy contribuye a generar fondos para la investigación del cáncer y coopera activamente con el hospital donde fue tratada para ayudar a otros pacientes. Me cuenta que los valores morales y espirituales que aprendió de sus padres tuvieron una gran influencia en su lucha contra el cáncer.

IWEC representa otro ejemplo de la convicción y la fuerza con la que Ruth lleva a cabo proyectos en los que cree, se identifica y en los que defiende las causas sociales por las que siempre ha luchado, especialmente abogando por los derechos y libertades de las mujeres y su empoderamiento, así como por la lucha contra las desigualdades sociales. Esto llevó a Ruth a cofundar IWEC en 2007, con el apoyo de mujeres influyentes y comprometidas, como la barcelonesa Adela Subirana, y con el propósito de promover y reafirmar el empoderamiento de las mujeres emprendedoras de todo el mundo. Las mujeres asociadas con IWEC actualmente provienen de 42 países de los cinco continentes, cuentan con una cifra de negocios de más de 35 000 millones de dólares y dan empleo a 350 000 personas en todo el mundo. Actualmente, IWEC está constituida como una fundación con sede en Nueva York.

Desde su retirada del Servicio Exterior en 2009, Ruth también ha formado parte de varias iniciativas para ayudar a los países que han sufrido desastres naturales.

Finalmente, no podría terminar esta breve introducción sin mencionar la habilidad especial de Ruth para llevar a cabo análisis políticos de una manera serena y perspicaz, formulando hipótesis sorprendentes, más allá de la lógica cotidiana. Ruth Davis sirve de inspiración para muchas personas de todo el mundo, no sólo por su larga y exitosa carrera, sino también por el impacto que sigue teniendo en la promoción de los derechos y oportunidades de mujeres de todos los orígenes.

Ruth y yo nos conocimos en Estocolmo en 2014. Desde entonces, hemos llevado a cabo interesantes y fructíferas reuniones, principalmente en Barcelona o Washington DC, aprovechando los viajes de verano de Ruth a Cataluña y mis viajes profesionales a Washington DC. Hemos cenado en muchas ocasiones y, en algunas de ellas, los tres: Ruth, mi esposa Maria Carme y yo. Es un verdadero placer compartir una cena tranquila con Ruth, disfrutar de su compañía e intercambiar opiniones sobre cualquier tema. Sus puntos de vista son siempre sabios e inteligentes, además de inspiradores y realistas.

A principios de 2017, le pedí a Ruth que participara en este libro por todo lo que significa no sólo para mí, sino también para mi familia, Maria Carme y mis dos hijas, Núria y Elisabet. Fue en octubre de ese mismo año cuando nos encontramos en Washington DC y Ruth compartió conmigo, en una larga conversación, todas las reflexiones que describe a continuación en primera persona.

## Dejar la situación mejor de cómo la encontraste

En primer lugar, me gustaría leer un poema que, en mi opinión, sintetiza todo lo que hay que saber para tener éxito. Después, me gustaría explicar lo que significa el éxito para mí. El poema es *Si* de Rudyard Kipling:

> «Si puedes mantener la cabeza en su sitio cuando todos a tu alrededor
> la pierdan y te culpen a ti;
> si puedes seguir creyendo en ti mismo cuando todos dudan de ti,
> pero al mismo tiempo aceptas sus dudas;
> si puedes esperar y no cansarte de la espera;
> o si, siendo engañado, no respondes con engaños,
> o si, siendo odiado, no incurres en el odio,
> y aun así no parecer demasiado bueno o demasiado sabio.

Si puedes soñar sin que los sueños te dominen;
si puedes pensar y no hacer de tus pensamientos tu único objetivo;
si puedes encontrarte con el triunfo y el fracaso
y tratar a esos dos impostores de la misma manera;
si puedes soportar oír la verdad que has dicho,
tergiversada por villanos para engañar a los necios,
o ver cómo se destruye todo aquello por lo que has dado la vida
y agacharte para reconstruirlo con herramientas desgastadas.

Si puedes apilar todas tus ganancias
y arriesgarlas a una sola jugada,
y perder, y empezar de nuevo desde el principio
y nunca decir ni una palabra sobre tu pérdida,
y si puedes forzar tu corazón, tus nervios y tendones
a cumplir con tus objetivos mucho después de que estén agotados,
y así resistir cuando ya no te queda nada
salvo la Voluntad, que te dice: "¡Resiste!".

Si puedes hablar a las masas y conservar tu virtud
o caminar junto a reyes sin menospreciar por ello a la gente común;
si ni amigos ni enemigos pueden herirte,
si todos pueden contar contigo, pero ninguno demasiado,
si puedes llenar el implacable minuto
con sesenta segundos que valieron la pena recorrer,
tuya es la Tierra y todo lo que hay en ella,
y, lo que es más, ¡serás un hombre, hijo mío!».

Este poema contiene todos los ingredientes para el éxito, todos aquellos elementos sobre los que puedes ejercer algún tipo de control. Dicho esto, ¿qué es el éxito? Para mí, el éxito es alcanzar tus metas y objetivos. Y el fracaso, no alcanzarlos. A título personal, considero que la primera clave del éxito es poder dejar un lugar o una situación mejor de como la encontraste. La segunda clave es mi capacidad para empoderar a las mujeres y a las minorías. La tercera es ser capaz de desarrollar y mantener las relaciones que me unen a mi familia y a mis amigos.

Éstos son los elementos más importantes para mí. Por ejemplo, puedo decirte que creo que dejé el Consulado General de los Estados Unidos en Barcelona mucho mejor de cómo lo encontré. Fui capaz de organizar la compra de un nuevo edificio impresionante para el consulado, algo de lo que me siento muy orgullosa. Creo también que dejé la República de Benín mejor de lo que la encontré, porque cuando fui embajadora allí decidí centrar mis esfuerzos en restablecer el sistema educativo, que había sido destruido por años de un gobierno marxista-leninista ineficaz. Cuando colaboré para restablecerlo, insistí en que las niñas recibieran una educación, cosa que antes no sucedía. También me siento muy satisfecha de mejorar las perspectivas de las jóvenes beninesas.

Me siento orgullosa de haber desarrollado la Escuela de Liderazgo y Gestión durante mi etapa como directora del Instituto del Servicio Exterior. Los diplomáticos eran muy buenos con los problemas políticos de fondo, pero no lo eran tanto en materia de liderazgo y gestión. Creé esta escuela porque si pretendes conseguir resultados, necesitas saber cómo dirigir y gestionar a la gente. Con respecto a mi trabajo con las mujeres, colaboré con mis amigos y asociados de Barcelona para crear los premios IWEC (International Women's Entrepreneurial Challenge), cuyo objetivo es empoderar a las mujeres y formar una red internacional de emprendedoras con éxito. También soy la presidenta de la International Mission of Mercy de Estados Unidos, que ayuda a las personas que han sido víctimas de desastres naturales como el devastador terremoto de 2015 en Nepal y el huracán María, que causó daños catastróficos en Puerto Rico en 2017. Puede sonar poco original, pero para mí el éxito es contribuir a hacer del mundo un lugar mejor.

## El factor Elisabeth Taylor

Cuando pienso en cómo se puede triunfar en un área y, simultáneamente, fracasar en otras, me viene a la cabeza una de nuestras estrellas de cine más famosas: Elisabeth Taylor. Elisabeth fue una gran actriz, pero tuvo una vida personal desastrosa y se divorció en muchas ocasiones. Aunque todo depende de cómo entendamos el fracaso, pues fracasar también ayuda a curtir el carácter. Hay gente que dice que no hay mejor maestro que el fracaso. Yo misma, aún no he conseguido que en el Departamento de Estado de Estados Unidos y en el Instituto del Servicio Exterior estadounidense haya toda la diversidad que debería haber, pero continúo esforzándome para solucionar este problema. Aún no he logrado crear unas condiciones equitativas para las mujeres en el campo de la economía, pero sigo trabajando en ello. Para mí, el hecho de no alcanzar mis metas –o, directamente, de fracasar– no es más que un pequeño alto en el camino: voy a continuar luchando y, aunque sea en pequeña medida, voy a seguir haciendo del mundo un lugar mejor. Voy a conseguir que al menos una parte de mis metas y objetivos se cumplan. Y eso es algo que creo que es muy importante.

Creo que la felicidad contribuye al éxito. Si sabes exactamente qué quieres hacer y qué es lo que te llena, podrás encaminarte en esa dirección y quizás así logres ser feliz y tener éxito. Pero el éxito en un área determinada no va a otorgarte necesariamente la felicidad. Lo mismo sucede a la inversa: fracasar no tiene por qué hacerte infeliz siempre que ofrezcas lo mejor de ti mismo y seas capaz de reconocer tus errores. La gente suele intentar alcanzar ambas cosas –éxito y felicidad–, pero hay algunas personas que tienden a pensar que las dos significan lo mismo, y no es el caso. Hay quien sacrifica la familia y otras relaciones en pos del éxito, sólo para descubrir después que se han quedado solos. Y es entonces cuando se dan cuenta de que lograr el éxito en los negocios y ganar mucho dinero no era lo que de verdad les llenaba como seres humanos. Todos necesitamos amigos, familia y salud. Cuando dejas fuera de la ecuación el dinero y la fama, y solamente quedas tú, éstas son las tres cosas que necesitas en última instancia.

## Henry Ford y el fracaso

Los fracasos pueden ser un excelente caldo de cultivo para el éxito. Pienso, por ejemplo, en el protagonista de una de las grandes historias sobre triunfadores americanos: Henry Ford, el creador del automóvil. Sus dos primeros intentos de construir un coche fracasaron estrepitosamente. Pero eso no le detuvo y siguió adelante con su trabajo porque sabía lo que realmente quería. A la tercera dio por fin en el clavo, y el resto es historia. Del mismo modo, el éxito también puede convertirse en fracaso. Ése sería el caso de tantas y tantas empresas que logran triunfar, se expanden demasiado y terminan fracasando a consecuencia de ello. ¿Qué lección nos enseña eso? En mi opinión, la importancia de mantener un buen equilibrio. Por «equilibrio» me refiero a la capacidad de comprender qué es lo que has conseguido, qué es lo que has tenido que hacer para llegar hasta donde estás y qué es lo que debes hacer para mantenerte ahí. En el caso específico de un negocio, se trata de comprender bien el mercado. Hay que intentar comprender siempre los elementos esenciales de cada situación. Este principio es aplicable a las relaciones con la familia, los amigos, la empresa en la que trabajas, la iglesia a la que vas... Alcanzar el equilibrio es más que una ciencia, es un arte.

## Contribuye a tu éxito

La única forma de tener éxito es contribuir a tu propio éxito. Con esto quiero decir que hay que tener muy claras las metas y los objetivos. Debes preguntarte qué es lo que de verdad quieres hacer y, una vez sepas la respuesta, centrar tu atención en ese empeño con la precisión de un láser. Tienes que usar la imaginación e ir descubriendo la manera de hacer las cosas. Y más importante aún: debes saber qué recursos necesitarás y qué personas harán falta para ayudarte. Y cómo motivarlas. Aquí es donde entra en juego la capacidad de liderazgo. «Liderazgo» es tener una visión y saber qué hacer para que la gente contribuya a tenerla. Así que, si pretendes tener éxito y cumplir tus metas y objetivos, debes aprender primero a ser un buen líder. Y también que el liderazgo no necesariamente consiste en hacer las cosas de forma correcta, sino en hacer aquello que es correcto.

## La habilidad de descubrir oportunidades

Hay que aceptar también que no siempre podemos hacer lo que queremos. En ocasiones, no nos queda más remedio que hacer lo que se puede y confiar en la suerte. Esto me lleva a la siguiente pregunta: ¿qué es la suerte?, ¿juega algún papel en la consecución del éxito? Personalmente, opino que sí. Pero me gustaría aclarar primero lo que entiendo por «suerte». Para mí, el tipo de suerte que interviene en el éxito es algo más que una feliz coincidencia que surge de la nada de manera fortuita. Creo más bien que la suerte es la habilidad de descubrir oportunidades y sacarles partido.

Voy a poner un ejemplo que aúna ambas cosas: la casualidad y la planificación consciente ante unas circunstancias determinadas. Cuando iba a la universidad, había una beca para estudiar en el extranjero que se entregaba a los alumnos con mejores notas. Yo no sabía que tenía una de las medias de calificación más altas de mi curso, pero me había hecho amiga de la secretaria del decano y solía pasarme por su oficina para saludar. Justo antes de que se anunciasen las becas, ella me dijo: «Oye, tus notas son de las más altas. ¡Seguro que te conceden la beca!». Así que, muy contenta, me fui corriendo a leer la publicación de las becas. Resultó que mi nombre no estaba en la lista. Básicamente, habían concedido las becas a alumnos cuyos padres o bien tenían mucho dinero o bien eran miembros destacados de la comunidad. Mi padre era cartero y mi madre profesora de primaria, por lo que no podíamos competir con abogados y doctores. Pero en lugar de quedarme sentada lamentándome por no haber obtenido algo que yo creía que merecía, hablé con todos y cada uno de mis profesores y les expliqué cuál era la situación. Los profesores se reunieron y fueron a hablar con la administración. «Ruth Davis merece esta beca y queremos que se la concedáis», dijeron. Les contestaron que ya no quedaban becas para ese año, pero que al año siguiente me la concederían. Y así fue.

Gracias a eso, a mis acciones para convertir la suerte y el azar en oportunidades, pude viajar a Dijon, Francia, donde mi vida daría un completo giro para siempre. En Francia, además de tener que aprender un idioma que no conocía, entré en contacto con estudiantes africanos que hablaban de volver a África para dedicarse a la construcción nacional en países que acababan de conseguir la independencia. Yo pensé que sería muy interesante ver cómo lo hacían, así que, tras terminar la universidad y el posgrado, viajé a África para descubrir de primera mano qué era aquello de la «construcción nacional». Y esa fue mi puerta de entrada al Servicio Exterior americano, que resultó ser la carrera más excitante y satisfactoria que podía haber imaginado.

## Sé flexible y honesto

Ya tengo setenta y siete años, y eso me otorga una perspectiva bastante amplia de lo que es la vida y de cómo manejarla. Me gustaría dar una visión general de lo que diría a los jóvenes que se proponen alcanzar el éxito:

- Debéis marcaros unos objetivos muy claros: ¿Qué quiero hacer? ¿A dónde quiero llegar?
- Tenéis que estar dispuestos a trabajar duro y con dedicación para conseguir lo que deseáis. Y, muy importante, encontrad buenos mentores, encontrad a personas dispuestas a compartir sus experiencias profesionales y que os puedan iluminar sobre lo que sea necesario para tener éxito en el entorno en el que estéis trabajando.

- Os diría también que tenéis que ser flexibles y honestos con vosotros mismos.
- Que consigáis toda la formación, experiencia y estudios que os sean posibles.
- Y os aconsejaría que no os rindáis si fracasáis en vuestros primeros intentos y que no seáis reticentes a asumir riesgos. De hecho, os diría que arriesguéis; si queréis lograr el verdadero éxito, tendréis que hacerlo.
- Hay que estar siempre preparado. Maquiavelo decía en *El príncipe* que cuando haces cosas difíciles tienes también que hacer que parezcan fáciles. Y estoy de acuerdo con él.
- Y, finalmente, os aconsejaría que os mantengáis siempre fieles a vosotros mismos y que valoréis la humildad y la integridad.

## Roser Camp,

*viuda de Castells*

Con Roser me une una historia sentida y profunda que se ha mantenido a lo largo de toda la vida. Cuando hablo con ella, no puedo dejar de pensar en aquel sábado, hace ya tantos años, en que Toni, su hijo pequeño, vino a casa y mi madre nos preparó pollo con patatas fritas para cenar. Estuvimos charlando animadamente, como tantas veces, sin sospechar que al día siguiente, él moriría en un fatal accidente de coche. Apenas había cumplido los veintidós años y muchas veces he pensado en todo lo que se perdió Toni por culpa de aquella desgracia. Si el trágico accidente no hubiera sucedido, estoy seguro de que hoy seguiría siendo igual de auténtico y genuino como lo fue siempre. Recuerdo que todas las chicas le iban detrás porque era muy guapo y decían que se parecía a Mark Lester, el actor de la película *Oliver Twist*. Toni estaba en segundo curso de carrera de Medicina, le gustaba mucho y habría sido un médico comprometido y con una vida muy intensa y cautivadora. Juntos habíamos pasado momentos magníficos y tenía el don de hacerme sentir especial. Siempre prestaba atención a lo que le contaba y yo me sentía reconocido. Le daba mucha importancia a todo lo que yo hacía y, claro, me hacía sentir bien. Cuando yo tenía once años, murió mi padre, y Toni, al día siguiente del entierro, vino a buscarme a casa, con toda su naturalidad y espontaneidad, y me invitó a jugar en su casa donde nos esperaba Roser.

A Roser siempre le he profesado la máxima admiración. Me merece el máximo respeto la serenidad en qué afrontó, en un corto espacio de tiempo, la muerte de su marido, con quien había montado su empresa, y unos meses después, la de Toni. Ante estas terribles desgracias, mostró una enorme fuerza interior y una extraordinaria valentía. Así, no dejó nunca de trabajar en el negocio familiar para que siguiera adelante. Además, Roser tiene una gran personalidad y actúa siempre con gran elegancia. Siempre ha sido una señora distinguida y al mismo tiempo capaz de mostrarse próxima y afectuosa. Un ejemplo de persona admirable y respetada que siempre me ha gustado tener cerca.

Su sensatez y naturalidad, combinada con su sabiduría y valentía, han tenido siempre para mí un efecto inspirador y me han motivado a querer hacer cosas importantes y gestionar situaciones complejas. Su confianza me ha hecho más fuerte y atrevido ante los retos a los que he tenido que hacer frente.

Y por esta razón, a lo largo de los años, siempre he ido a verla periódicamente y también he compartido con ella las cosas importantes que me han ido sucediendo o que he ido consiguiendo. Qué afortunado soy de haber tenido y de tener este privilegio.

## El éxito de una mujer empresaria

Roser nació en la Garriga (Barcelona) en 1923.

«Siempre he tenido la sensación de haber nacido en un mal momento. Mis padres eran personas sencillas. Mi madre era de Llerona y se había establecido en la Garriga, donde conoció a mi padre, que era de Cardedeu. Como era habitual en el lugar y en esa época, el «hereu» se lo quedó todo y el resto de hermanos tuvieron que buscarse la vida. Entonces las cosas iban así.

»Mis padres tuvieron ocho hijos. Los dos primeros murieron antes de que yo naciera. El niño murió a causa de una meningitis y la niña de viruela. Después nacieron mis tres hermanos mayores, luego vine yo y mis dos hermanas pequeñas. Entonces la vida era muy sencilla, y cuando mis hermanos tuvieron edad para ayudar en casa, vino la guerra y mis padres se quedaron con las tres niñas pequeñas. Fueron momentos muy difíciles. En casa nunca faltó cariño, pero también se necesitan otras cosas para vivir».

Roser se casó con Jordi Castells, a principios de los años cuarenta. Su marido había nacido en Granollers, pero su padre murió cuando él tenía tres o cuatro años y su madre decidió regresar a La Garriga. «Cuando nos casamos, él trabajaba en el despacho de su tío. Como no cobraba demasiado e íbamos muy justos, decidí aprovechar una habitación libre del piso que habíamos alquilado para hacer las cosas que había aprendido en casa». Roser empezó a trabajar con piel –carteras, bolsos, cinturones para vestidos de mujeres– y en seguida todo lo que confeccionaba, lo vendía rápidamente y con un gran éxito. «Entonces en la Garriga no se encontraban estas cosas, y uno tenía que ir a buscarlo a Barcelona, de modo que la gente nos lo compraba, y no tenían que desplazarse a Barcelona. Siempre he pensado que tuvimos la suerte de empezar en el momento oportuno, igual que años más tarde ocurrió con la tienda de artículos de piel y de viaje que abrimos en Granollers, cuando todavía no había ninguna. Antes la gente no llevaba bolso en los pueblos y si veías a alguien con un bolso, le preguntabas: "¿Vas a Barcelona?"».

Si algo ha tenido claro Roser a lo largo de su vida es que no le asusta el trabajo, ni tampoco los retos. En cuanto tuvo la oportunidad, dejó la pequeña habitación donde había empezado a trabajar y se instaló en unos bajos junto a la carretera en Granollers. «Mi marido llamó a una casa detrás de otra hasta que finalmente encontró un local que pudimos alquilar. No fue sencillo y tuvimos que pagar casi 60 000 pesetas, siendo entonces el traspaso más caro que se había pagado en Granollers, pero, sin duda, valió la pena. Eso nos permitió crecer y empezamos a contratar a operarios y ayudantes para el taller. Entonces empecé a viajar a Barcelona una vez por semana y también a ferias a Italia a conocer las últimas modas y a comprar "materia prima" para la tienda, como bolsos, maletas, paraguas y cinturones. Todo que fuera de calidad, moderno y en línea con las tendencias del momento». Más adelante surgió la oportunidad de instalarse en la calle de Santa Ana de Granollers y Roser pudo tener una tienda igual a la que había visto en uno de sus viajes a Barcelona. «Fue un sueño hecho realidad».

Cuando le pregunto a Roser por la clave de su éxito, habla del apoyo de su marido. «Al principio él no lo veía muy claro, pero, en cuanto las cosas empezaron a salir bien, se puso a cargo de la administración y me ayudaba en todo lo que fuera necesario, incluso a coser, cuando alguna vez tuvimos que hacer frente a pedidos urgentes o a situaciones imprevistas. Eso sí, con la puerta cerrada porque no quería que lo viera nadie». Roser, también añade que si existe una clave, ésta es el amor por el oficio. «Siempre me ha gustado coser, trabajar mucho y aprender de los demás y, además, he sido muy manitas. Ése ha sido mi éxito».

## La suerte y la experiencia

Ahora que soy mayor, me doy cuenta de que, en el momento en que vives las cosas, no tienes tiempo de reflexionar sobre ellas. Y aunque reflexiones porque te preocupan, no tienes suficiente distancia. Una vez han pasado los años, en cambio, puedes reflexionar y decirte: «¡Ay, cómo no lo vi! Con lo claro que estaba que ahí resbalarías…». Por lo tanto, no estoy segura de que el éxito dependa completamente de nosotros, sino que hay un factor de suerte. Siempre es necesario tener un poco de suerte en la vida. Esto no quiere decir que crea que tengamos la vida predestinada. Más allá del factor suerte, tenemos que esforzarnos por encontrarla. Las cosas no salen hacia delante por casualidad.

Más allá de eso, se me hace difícil decir de qué depende el éxito, pero sí soy capaz de reconocer las cosas que hice bien. No porque piense que soy especialmente inteligente, sino porque me esfuerzo en lo que hago y le doy vueltas a las cosas hasta que al final salen bien. A lo largo de la vida, vas sumando las experiencias que has vivido y, cuando tienes que tomar una decisión, sabes qué camino tomar. Aunque las situaciones que hemos tenido que afrontar y resolver no sean exactamente iguales o incluso sean muy diferentes, lo que has vivido te ayuda. La experiencia, por lo tanto, también ayuda a conseguir el éxito.

## Saber comunicarse

De los seis hermanos que éramos en casa, siempre se decía que el mayor, Josep, era el más listo de todos. Él iba a la escuela del pueblo, pero siempre estaba enfadado con el profesor y no le prestaba suficiente atención. Un día, por lo visto, le dio un golpe al profesor y fue expulsado de la escuela. Sin embargo, un vecino francés se dio cuenta de que, más allá de su mal carácter, mi hermano era muy válido y le ofreció ir a estudiar a Perpiñán. A mi madre no le gustó nada esta propuesta y entonces decidió hablar con el rector del pueblo, quien consiguió que estudiara en los Jesuitas de Barcelona. Allí mi hermano tuvo que trabajar como camarero para pagarse los estudios, pero consiguió acabar las carreras de Derecho y de Filosofía y trabajó toda su vida como profesor en los Jesuitas.

En casa siempre habíamos considerado que mi hermano mayor era el más inteligente, pero a mí me gusta compararlo con otro de mis hermanos, Jaume, que para mí fue muy especial. Trabajaba de mecánico en Granollers y era una persona muy discreta. Sin embargo, quienes lo conocíamos bien sabíamos que era una persona muy culta y que le encantaba la música y los libros. De hecho, estuvo muy implicado en la defensa de la lengua catalana con Omnium Cultural y era muy amigo del que entonces era el presidente de esta asociación en el Vallès, Ramon Casanovas. Eran dos personas muy distintas porque Ramon era un hombre muy elegante e incluso presumido. Mi hermano Jaume, en cambio, era todo lo contrario e iba siempre vestido de cualquier manera. Alguna vez, Casanovas incluso me había dicho que mi hermano era una de las personas a quien más había querido en su vida. Jaume también fue el fundador del partido de Unió Democràtica de Catalunya en Granollers.

Así pues, reflexionando sobre la historia de mis hermanos, me doy cuenta de que para tener éxito en la vida, no sólo tienes que ser inteligente, tener suerte y esforzarte, sino que también hay que hacerse valer. Es decir, es preciso saber comunicarse porque hay personas muy válidas pero que no han sabido o podido exteriorizar sus cualidades y sus capacidades y han pasado desapercibidas.

## No es lo mismo el éxito que la felicidad

Una cosa es tener éxito y otra muy distinta es ser feliz. Estoy segura de que las personas que obtienen un éxito importante, en el campo que sea, se llenan de una sensación de plenitud y de gran alegría, pero este sentimiento es temporal y pasa por nuestro lado, permanece un tiempo, pero se va y desaparece.

Las personas estamos expuestas a contrariedades y nosotros, como todo el mundo, sufrimos contratiempos. Si somos como Dios manda, sufriremos por las personas de nuestro alrededor cuando no están bien o se hallan en una situación de angustia y desespero, por mucho éxito que hayamos tenido en nuestro ámbito más personal.

La felicidad, por lo tanto, no es el éxito. Igualmente, el fracaso no tiene que ver con la infelicidad. A veces las personas más sencillas son las más felices porque están contentas con lo que tienen. Hay mucha gente así, que vive contenta con lo que tiene.

## Haz lo que te gusta

Para que las cosas salgan bien, deben gustarte. Aunque he aprendido más trabajando que en la escuela, sé que es importante que hagas lo que hagas, lo hagas a conciencia. No siempre es posible hacer lo que te gusta, pero lo que hagas, tienes que hacerlo bien. Por ejemplo, si eres ebanista, debe gustarte la madera, y cuando la huelas, debes sentirte a gusto, bien, muy bien. Tienes que sentir que estás haciendo lo que te gusta. Las personas que no son felices con su trabajo, no ven la realidad a su alrededor. No están satisfechas con lo que hacen y no disfrutan. Esto hace que estén siempre de mal humor y que tengan la sensación de que nada les sale bien. Son personas inseguras y desdichadas.

La inseguridad está muy ligada al éxito. El carácter seguro de una persona nos viene dado en gran parte desde arriba, pero también es fundamental lo que lo niños vean en casa. Según el modelo que los niños hayan vivido en casa, serán más o menos seguros y tendrán o no éxito en sus vidas. De mi casa, recuerdo más el amor y el calor que la disciplina. A mí me gustaba leer novelas, pero no estudiaba mucho y mi padre en seguida vio que el estudio no iba conmigo. Me dejó crecer según mi carácter y encontré lo que me gustaba hacer. En cambio, a mi hermana pequeña, Ester, siempre le había gustado estudiar. Antes de la guerra, íbamos juntas a la escuela de monjas de La Garriga. Después de la guerra, pasó por la escuela pública y nuestra madre incluso la apuntó a clases particulares porque le gustaba mucho estudiar. Ella siempre encontró la manera de estudiar y aunque siempre estuvo al frente de la tienda en La Garriga, de mayor se matriculó en la Universidad e hizo diferentes cursos sin dejar la tienda porque eso es lo que la hacía feliz. Nosotros, por tanto, tuvimos siempre el apoyo de nuestros padres.

## Ser buena persona y los jóvenes

Pensando en los jóvenes, me viene a la memoria una anécdota de hace unos días. Pasaba por una calle cerca de mi casa y me encontré con un muchacho que iba vestido con mucha decencia, pero resultaba evidente que era pobre. Para pasar a su lado, tuve que acercarme a la pared y él aprovechó para hablarme. Con un hilo de voz, me pidió algo de dinero. No suelo dar dinero en la calle porque no sé qué harán con él y prefiero contribuir a distintas organizaciones benéficas o humanitarias que sé que harán un buen uso de los fondos que reciben. En esta ocasión, sin embargo, por la amabilidad y la ternura de ese muchacho, decidí darle algo de dinero. Tuve que sacarme los guantes y, cuando tuve abierto el bolso, pensé: «Al final acabará quitándote todo el dinero que llevas encima». De pronto, tuve miedo. Como no tenía monedas ni billetes pequeños, decidí darle un billete de veinte euros. «Aquí tienes», le dije. Al ver el billete, aquel chico se quedó parado y me dijo: «Muchas gracias y ¿le parece mal si le doy un beso porque me acaba de hacer muy feliz?». Sentí que era una buena persona y me alegró haber confiado en él. Tanto que le pregunté: «¿No tienes madre?», a lo cual respondió que hacía años que no la veía. En cuestión de segundos me vinieron infinidad de pensamientos a la cabeza y sensaciones que me llegaron al corazón. ¿Cómo puede crecer feliz y sano un niño, o un joven, sin una madre que le dé amor y comprensión? Y ¿qué hubiera sido de este muchacho, ahora pidiendo limosna en las calles, si hubiera contado con unos padres que le hubieran querido y acompañado durante sus años de infancia y juventud? Pensé una vez más en lo afortunada que he sido de haber contado con unos padres que me hicieron sentir estimada, los sentí siempre muy cerca y me permitieron desarrollarme con total libertad. Y esto mismo es lo que tanto mi marido, Jordi, como yo misma siempre procuramos hacer con nuestros hijos.

Y volviendo, pues, a los jóvenes, el mensaje que yo les daría es el resumen de las reflexiones que he explicado en estas palabras. En mi opinión, es fundamental trabajar con ganas e ilusión en algo que te guste, que te haga sentir que estás creando algo y teniendo muy en cuenta que todo cuesta en la vida. Pero para mí, todavía hay algo más importante en la vida de uno: ser buena persona, no hacer daño a nadie y no mentir. Éstos son mis consejos para los jóvenes.

# Dennis L. Meadows

Dennis L. Meadows es un científico de vasto reconocimiento internacional. Empezó trabajando en el Massachusetts Institute of Technology (MIT) y durante muchos años ha sido director del Institute for Policy and Social Science Research de la Universidad de New Hampshire. Asimismo, ha sido consultor de la Administración de los Estados Unidos y cofundador del Grupo Balaton, una red internacional de profesionales que analizan distintos aspectos sobre la ciencia, la política y el desarrollo sostenible.

En 2009, Dennis recibió el prestigioso premio «The Japan Price» de la Technology Foundation of Japan, dedicado a personas que han contribuido al progreso de la ciencia y la tecnología, y al fomento de la paz y la prosperidad en el mundo. Para muchos, este premio está considerado como lo que sería el Premio Nobel asiático. Aunque si por algo es conocido Dennis Meadows es por ser coautor del informe *Los límites al crecimiento*, publicado en 1972. Fue un encargo del Club de Roma al MIT, que llevó a cabo el trabajo de investigación de la mano de dieciséis científicos bajo la dirección de Dennis. Su equipo desarrolló y usó una simulación informática para entender las causas a largo plazo y las consecuencias del crecimiento físico en un planeta finito. Su pronóstico, entonces revolucionario, era que el crecimiento que estaba experimentando nuestra sociedad no era compatible con los recursos limitados del planeta y cesaría de una manera u otra en el período de 2020-2050.

Para mí, Dennis Meadows es una persona entrañable con quien he desarrollado a lo largo de los años una amistad y una estima natural y espontánea. Nuestra relación ha ido fluyendo según las circunstancias de cada momento, pero siempre ha sido sincera y con una gran empatía entre nosotros, no sólo a nivel personal, sino también desde un punto de vista familiar. Dennis ha cenado en mi casa y, con mi mujer, Maria Carme, hemos mantenido magníficos encuentros en Colliure, en Francia, y en Sitges, en España.

También le visitamos en su formidable masía catalana, La Taillede, muy cerca de la montaña pirenaica del Canigó, que adquirió hace unos años, con unos compañeros suyos, con la intención de convertirla en un centro científico de estudio y debate pluridisciplinar y transversal sobre las interacciones entre el clima y el uso de la energía. Después de muchos esfuerzos, sin embargo, el municipio se negó a darle los permisos necesarios, posiblemente porque Dennis no permitía la caza dentro de la extensa propiedad de La Taillede. Y con especial cariño recordamos la entrañable cena que Dennis y su mujer, Suzanne, nos ofrecieron hace unos años en su casa de Durham, en el estado americano de New Hampshire.

Como ya he señalado, fue la publicación del informe *Los límites al crecimiento* de 1972 lo que convirtió a Dennis Meadows, con sólo treinta años, en una figura reconocida internacionalmente en el campo de la sostenibilidad. Dennis fue coautor del informe, junto con los científicos del MIT, Donella Meadows –esposa de Dennis en ese momento y que falleció en 2001–, Jørgen Randers y William W. Behrens III.

*Los límites al crecimiento,* publicado poco antes de la primera crisis del petróleo, tuvo un enorme éxito y un profundo impacto. Desde su publicación, se han vendido más de treinta millones de ejemplares del libro y ha sido traducido a más de treinta idiomas diferentes.

«Tan pronto como una sociedad reconoce que no puede maximizarlo todo para todos, debe elegir. ¿Debería haber más población o más riqueza, más naturaleza o más automóviles, más alimentos para los pobres o más servicios para los ricos?».[1]

El estudio en sí tenía dos objetivos principales:

- Conocer las implicaciones de los límites impuestos al crecimiento poblacional y a la actividad humana.
- Identificar y estudiar los factores que dominan e influyen en el comportamiento a largo plazo de los sistemas mundiales y sus interacciones.

El propósito final del estudio no era hacer predicciones específicas, sino explorar cómo el crecimiento exponencial interactúa con el uso de recursos finitos. El informe se basaba en la simulación por ordenador del programa *World3*, creado por los autores del informe, con el objetivo de predecir el crecimiento de la población, el crecimiento económico y el aumento del impacto de la huella ecológica de la humanidad sobre la Tierra en los próximos cien años, según los datos disponibles hasta la fecha. Se trata del primer gran estudio científico que advierte de la imposibilidad del crecimiento exponencial de la población, la industrialización, la contaminación y la producción de alimentos. La tesis central de esta investigación es que la población y la producción mundiales no pueden seguir creciendo indefinidamente.

Dennis, junto con Jørgen Randers,[2] publicó una versión actualizada del estudio en el año 2004 con el título *Los límites al crecimiento, 30 años después*. En este trabajo se hizo una clara distinción entre crecimiento y progreso, en un contexto donde la opinión pública empezaba ya a preocuparse de que el estudio pudiera ser muy realista. Como explicó Meadows en una

1. Dennis L. Meadows *et al.* (1972). *Los límites al crecimiento.*

2. Jørgen Randers. Académico noruego nacido en 1945. Actualmente es profesor de estrategia climática en la Escuela de Negocios de Noruega BI. Sus áreas de especialización son la dinámica de sistemas y los escenarios climáticos y energéticos. Fue coautor del informe al Club de Roma, *Límites al crecimiento*, de 1972.

entrevista en 2004: «En 1972 era inimaginable para la mayoría de la gente que el impacto físico de las actividades de la humanidad pudiera crecer lo suficiente como para alterar los procesos naturales básicos del planeta. Pero ahora observamos, reconocemos y debatimos rutinariamente el agujero en la capa de ozono, la destrucción de la vida marina, el cambio climático y otros problemas globales».[3]

Hoy en día, el profesor Meadows asegura que ha dejado de luchar para intentar salvar el planeta, un objetivo que ha comprendido que le sobrepasa y se ha centrado en mejorar su entorno más inmediato. Después de muchas décadas de trabajo en este campo, su visión del futuro de nuestro planeta es pesimista. «En este siglo, la especie humana tendrá que afrontar dos grandes cambios, como son el cambio climático y el fin de la energía barata, y nadie está preparado para afrontarlo. Es más, estoy convencido de que hemos llegado tarde para detener el cambio climático. Es como si estuviéramos viendo el iceberg desde lo alto del Titanic y pidiéramos al capitán que detuviera el barco cuando ya es demasiado tarde. En un proceso como el cambio climático, cuyos ciclos se miden por siglos, ya es tarde para evitar la catástrofe». Ante esta certeza, no puede ocultar su preocupación por las siguientes generaciones, para quienes prevé un futuro de lo más incierto. «El otro día alguien me dijo: "Tenemos que salvar el planeta". Pero lo cierto es que no hay nada que podamos hacer. En cualquier caso, el planeta se va a salvar por sí mismo, como siempre ha hecho. ¿Quién sabe? De aquí a millones de años, quizás habrá criaturas capaces de usar como energía el plástico que hoy estamos lanzando al océano».

A la hora de analizar su exitosa carrera, Dennis L. Meadows destaca la importancia de su primer viaje a Europa en 1959. «Entre mi tercer y cuarto año de secundaria, cuando tenía diecisiete años, pasé el verano en Suiza, cosa que fue muy impresionante. Hay que tener en cuenta que yo crecí en Rochester, Minnesota, que es una región muy joven, y el edificio más antiguo de mi condado data de 1860. Nosotros estábamos tan fascinados por ese edificio, que lo colocamos en medio de un parque y la gente recorría

---

3. Nørgård, Jørgen Stig; Peet, John; Ragnarsdóttir, Kristín Vala. (Marzo 2010). *La historia de los límites al crecimiento. The Solutions Journal, 1(2): 59-63.*

kilómetros sólo para verlo. Por lo tanto, es fácil imaginar la impresión que me produjo un país como Suiza, cuya historia precede los romanos. Al volver a casa, tomamos un *Victory Ship*. Estos barcos habían sido construidos por los Estados Unidos durante la Segunda Guerra Mundial para trasladar de manera económica a los soldados, y en los años cincuenta se habían convertido en la manera más barata de viajar de Estados Unidos a Europa. Era un método de transporte muy simple, con muchas camas en una misma sala, un restaurante donde servían comidas muy sencillas y un bar donde podías empezar a beber a las ocho de la mañana. El viaje se alargaba nueve días y tuve tiempo para reflexionar sobre la experiencia que había vivido. Pensé que si mi objetivo en la vida era conseguir cosas materiales, como el dinero, iba a perder algo cada vez que se lo diera a otras personas. En cambio, si me centraba en conseguir información, podría darla a otras personas y seguir conservándola para mí. Así que en ese trayecto de vuelta a Estados Unidos, decidí centrarme en la información y comprendí que mi deseo era convertirme en profesor de universidad».

A pesar de esta determinación, Dennis no duda que en su carrera ha habido elementos azarosos, como su entrada en el MIT. «La que se convertiría en mi mujer, Donella, era un año mayor que yo, así que se licenció en la Universidad Carleton de Northfield, en Minnesota, un año antes que yo y se trasladó a Cambridge para proseguir sus estudios. Como yo quería casarme cuanto antes, comprendí que debía seguirla y, para ello, debía estudiar una carrera en alguna de las universidades más prestigiosas del mundo, pero lo cierto es que no sabía cuál sería».

«Una noche que estaba en la biblioteca de mi universidad, encontré por casualidad un libro de Jay W. Forrester[4] que alguien se había dejado sobre

4. Jay Wright Forrester (1918-2016). Ingeniero informático estadounidense. Fue profesor en el MIT Sloan School of Management. Forrester es conocido como el fundador de la dinámica de sistemas, disciplina que se ocupa de la simulación de interacciones entre objetos en sistemas dinámicos y que se aplica, entre otros ámbitos, en la investigación en organizaciones y otros sistemas sociales. Fue pionero de la computación digital, aplicó sus conocimientos de ingeniería en el campo de sistemas humanos y se enfocó en el uso de simulaciones computacionales para analizar sistemas sociales y predecir las implicaciones de diferentes modelos. Este método se denominó «dinámica de sistemas» y se reconoció a Forrester como su creador.

una mesa. En cuanto empecé a hojearlo, me di cuenta de que era un texto realmente interesante. Combinaba ciencia con economía y sociología con dirección de empresas bajo un método muy riguroso. Interesado en lo que había leído, decidí escribir a Jay W. Forrester para concertar una cita con él. Al terminar mi visita en el MIT, le propuse un trato: "Me presentaré a tu programa sólo si me garantizas que me aceptarás". A él le pareció estupendo y así fue como me incorporé al MIT».

Si el encuentro casual del libro de Jay W. Forrester fue determinante para su futuro, también lo fue una decisión cuyas consecuencias no podía prever. «A principios de los setenta, Donatella y yo, junto a mi hermana y su marido, decidimos pasar un año en la India. A mediados de abril, cuando llegamos a Delhi, mi hermana dijo que quería seguir hasta Nepal y, como esa idea no me suscitó un especial interés, nos dividimos. Así que regresé al MIT en junio, en vez de hacerlo en septiembre. Muy poco después de mi regreso, Jay me anunció que íbamos a organizar un seminario para el Club de Roma que acabaría convirtiéndose en *Los límites al crecimiento*». ¿Qué hubiera ocurrido si Meadows hubiera vuelto demasiado tarde para participar en ese proyecto? El profesor Meadows admite que su vida hoy sería muy distinta. «De no haber escrito *Los límites al crecimiento*, me habría perdido muchas oportunidades, pero imagino que habrían surgido otras. Desde luego no sería tan conocido, pero quizás sería más rico y quiero pensar que habría trabajado en proyectos igualmente estimulantes. ¿Quién sabe?».

## El éxito es un concepto limitado

Para mí, el éxito es un concepto limitado, porque únicamente se relaciona con un objetivo muy específico. Se trata de un tipo de juego, como los dardos, en el que podemos medir si ganamos o perdemos. Por ejemplo, hace poco estaba tratando de conseguir una parcela de tierra muy particular porque quería construir un parque en mi pueblo natal. Es un proyecto que me ilusiona, porque puede mejorar la vida de la gente con la que he crecido. Tardé tres años en encontrarla y, cuando la vendieron a otra persona, pensé: «He fracasado». En lugar de rendirme, seguí buscando y, finalmente, conseguí comprar la parcela al nuevo propietario. Así que puedo decir que finalmente tuve éxito, porque logré el objetivo que me había propuesto en un principio.

Sin embargo, creo que la clave no radica en el éxito, sino en la felicidad. Por tanto, la pregunta que debemos hacernos es: «¿Soy feliz?». Según la entiendo yo, la felicidad es un concepto que integra distintos aspectos de la vida y que no está necesariamente ligada al éxito. Hay gente con mucho éxito que te confiesa que no es feliz, y al revés; personas que no han logrado ningún éxito destacable, pero te dicen que son felices. Así que para mí la cuestión del éxito es relativa.

Esto no quiere decir que no tenga objetivos. Quiero aprender a usar un programa específico de ordenador, por ejemplo, o quiero escribir un libro. Así que tengo metas, que a veces alcanzo y otras veces no. Pero lo fundamental no son estas metas, sino la felicidad.

## ¿Qué es, entonces, la felicidad?

¿Qué es, entonces, la felicidad? Según mi experiencia, la felicidad radica en obtener aquello que de verdad deseas y sin lo cual nunca estarás satisfecho. Por lo tanto, si no eres feliz, sólo tienes dos opciones. O bien consigues más cosas, o bien te conformas con menos. En mi caso, el ejemplo es obvio. Durante cuarenta años he tratado de salvar el mundo, pero la cosa no ha funcionado. Es evidente que muchos aspectos del mundo ahora están peor que nunca. Así que abandoné este objetivo, y ahora me he centrado en mi pueblo y en mi comunidad. Sé que en esta escala –mi pueblo, mi jardín, mi cuerpo...–, puedo hacer cosas interesantes y que valen la pena.

Es importante darse cuenta de que muchos de nuestros objetivos vitales no nacen de nuestras propias inquietudes, sino que vienen impuestos desde fuera. Hay un gran número de investigaciones sobre la felicidad y, en esencia, la ciencia nos dice que nuestra percepción de la felicidad depende de cómo nos comparamos con la gente de nuestro alrededor. Si uno vive en una sociedad muy pobre y tiene más que la mayoría, probablemente sea feliz. En cambio, teniendo lo mismo en una sociedad rica, difícilmente pueda ser feliz.

Recuerdo un verano, hace muchos años, que trabajaba en Nueva York, en un gran laboratorio. Mi salario entonces era de 15 000 dólares al año. En mi oficina, había otras dos personas y uno de ellos ganaba 60 000 dólares. Pensé que tenía mucho éxito. Pero él vivía en un barrio donde todo el mundo ganaba 200 000 dólares al año y siempre andaba quejándose de lo pobre que era y de las cosas que no podía hacer. Así que es importante saber cuál es tu punto de referencia. Dicho de otro modo, el secreto de la felicidad es escoger tus propias metas y no dejar que otros las decidan por ti.

## No me quejo

Tengo la impresión de que no debería explicarle a nadie si tiene que ser feliz o no, así que trataré de hablar de mí mismo.

Hay cincuenta maneras distintas de analizar cómo está alguien. Por ejemplo, podemos ver cuánto dinero tiene en el banco, qué conexiones profesionales tiene, cuántos amigos lo acompañan, qué tal va de salud... Si analizamos algunos de estos conceptos, no tengo demasiados motivos de queja. Este último año he tenido problemas de rodilla y el médico llegó a plantearme colocarme una prótesis. Sin embargo, empecé un tratamiento con células madre y ahora estoy mucho mejor. Otro aspecto importante es la relación con mi mujer, con quien mantengo un vínculo sincero y afectuoso, y con quien nos apoyamos el uno en el otro en todos los aspectos de nuestra vida. Además, sigo haciendo mi trabajo sin rebajar la exigencia, vivo en un sitio hermoso –veo el campo, los animales, el río...– y el dinero no me impide hacer lo que me apetece. Así que puedo decir que no me falta nada de lo que quiero.

Ahora bien, yo podría pregúntame si alguien que tuviera lo mismo que yo podría ser feliz, y yo no tendría suficiente información para responder con precisión. Porque la clave es comparar lo que tienes con lo que crees que tienes. Hay gente que piensa que tiene mucho y, aunque en realidad no tiene tanto, considera que es feliz. En mi caso, puedo decir que me siento satisfecho con lo que he conseguido. Cuando me despierto por la mañana, tengo ganas de empezar el día con fuerza, vivirlo intensamente, y no me quejo.

## La importancia de tener fracasos

Un compañero de estudios, que se convirtió en un importante ejecutivo, estuvo al frente de la división norteamericana de combustibles de aviación de British Petroleum y una vez me dijo: «Tengo una norma. Uno siempre comete errores. A veces te causan muchos problemas y otras veces tienes suerte y no es así. En cualquier caso, tienes que tener el hábito de examinar qué errores cometes y tratar de evitarlos». Él vendía combustible para aviones en grandes aeropuertos, tenía una gran responsabilidad y nunca tuvo un gran problema. Así que, tomando su consejo, cuando termino un proyecto, aunque haya sido un éxito, siempre me pregunto: «¿Qué puedo hacer diferente la próxima vez para mejorar?». Eso sí, me centro en acciones y no en sentimientos. Si alguien se enfada conmigo, pregunto: «¿Qué puedo hacer diferente?». Si no me lo dicen, no les hago caso. Si no me dan una explicación constructiva, no me interesan sus sentimientos.

## Los imponderables aspectos de la felicidad

En la felicidad tienen una gran influencia tus vivencias de cuando eres un niño. Y cuando eres un niño, la relación más importante es la que tienes con tus padres, porque de ellos depende tu supervivencia. Si tus padres nunca están satisfechos contigo, es muy difícil que te aceptes a ti mismo y seas feliz. En mi caso, tuve unos padres que siempre me aceptaron. Por supuesto, imponían ciertos límites, pero nunca me hablaron mal ni me pegaron. Cuando tenían que llamarme la atención porque hacía algo mal, lo hacían de buenas maneras.

Ahora me viene a la cabeza una amiga de mi mujer que nunca es feliz. Tiene salud, es relativamente guapa, tiene una bonita casa, tiene dinero, pero no es feliz. Si miras en su pasado, descubres que su madre nunca la aceptó, y esta relación continúa influenciándola. Así que el pasado impacta y a veces no lo podemos controlar. Éste es un factor importante. Otro factor importante es la suerte. La mujer de un amigo entró en el *parking* y un hombre que estaba dando marcha atrás la mató con el coche. Así de simple. No hizo nada mal. Sólo iba a buscar su coche, la atropellaron y falleció. Así que este amigo ahora no es feliz y no es por su culpa. ¡Estas cosas pasan!

En mi caso, no he tenido demasiada mala suerte. Un poco, pero no mucha. Tengo amigos que sí han tenido mala suerte en su vida. En estos casos, si puedo hacer algo para ayudar, lo hago; pero si no puedo, sigo adelante.

## Escucha dos veces más de lo que hablas

Durante muchos años, tuve mi propio departamento en la universidad: escogía a los profesores, diseñaba los cursos, me entrevistaba con los alumnos... Era fantástico. Un año creé un curso para estudiantes de máster, llamado «Práctica profesional. Cómo convertirte en un profesional importante». En este curso dábamos consejos muy concretos. Por ejemplo, hacíamos que los estudiantes se grabaran mientras daban un discurso y luego lo comentábamos con ellos. También dábamos otro tipo de consejos, como vestirse bien. Uno siempre tiene que vestir un poco mejor que la gente con la que está. Cuando llevaba a los estudiantes a una conferencia, por ejemplo, les decía que se pusieran una corbata.

Del mismo modo, recalcaba la importancia de escuchar a los otros. Una de mis frases favoritas es: «Escucha el doble de lo que hablas». Relacionado con este aspecto, me gusta dar consejos que a veces son difíciles de entender. Consiste en la utilidad de hacer preguntas cuya respuesta crees conocer y ver qué te contestan. La tendencia es interrumpir si el otro da una respuesta distinta a la que esperabas, porque no quieres oír una idea diferente a la que tú ya tienes. En cambio, puede ser muy útil. Incluso si la otra persona está equivocada, te ayuda a entender cómo piensa sobre determinados aspectos. Hace poco estaba con un padre y un hijo que eran parientes lejanos míos y le hice una pregunta al padre sobre historia. Cuando el padre empezó a contestar, el hijo lo interrumpió. Es posible que el hijo tuviera la respuesta correcta, pero le dije: «La respuesta de tu padre nos permitiría saber qué piensa él y me decepciona que lo hayas interrumpido de esta forma».

Otra cosa realmente importante es centrarse en lo que destacas. Sabemos que la mente humana tiene diferentes dimensiones: artística, musical, matemática, emocional, etc. La gente es buena en algunas cosas y mala en otras. Yo no soy muy bueno en artes o música, por ejemplo. Así que es importante descubrir en qué eres bueno y no dejar que las circunstancias te aparten de tu área de especialización, porque fuera de ella, no podrás hacer un buen trabajo. No dejes que el dinero sea el motivo de tu elección. Elige teniendo en cuenta dónde puedes hacer un buen trabajo.

## Cómo ser genial cuando ya eres magnífico

En el año 2000 me pidieron que hiciera el discurso de la convocatoria de honor de la Universidad de New Hampshire (UNH), que es un acontecimiento para los alumnos destacados que tiene lugar antes de la ceremonia de graduación oficial. Mi discurso se titulaba «Cómo ser genial cuando ya eres magnífico».

Antes de dar esa charla, envié un cuestionario a varios centenares de estudiantes para saber qué planes tenían, qué les hacía sentir más orgullosos de ellos mismos y cuál de los objetivos personales o profesionales logrados durante su estancia en la UNH era el más importante para ellos.

También les pregunté hasta qué punto habían trabajado duro y qué planes de futuro tenían. Ingenuamente, esperaba obtener algunas respuestas que me permitieran demostrar lo buenos que eran, pero sus respuestas superaron mis expectativas. Eran mucho mejores de lo que podía esperar. Habían estudiado en lugares de todo el mundo, habían destacado no sólo en los estudios, sino también en deportes, música o teatro, habían colaborado con asociaciones no lucrativas, etcétera.

Ahora estos jóvenes tan preparados se enfrentaban a nuevos retos y cada uno tenía sus planes. Había quien iba a buscar trabajo, a devolver sus deudas, a viajar por el mundo o a completar su formación profesional. Ante esta nueva etapa, la pregunta que había que hacerse era: ¿cómo podían ser geniales ahora que habían demostrado que eran magníficos?.

## La importancia de las relaciones profesionales

Ésta era una pregunta que me había hecho mucho a mí mismo en mis días de estudiante en el MIT, porque estaba rodeado de gente que sobresalía y cuyo trabajo ha cambiado las premisas de su disciplina, ha servido a su país con gran distinción o ha fundado compañías que han cambiado el curso de la industria.

Con el convencimiento de que estas celebridades podrían echarme una mano, decidí invitarlas a cenar una por una. Es increíble con quién logras cenar, si los admiras, aceptas cualquier fecha, te ofreces a pagar la cuenta y eres educado y persistente. Además, tenía la ventaja de que la mayoría de ellos ya estaban a la hora del almuerzo en el MIT, así que ni siquiera tenían que desplazarse. Durante dieciocho meses, almorcé con gente tan destacada como Jay Forrester, que inventó la memoria magnética de acceso aleatorio, o Eugene Skolnikoff, que fue consejero científico de los presidentes estadounidenses Eisenhower y Kennedy. Mi principal preocupación era saber cómo habían conseguido ser tan geniales. Por supuesto, era algo menos directo. Les preguntaba cosas como: «Si miras hacia atrás en tu carrera, ¿qué fue lo que contribuyó más a tu éxito profesional?».

Obviamente, obtuve diferentes respuestas, pero en la mayoría había un elemento en común. Muy pronto en sus vidas laborales habían formado un intenso conjunto de relaciones personales y profesionales que habían apoyado y estimulado sus carreras con el paso del tiempo.

Cabe señalar que estas relaciones no se fraguaban en las *fraternidades* de las universidades americanas. Allí se establecen buenas amistades, pero, una vez los miembros de estos grupos sociales se gradúan, no se mueven en las mismas esferas, y por lo tanto no tienen la oportunidad de estimular y apoyar a sus respectivas carreras. Los ejemplos de relaciones importantes que me daban mis invitados eran diferentes.

Recuerdo, por ejemplo, mi conversación con Donald Marquis, un psicólogo que ha tenido una significativa influencia en su ámbito durante años. Fue elegido presidente de la American Psychological Association, uno de los mayores honores que sus pares podían concederle. Don me contó que a lo largo de su vida siempre mantuvo el contacto con el grupo de graduados con quienes había trabajado en sus años de universidad. «Seis de los ocho miembros de mi grupo de investigación fueron elegidos presidentes de la asociación nacional». Le dije que era increíble que ese grupo de gente sobresaliente se hubiera encontrado por causalidad en un programa universitario para graduados. «¿Sabes qué?», me dijo. «No creo que fuéramos especialmente sobresalientes. Más bien adquirimos la costumbre de apoyarnos y estimularnos mientras éramos estudiantes y nunca dejamos de hacerlo». Desde entonces, cada vez que surge la oportunidad, promovemos a nuestros amigos diciendo cosas como: «¿Has visto su nuevo trabajo? ¡Es brillante!» o «Si estás buscando a alguien para ese trabajo, habla con ella, porque es una de las mejores en este campo». Como señalaba Don, mucha gente en la academia se regodea señalando los errores o los defectos de sus colegas. Así que un grupo de diez personas que genuinamente se gustan, respetan y se apoyan entre ellos pueden tener un gran impacto en su campo.

Y este impacto no se reduce sólo a las relaciones públicas. Cuando un grupo de colaboradores se apoya mutuamente, y se alegra de los éxitos de sus colegas, sus interacciones les permiten madurar, aprender y progresar mucho más rápido de lo que lo hubieran logrado solos.

## ¿Quién te ayudará?

Los vínculos sociales pueden ser profundamente fuertes y muy sutiles. Analicemos, por ejemplo, los resultados de un experimento heterodoxo. Una persona entra varias veces en un ascensor lleno de gente a quien no ha visto anteriormente. La mitad de las veces establece contacto visual y saluda con la cabeza, mientras que la otra mitad de las veces se mira a los zapatos y evita cualquier interacción personal. Cuando el ascensor está aún en movimiento, cae al suelo y finge tener convulsiones. La pregunta clave es si alguien le ayudará o no. Los resultados claramente muestran que cuando alguien ha establecido algún tipo de vínculo personal, las otras personas del ascensor son tres veces más propensos a asistirlo.

Por supuesto, para conseguir ser genial, es necesario algo más importante que ir estableciendo contacto visual y asintiendo con la cabeza a sus colegas en reconocimiento. Aquellos estudiantes que me escuchaban en la convocatoria de honores tenían la mayoría de los requisitos que necesitaban para destacar –eran listos, trabajadores, ambiciosos...–, así que sólo les faltaba crear y usar una red de amistades profesionales. Y eso tenía que hacerse no para manipular a nadie, sino a través de un afecto genuino y respeto, con el objetivo de compartir metas importantes y que valieran la pena. Puede parecer simple, pero no es un desafío pequeño. Significa ser capaz de desarrollar hábitos que no tengan nada que ver con ser mejor que el resto, sino con ser capaz de compartir los propios descubrimientos y los de los demás. En compensación, poder construir una red que ayude a los otros a ser mejores que tú.

En vez de un profesor que los evalúe, aquellos estudiantes tenían que establecer sus propios estándares de calidad. Si habían logrado sus títulos dando las respuestas adecuadas, ahora debían aprender a formular las preguntas oportunas. Y si sus éxitos hasta ahora se debían a la energía que habían empleado en sus propios proyecto, su futuro ahora también dependería de su genuino interés por sus colegas.

## Cuando diga tres, da una palmada

Aquella convocatoria de honores terminó con uno de los consejos más importantes que puedo dar a las nuevas generaciones y que ilustré con un simple ejercicio. Hice que levantaran las manos y les expliqué que contaría hasta tres, y entonces diría: «¡Aplaudid!». De este modo, todos debían aplaudir al unísono. Una vez obtuve su aprobación, conté hasta tres, pero aplaudí un segundo antes de decirlo. Por supuesto, la mayor parte de la audiencia aplaudió al mismo tiempo que yo, en vez de esperar a la orden, como había pedido anteriormente. Ante sus risas espontáneas por su error obvio, les pedí que reflexionaran sobre lo que había ocurrido. Habíamos llegado a un pacto verbal, pero mis acciones habían tenido más influencia que mis palabras. Así que ése fue mi último consejo: «Las acciones hablan más fuerte que las palabras».

Uno de los cursos más importantes que he hecho en mi vida ha sido sobre sociopsicología de las organizaciones, que es una ciencia que estudia cómo la gente opera en grupos. Un individuo se comporta de una manera cuando está solo, pero si lo introduces en un grupo, se comporta de otra. Es muy importante entender este concepto. Con frecuencia, la gente viene a verme y me dice: «Voy a hacer esto y lo otro», pero sé que no lo van a hacer, porque lo que están describiendo no es un comportamiento que se vaya a dar en el grupo en el que se mueven. Piensan que lo harán, pero no lo van a hacer. Así que mi consejo a los jóvenes es que nunca deben dejarse llevar por la tentación de decir una cosa y luego hacer otra. Nadie se va a dejar engañar durante mucho tiempo y es esencial que nuestro comportamiento sea coherente con nuestras palabras. Si alguien explica lo genial que es, va a conseguir poco. En cambio, si es capaz de comportarse como si fuera genial, conseguirá casi cualquier objetivo.

# Martí Boada

Mi relación con Martí Boada es de lo más curiosa y se remonta muchos años atrás, cuando yo todavía no había cumplido los veinte años. Como ya he explicado en la introducción del libro, desde muy joven había establecido una gran amistad con mi amigo Lluís Diumaró.

En una ocasión, cuando teníamos dieciocho o diecinueve años, Lluís me propuso ir al Pla de la Calma, en el Montseny, con un buen conocedor de la zona, y éste no era otro que Martí Boada. Yo no lo conocía e iba ser la primera vez que coincidiría con él.

La propuesta de Lluís me pareció una magnífica idea y, pasadas unas semanas, salimos los tres a La Calma. Una vez ahí, mientras atravesábamos un rellano de sotobosque, inesperadamente y con gran sorpresa por nuestra parte, saltó una pequeña víbora de entre los matorrales y cayó justamente en la bota de Lluís. La serpiente era pequeña y las botas gruesas, pero Lluís dio un buen salto para apartar el animal de la bota sin hacerle daño. En ese momento, Martí, valiéndose de una rama seca que estaba en suelo, cogió a la pequeña víbora y nos enseñó cómo se diferenciaba de una culebra. También nos explicó las precauciones que debíamos tener porque su mordedura era venenosa. Y una vez pasado el susto-sorpresa, la anécdota se convirtió en un hecho que recordaríamos para siempre.

Durante los treinta años siguientes, no volví a ver a Martí. Sí tuve la oportunidad de seguir su trayectoria, porque se convirtió en una personalidad a nivel internacional en el ámbito de la sostenibilidad. Recuerdo que me impresionó muchísimo cuando en 1995 le otorgaran el Premio Global 500 Roll of Honour de las Naciones Unidas. Posteriormente, Martí me ha reconocido que el momento de recibir el galardón de manos de Nelson Mandela fue uno de los más emocionantes de su vida. En cualquier caso, desde nuestro primer encuentro en La Calma, yo no tenía previsto volver a reunirme con Martí hasta que un día, 30 años después, descubrí que era uno de los ponentes de una conferencia del Club de Roma, sobre medio ambiente, celebrada en el CaixaForum de Barcelona, y en la que yo era unos de los organizadores. Durante la celebración del acto, yo estaba sentado en la primera fila de la sala. Martí, al descubrirme, no dejó de mirarme ni un momento mientras duró la conferencia. Al terminar el acto, se acercó a mí y, antes de que yo pudiera abrir la boca, me dijo: «¡Contigo fuimos, hace muchos años, al Pla de la Calma con Lluís Diumaró!» ¡Fue absolutamente impresionante y muy emocionante!

Aquel día compartimos sentimientos muy intensos sobre aquel amigo desaparecido cuando era demasiado joven, y desde entonces nos vemos con frecuencia y procuramos almorzar juntos la última semana de cada año.

A lo largo de estos encuentros he tenido la oportunidad de descubrir la persona singular que es Martí Boada, alguien que une como pocos la espontaneidad y la inteligencia. Su estilo de montañero bucólico y despreocupado es un producto genuino del Montseny. Y se le suma una vocación científica que lo lleva a observar, constatar y deducir, siempre con todo el rigor científico y la máxima pasión. Estas cualidades lo han convertido en una persona única y explican que sus aportaciones al conocimiento del medio ambiente y la sostenibilidad hayan recibido reconocimientos en todo el mundo.

Además, no podría describir a Martí Boada si no hablara también de su mujer, Carme. Los dos forman una pareja entrañable y se distinguen por sus cualidades personales. Profesan un auténtico amor por los amigos, a quienes siempre respetan profundamente, con independencia de sus creencias. Parece como si su afinidad sincera con las personas, a quienes quieren, responda a los mismos principios de la naturaleza que vive sin prejuicios ideológicos. Y esta proximidad con su gente crece aún más con la generosidad que también los caracteriza. Sus magníficos almuerzos «kilómetro cero» en su hogar de Campins son una excelente expresión de esta generosidad verdadera.

Hablar del éxito y el fracaso con Martí es, sin duda, una oportunidad para aprender, es una aventura apasionante y, a la vez, un privilegio que pocos hemos tenido. Éstas serán, pues, a partir de ahora, las palabras de Martí en primera persona.

## Formas de éxito

No hay una respuesta simple a una cuestión tan compleja como la pregunta sobre qué es el éxito. En primer lugar, vincularía el éxito con un estado de ánimo relacionado con un objetivo que puede ser alcanzado en distintos grados. Un éxito puede ser un único episodio, como un gran estallido, pero también puede ser el resultado de la pequeña gestión diaria. Y para calcular el sumatorio total de esta gestión, es fundamental el trabajo personal o biográfico, que puede sumar o restar. En cualquier caso, el éxito es una sensación de estallido, una sensación orgánica. Sea cual sea el nivel de éxito logrado, se manifiesta en el cuerpo. Tienes un sentimiento de cosquillas en la barriga, una cosa que arranca desde el dedo del pie y va subiendo como un trago de miel y se instala en todos los puntos de tu anatomía. El éxito, en efecto, tiene manifestaciones sensitivas. En este nivel primario, etológico, de conducta de primate, el éxito produce sensaciones en la escala bioquímica y, sobre todo, psicológica.

Podríamos decir que si el éxito te da un pH básico, el fracaso te da un pH ácido. Esto se traduce en una sensación de bienestar en el caso del éxito y en una sensación ácida, desagradable en el fracaso. No es algo absolutamente subjetivo, sino que están relacionados con unos parámetros que puedes tabular y saber si algo va bien o no. En el caso del fracaso, la sensación de abatimiento tiene, incluso, manifestaciones peri o protodepresivas, porque se manifiesta orgánicamente en el cuerpo. Después de un fracaso, nuestro estado de lasitud se puede traducir en los músculos y las extremidades, incluso en la inmovilidad.

Después de un éxito, desde el punto de vista de la representación, se produce una sensación de higiene, de limpieza, que es agradable, mientras que el fracaso genera una sensación poco higiénica, un sentimiento sucio. Esta desazón también puede servir de estímulo, porque ante tal desasosiego, quieres quitártelo de encima y evitar una caída que, en el caso de un fracaso profundo, puede tener todo tipo de derivas, incluso en la conducta.

## El éxito parcial

Si tuviera que establecer si existe un éxito parcial, lo primero que haría sería una taxonomía del éxito; es decir, establecería unas categorías capaces de medir la intensidad o el grado de los éxitos. Habría que hacer, hablando metafóricamente, un «exitómetro»; y los «exitómetros» estarían relacionados con la intensidad y el grupo: éxito económico, éxito familiar, éxito social, éxito personal... Estos «exitómetros» estarían directamente vinculados con el ego, porque el éxito es una sensación que tiene que ver con la significancia del ego. Para mí, el ego es un elemento que nadie puede saltarse y cuya gobernabilidad es de gran complejidad, porque es un arma de doble filo. El ego es un elemento que tiende a ser ambicioso, a querer cada vez más. Esto puede ser positivo si funciona como motor de la existencia profesional, intelectual o emocional del individuo; sin embargo, el ego descontrolado, ciego, puede tener consecuencias que vulneren la línea ética del comportamiento.

¿Cómo establecer esta línea? Tengo la impresión de que el buen gobierno del ego tiene que ver con el talante del individuo. Hay gente que nace con una bondad innata y tiene muy claras las líneas rojas, de modo que toda su trama existencial y la urdimbre de sus actos están bien fundamentadas. En cualquier caso, resulta primordial la domesticación del ego para que no vaya como un potro salvaje, a su libre albedrío, porque puede llevarnos a las consonancias más abyectas de la condición humana.

## Éxito y felicidad

Aunque el éxito no tiene el mismo significado que la felicidad, son nociones que están relacionadas. El triunfo puede ir del brazo de la felicidad, pero no tiene que ocurrir necesariamente siempre así, porque una persona puede ser feliz con poca cosa. A lo largo de mi trayectoria, me he encontrado con que la gente más sabia es feliz con poca cosa. No tienen una vida mundana, de exhibición o triunfo, sino que tienden a reconocer el éxito en un ámbito íntimo, de recogimiento. Normalmente, asociamos el éxito con el premio, con subir al podio, y esto es algo que no está necesariamente ligado a la felicidad, que es un sentimiento de introspección personal, hacia dentro, mientras que el éxito es una validación externa. Por supuesto, el éxito puede contribuir en un proceso de maduración personal, biográfica, pero el triunfo alimenta egos que, a veces, no lo digieren bien y pueden llegar a destrozar una trayectoria. Si no se controla bien, esta parte introspectiva, íntima, un triunfo profesional puede llevar al individuo a un fracaso personal. Lo vemos en artistas con estéticas determinadas, chicos o chicas que tenían unas grandes posibilidades intelectuales, pero que, después de un aparente triunfo en un campo mediático, artificial y palmero, se hundieron. Incluso, puede llevar a un hundimiento profundo del individuo.

## Necesidad de la crítica

En el ámbito de la ciencia, existe el principio de Francis Bacon[1] según el cual los científicos deseamos la crítica. Sólo si nos dicen dónde hemos fracasado, tenemos la capacidad de hacer autocrítica y rehacer lo que no ha funcionado. Esto ocurre cuando publicas *papers*. Uno cree haber hecho un buen trabajo y se siente el Rey del Mambo, pero entonces un *referee* te dice que lo que has hecho no tiene ningún valor. Cuando ocurre esto, has de tener la capacidad de sentirte estimulado y seguir creciendo intelectualmente. Por lo tanto, el fracaso gobernado y llevado por la autocrítica es un factor de progreso esencial. La autocrítica es, entonces, un elemento motriz fundamental. Cuando tenemos un ataque de hedonismo y nos pensamos que somos los Reyes del Universo, comienza el declive. Desde mi punto de vista, saber que has fracasado y que puedes remontar ese fracaso es el motor del crecimiento intelectual.

## El papel del azar

En todo existe un componente de azar muy elevado, incluso en el carácter de las personas, y para hacerlo más complicado, el azar convive además con un grado de fractalidad. Una parte del microcosmos interno está relacionada con la teoría de los fractales. Estos fractales micros que tú generas tienen que ver con la macrofractalidad, es decir, el universo. La ciencia, por lo tanto, nos dice que hay muchos aspectos que no controlamos. Hoy nos horrorizamos al pensar que nuestros abuelos, cuando aparecían nubes rojas en el cielo, decían que la Madre de Dios estaba cociendo cocas, porque formaba parte de su imaginario. Sólo treinta años más tarde, este

1. Francis Bacon (1561-1626). Célebre filósofo, político, abogado y escritor inglés, padre del empirismo filosófico y científico. Se le considera uno de los pensadores ingleses más influyentes y el padre del empirismo filosófico y científico. Fue uno de los pioneros del pensamiento científico moderno y en su obra *Novum organum* (1620) precisó las reglas del método científico experimental.

imaginario ha cambiado lo suficiente como para que sepamos que se trata de la reflexión de la radiación solar, pero esto no quiere decir que fueran más tontos que nosotros. Simplemente, su cosmovisión era más inocente. Esto también nos ocurrirá dentro de treinta años. Nos horrorizaremos del grado de conocimiento que tenemos hoy en día.

Por lo tanto, el azar influye en mayor o menor medida en nuestro comportamiento. Hay una parte importante de nosotros mismos que está fuera de nuestro gobierno, que es la parte más genotípica: la altura, los cabellos, si somos machos o hembras... Todos estos son factores genéticos que hemos heredado, así como un comportamiento más irascible o químicamente más amable... Ésta es la maquinaria que llevamos encima. Y, por otro lado, tenemos las condiciones ambientales. Si en lugar de nacer en Sant Celoni, mi padre y mi madre hubieran sido dos misioneros protestantes en Botswana, con la misma altura y seguramente algún kilo de menos, sería físicamente parecido, pero con una cosmovisión distinta. Aquí el factor científico es el que es y construimos nuestra personalidad en función del entorno cultural. En esta dinámica, el azar juega un papel importante, porque, como decía Einstein, no sabemos qué aparecerá delante de nuestra nariz de aquí a un segundo. A lo mejor aparece una chica y nos sirve un café, pero también puede aparecer un asaltante o puede estallar un huracán. El azar es muy importante en el crecimiento humano, porque no lo gobernamos todo en nuestras vidas.

## Consejos a los jóvenes

Si tuviera que dar un ejemplo de vida a los jóvenes, éste sería el de Nelson Mandela. Tuve la oportunidad de conocerlo cuando las Naciones Unidas me otorgaron el Premio Global 500 Roll of Honour, que reconoce a los protagonistas silenciosos de nuestro mundo. Para mí, Mandela era el verdadero protagonista silencioso. Era un hombre brillantísimo, con una capacidad de rayos X para analizar las situaciones y, al mismo tiempo, era un hombre que bordeaba metafóricamente la santificación por su extraordinaria capacidad de protagonismo silencioso. Otro ejemplo es el de Teilhard Chardin.[2] Me considero agnóstico, pero tuve una etapa profundamente religiosa, y estuve muy interesado en este pensador cristiano, un monje que era biólogo y, en lugar de oponerse a la teoría evolucionista de Darwin, como la mayoría de la Iglesia, aceptó la evidencia científica. Entonces, entró a analizar el núcleo de la célula y situó a Dios en el centro. No quiso cambiar lo sustancial de la teoría científica, pero sí introdujo el concepto de Dios, y le estaba agradecido por haber orientado su mirada a fin de descubrir la grandeza de lo simple. Lo grande está en lo más simple.

Un factor clave para los jóvenes es recordar que en todos los tramos vitales de la existencia y con todas las variables, el diapasón que no debe bajar nunca es la autoestima. Hay gente cuya autoestima es un barco a la deriva, y entonces está perdida. La autoestima bien gobernada es el crecimiento positivo continuo, por eso la autoestima es fundamental. Mi procedencia es muy modesta y no he tenido ninguna facilidad económica, porque empecé a trabajar a los once años y me saqué la carrera combinando estudios y trabajo. Esto no es ningún mérito, pero tampoco es ningún demérito. En cualquier caso, estoy orgulloso de mi procedencia humilde y me ha permitido aprender que puedes llegar allí donde te propongas. Hay temas materiales imparables, como el ciclo vital, que es el que es, pero, con una ambición positiva, uno puede llegar a dónde se proponga. Puedes conseguirlo prácticamente todo, excepto la inmortalidad y la superación de algunas condiciones imparables.

2. Pierre Teilhard de Chardin (1881-1955). Religioso jesuita, paleontólogo y filósofo francés que aportó una visión muy particular de la evolución. Su concepción, considerada ortogenista y finalista, era equidistante entre la ortodoxia religiosa y la científica. Trabajó sobre el concepto de Noosfera y elaboró el de Punto Omega.

# Federico Mayor Zaragoza

En el año 2000, mi estimado amigo, el sociólogo y economista, Joan Bellavista publicó el libro *Ciencia, tecnología e innovación en América Latina* y Federico Mayor Zaragoza le escribió el prólogo. Este hecho me llevó a leer algunos de los textos y artículos de Federico, incluida su biografía, que me fascinó. Desde el primer momento, sentí que me encontraba ante una persona brillante, inteligente y virtuosa. La rapidez en su carrera académica, científica y profesional me cautivó en gran manera. Me preguntaba cómo era posible llegar tan lejos en tan poco tiempo y contar con esa capacidad de actuación que iba desde ámbitos locales y pegados a la tierra y a las personas (conferencias y charlas en pueblos, escuelas y universidades) hasta iniciativas de la mayor trascendencia en el ámbito global, como todos conocemos por su brillante trayectoria y sus actuaciones de carácter internacional.

Al cabo de unos años, tuve el privilegio de conocer a Federico personalmente y constaté que mis primeras impresiones y valoraciones, espontáneas e intuitivas, no sólo eran ciertas, sino que además estaban infravaloradas respecto a lo que Federico realmente es, lo que representa y lo que ha hecho en la vida. Después de compartir múltiples reuniones con él, me impactó inmensamente su optimismo y su vitalidad, enaltecidos por su esperanza en la humanidad y su fidelidad a sus principios de humanismo y justicia social, tal y como están reflejados en la Declaración Universal de los Derechos Humanos, documento al que alude con mucha frecuencia. Además, como Federico no es ingenuo, nunca se aparta de un realismo certero en sus reflexiones que le llevan a diagnósticos del mundo actual, crudos y realistas, pero muy bien fundados.

Federico Mayor Zaragoza es el hombre que promovió un cambio radical en los sistemas educativos desde la UNESCO. Nacido en Barcelona, en el seno de una familia humilde de Tortosa, se licenció en Farmacia con un premio extraordinario en la Universidad de Madrid y obtuvo su doctorado en Farmacia, con *cum laude*, en la Universidad Complutense de Madrid. En 1963 se convirtió en catedrático de Bioquímica en la Facultad de Farmacia de la Universidad de Granada, donde llegó a ser el rector más joven de España. Fue vicepresidente del Consejo Superior de Investigaciones Científicas (CSIC) y cofundador del Centro de Biología Molecular Severo Ochoa (CBMSO). Además, fue subsecretario de Educación y Ciencia del Gobierno español, ministro de Educación y Ciencia y diputado en los Parlamentos español y europeo. Entre 1978 y 1981 desempeñó el cargo de director general adjunto de la UNESCO y, entre 1987 y 1999, el de director general de la misma institución. Entre muchos otros cargos en distintas organizaciones, ha ejercido de copresidente del Grupo de Alto Nivel para la Alianza de Civilizaciones y de presidente de la Comisión Internacional contra la Pena de Muerte y de la Sociedad Española de Bioquímica. Además de su compromiso con la educación a lo largo de su carrera, destaca la publicación de libros, como *¡Basta!*, *Delito de silencio*, *Donde no habite el miedo* o *Recuerdos para el porvenir*. En sus libros, critica el sistema económico mundial que destina miles de millones a armas y genera una brecha cada vez mayor entre ricos y pobres, la distracción que ejercen los medios de comunicación o el olvido en que han caído los derechos humanos.

Después de una vida con una formidable riqueza de experiencias, de viajar por todo el mundo y escribir poesía y ensayo, es capaz de resumir su filosofía de vida en una frase casual: «En una capilla cerca de Montpellier, leí que las mortajas no tienen bolsillos». Además, nos transmite en primera persona todas estas reflexiones que siguen a continuación.

## Cantemos y bailemos

Mis padres eran personas modestas que no habían tenido la oportunidad de estudiar, pero me dieron grandes lecciones de vida que no he olvidado nunca. Mi madre siempre me decía que nunca debía hacer algo que considerara inaceptable y también me decía: «*Cantem i ballem que ja descansarem quan mos morirem*» (Cantemos y bailemos que ya descansaremos cuando muramos). Tenía toda la razón. La vida es un gran misterio, tan grande, que debemos descansar lo justo y dormir lo indispensable para aprovecharla al máximo. Cada mañana tenemos que pararnos un ratito y decir, como Rigoberta Menchú:[1] «Perdona, amanecer, por no haberte recibido como mereces». Es importante ser consciente del regalo que supone vivir otro día. Por su parte, mi padre era el hombre de la imaginación y la perseverancia. «Lo único importante es no cansarse», me decía. «Hay que levantarse una vez y otra». Era un hombre que no tenía ningún tipo de estudios y llegó a ser director general de la conocida empresa Antibióticos, S. A., creada en 1949. Si lo consiguió, fue gracias a la perseverancia, que es fundamental en la vida.

---

1. Rigoberta Menchú (1959). Líder indígena guatemalteca y destacada defensora de los Derechos Humanos. Ganadora del Premio Nobel de la Paz en 1992, entre otras distinciones internacionales.

## Mirar hacia el futuro

Tengo ya muchos años y he tenido la oportunidad de vivir muchas cosas, pero lo único que me preocupan son las generaciones futuras. En 1977, propuse, junto a Jacques-Yves Cousteau,[2] una resolución en la UNESCO para que cada día tuviéramos presentes a los que vendrán. El pasado ya está escrito y el presente no lo podemos cambiar. Sólo podemos cambiar el porvenir, es decir, lo que está por venir, y eso es justamente lo que está en nuestras manos, la oportunidad de modificar el presente. Si somos conscientes de esto y pensamos en nuestros hijos y nietos, y en sus descendientes, tendremos la oportunidad de cambiar el signo de los tiempos.

Durante las primeras conversaciones de paz en Guatemala, el secretario general de las Naciones Unidas, Javier Pérez de Cuéllar, me encargó que participara en las mismas en su nombre. Entre los guerrilleros, estaba el hijo del premio Nobel Miguel Ángel Asturias,[3] y por parte del Gobierno, el presidente del Parlamento guatemalteco, José Lobo. A pesar de las buenas intenciones, a los pocos minutos se estaban tirando los trastos a la cabeza y les dije que si seguían así, yo tendría que retirarme. «No me importan ni su pasado ni su presente», les dije. «Estoy aquí para ver si quieren cambiar el futuro. Ahora me levanto y, si en media hora han decidido hablar del futuro, seguiremos hablando; de lo contrario, me marcharé». El efecto fue inmediato. En seguida vinieron los representantes de ambas partes a darme la razón y pudimos avanzar en un proceso que acabaría llevando la paz al país.

2. Jacques-Yves Cousteau (1910-1997) Explorador, investigador e inventor francés. Dejó un legado sin precedentes en el ámbito de la oceanografía.

3. Miguel Ángel Asturias (1899-1974). Escritor, periodista y diplomático guatemalteco que contribuyó al desarrollo de la literatura latinoamericana, influyó en la cultura occidental y se hizo eco de la importancia de las culturas indígenas, especialmente las de su país natal, Guatemala. Fue Premio Nobel de literatura en 1967.

## Un momento de oportunidad

Si miramos hacia el futuro, debemos decir que estamos en un momento de gran oportunidad. Cuando en el preámbulo de la Carta de las Naciones Unidas se dijo: «Nosotros, los pueblos de las Naciones Unidas, estamos resueltos a preservar a las generaciones venideras del flagelo de la guerra», se trataba de una declaración de intenciones, pero no podía ser una realidad. Entonces sólo era activa el 5 % de la humanidad, mientras que el 95 % restante nacía, vivía y moría en un radio de 40 $km^2$. Los medios de comunicación no eran lo mismo que ahora y la gente vivía sin saber qué ocurría más allá de su entorno inmediato, muchas veces, en silencio y atemorizada. El poder era absolutamente masculino y, como se venía repitiendo desde los siglos, se basaba en la fuerza. Alguna vez se han dado personajes extraordinarios que abogaban por la razón, la empatía y la paz –como Jesucristo, Buda o Platón–, pero no era, ni mucho menos, lo común. A diferencia de 1945, la situación ha cambiado mucho. Ahora la comunicación permite que estemos en contacto los unos con los otros y además las mujeres han empezado a tomar relevancia. Esto es fundamental porque las mujeres no recurren a la violencia como primer recurso; en cambio, los hombres sólo de manera excepcional no recurren a ella.

Para medir el éxito, sólo vale una balanza, que es la íntima. Hace unos años, dos nonagenarios como Stéphane Hessel[4] y José Luis Sampedro[5] se dirigieron a la juventud para que se indignara y, al mismo tiempo, se implicara con su sociedad. No puedo estar más de acuerdo con este espíritu de rebelión, que no de revolución, y que incluso aparece en el

4. Stéphane Hessel (1917-2013). Diplomático francés que participó en la redacción de la Declaración Universal de los Derechos Humanos. Autor de los *best sellers* mundiales *¡Indignaos!* y *¡Comprometeos!*

5. José Luis Sampedro (1917-2013). Escritor, economista y profesor universitario con una profunda trayectoria humanista y un destacado compromiso social. Polifacético y viajero, conjugó durante años su producción literaria con textos de índole económica y con el ejercicio de altos cargos administrativos y académicos. Tras exiliarse en Gran Bretaña impartiendo clases en la Universidad de Liverpool, volvió a España donde, desde la década de los ochenta, logró el reconocimiento del gran público y el respeto de la crítica. Premio Nacional de las Letras 2011.

párrafo segundo del preámbulo de la Declaración Universal de los Derechos Humanos. Cuando los seres humanos no gozan plenamente de sus derechos, pueden verse compelidos a la rebelión, y esta rebelión debe ser inmediata porque sólo se vive una vez. Sin embargo, no hay que olvidar que la rebelión debe ir acompañada de la implicación y de la participación. De hecho, siempre recuerdo unas palabras de José Luis Sampedro: «Sólo hay un viaje. El viaje hacia nosotros mismos».

Muchas veces medimos el éxito por el reconocimiento o la visibilidad en los medios de comunicación de una determinada actuación nuestra y olvidamos que lo importante es la balanza íntima. Habitualmente, en la vida de una persona hay más fracasos que éxitos, pero debemos darnos cuenta de que el verdadero éxito reside en poder decir, como señalaba el poeta y escritor Mario Benedetti,[6] que no nos hemos rendido. Ahí radica el éxito. Cuando las cosas no son fáciles, debemos hacer lo que podamos por alcanzar nuestros objetivos, y aunque no lo consigamos, lo habremos intentado. No hay que rendirse nunca.

## El derecho a la felicidad

La búsqueda de la felicidad es uno de los derechos incluidos en la Declaración de Independencia de los Estados Unidos y consiste en tener consciencia de que somos los dueños de nuestro destino. Esto es algo maravilloso porque implica que cada ser humano es capaz de crearse a sí mismo. Cuando en las Escrituras se dice que Dios creó al hombre a su imagen y semejanza, se asimila, a menudo, como si Dios fuera un ser contemplativo, piadoso, austero y con barba, pero el sentido es más profundo. En realidad, se nos está diciendo que somos los dueños de nuestro destino y que debemos actuar según nuestras propias reflexiones y nunca siguiendo el dictado de otras personas.

6. Mario Benedetti (1920-2009) Periodista, poeta y escritor uruguayo, considerado como uno de los autores en lengua castellana más destacados del siglo xx.

Ahora escribo todos los días contra el supremacismo, porque me parece importante recordar que esta ideología ha causado grandes sufrimientos a la humanidad. Cuando en 1933, Adolf Hitler empezó a hablar de «raza aria», se inició una terrible cadena de acontecimientos que nos llevó al sufrimiento, la desconsolación y la muerte de centenares de miles de personas. Lo mismo ocurrió en Italia cuando los *facios*[7] decidieron que eran superiores al resto; y en Japón, cuando el general Tanaka convenció al emperador Hiroito de que tenían derecho a invadir Manchuria porque eran los hijos del Sol Naciente. En contra de estas ideas delirantes, hay que dejar muy claro que todos los seres humanos somos iguales en dignidad sin importar sexo, religión o color de piel. Todos tenemos la capacidad de inventar nuestro futuro. Debemos estar en condiciones de tomar nuestras propias decisiones y rechazar lo que otros nos traten de imponer.

Otro de los grandes peligros de la libertad es la distracción. María Novo[8] habla del NTD (Nos Tienen Distraídos) y Soledad Gallego,[9] premio Ortega y Gasset, advierte que los medios de comunicación se han convertido en armas de «distracción» masiva. Vivimos en una sociedad que tiende a distraernos y, de este modo, no podemos ser felices porque uno acaba yendo de un lado para otro, según el viento que sopla. En cambio, la persona feliz es la que puede decirse a sí misma: «Las cosas no han salido como deseaba y no he logrado los objetivos, pero he actuado según creía necesario».

En este sentido, me gusta recordar que la ciencia debe ir acompañada de la conciencia. Todo lo que hagamos en la ciencia debe tener el máximo rigor, pero también debe estar acompañado por la conciencia. Somos nosotros quienes debemos reflexionar sobre cómo actuamos y qué camino queremos seguir. La ciencia nos permite descubrir, apartar las capas que tapan la realidad, y una vez descubierta esta realidad, nuestra conciencia nos debe

---

7. Denominación de los fascistas italianos seguidores de Mussolini.

8. Catedrática UNESCO de Educación Ambiental y Desarrollo Sostenible de la Universidad Nacional de Educación a Distancia, doctora en Filosofía y Ciencias de la Educación y escritora de veintisiete libros, entre los que destaca *Éxito vital*.

9. Periodista española galardonada con los principales premios y reconocimientos del sector. Directora del diario *El País* desde junio de 2018.

llevar a tomar las decisiones de manera razonada y de acuerdo con lo que sentimos y lo que nos dice nuestro corazón. Sólo así podremos ser felices.

## El misterio de Tony Blair

Si alguien representa el misterio del hombre que tira por la borda el éxito que ha alcanzado, éste es Tony Blair. Antes de presentarse a las elecciones que ganó en 1997, con la idea de la «tercera vía», me aseguró que si se convertía en primer ministro, me llamaría al día siguiente para que el Reino Unido regresara a la UNESCO. Consciente de la presión que ejercerían los Estados Unidos –los Republicanos siempre han mirado con recelo el multilateralismo que representan las Naciones Unidas–, le contesté que no debía llamarme al día siguiente, sino a la hora siguiente. Para mi sorpresa, me llamó una hora después de haberse convertido en primer ministro británico, y me dijo: «Ahora anunciaré que el Reino Unido regresa a la UNESCO». Con decisiones como ésta, se convirtió en un hombre admirado, de éxito y fiel a los dictados de su conciencia.

¿Qué ocurrió para que algunos años más tarde este mismo hombre apareciera en la foto de las Azores, apoyando una de las operaciones militares más abominables que ha cometido la humanidad? Su apoyo permitió una guerra basada en la mentira y que costó la vida a más de cien mil personas, dejó más de cuarenta mil mutilados y cinco millones de personas desplazadas... ¿Qué pudo haber sucedido para que aquel hombre sensacional se alineara con Estados Unidos en una campaña militar nefasta? Me acuerdo que Clare Short[10] vino a verme y, con lágrimas a los ojos, me hizo esta misma pregunta: «¿Qué le ha pasado a Tony?». Nunca lo sabremos; eso queda en su balanza íntima.

Algo parecido ocurrió con el vicepresidente de los Estados Unidos Al Gore, el 7 de noviembre del 2000. A las seis de la mañana se había anun-

10. Clare Short (1946). Parlamentaria del Reino Unido entre 1983 y 2010 y miembro del Partido Laborista entre 1983 y 2006. Fue Secretaria de Estado para la Cooperación Internacional del Gobierno de Tony Blair entre 1997 y 2003.

ciado que era el sucesor de Bill Clinton en la presidencia de los Estados Unidos, pero cinco horas más tarde cambiaron los resultados del oscuro proceso de recuento de votos del Estado de Florida, dando la victoria al gobernador de Texas –¡Hermano del de Florida!–, George W. Bush, quien pasó a ser el 43.º presidente de los Estados Unidos. ¿Qué pasó por la cabeza del señor Gore para aceptar sin más esta situación? Tampoco lo sabremos. A veces hay quien toma decisiones que no están de acuerdo con su propia conciencia y pierde la oportunidad de llegar al éxito. ¿Por qué lo hacen? Difícilmente se sabrá, aunque pueden imaginarse inmensas conjeturas....

## Jóvenes, rebelaos

Mi recomendación para los jóvenes es que se rebelen. No podemos aceptar que avancemos por un camino que nos llevará a nuestra desaparición como seres humanos. ¡Hablamos continuamente de inteligencia artificial! Se está creando un mundo del que George Orwell[11] ya anticipó muchas cosas en su novela *1984* y, por tanto, los jóvenes deben recordar que cada ser humano es único y tiene unas cualidades formidables. Todos somos capaces de diseñar nuestro propio futuro y tenemos que luchar por lograrlo. No debemos olvidar que, en contra de lo que se ha dicho durante siglos, todos tenemos nuestra capacidad creativa inherente y debemos permanecer fieles a nuestra conciencia. Sin aceptar ni hacer lo que no queremos, ni tampoco distraernos. Y eso es lo que debéis hacer hoy los jóvenes. Trabajar y luchar por vuestros derechos. Ir a la plaza pública y formar parte de la voz del pueblo. ¡Sí!: la solución es «Nosotros, los pueblos», tomando las riendas del destino común.

11. Eric Arthur Blair, conocido por el seudónimo de George Orwell (1903-1950). Escritor y periodista británico. Además de cronista, crítico de literatura y novelista, es uno de los ensayistas en lengua inglesa más significativos de las décadas de 1930 y de 1940. Destacan sus obras *1984* y *Rebelión en la granja*. En 2008 figuraba en el puesto número dos de la lista de los cincuenta escritores británicos de mayor relevancia desde 1945 elaborado por *The Times*.

# María Novo

María Novo es una de esas personas que trasmiten bondad, alguien que asume la vida intensamente, pero con una tranquilidad serena y sosegada. Dispone de un profundo humanismo, valora a las personas, escucha con atención, da importancia a las cosas… Gracias a su dilatada trayectoria profesional, tiene una perspectiva privilegiada sobre el éxito vital y sobre la felicidad.

María tiene un brillante currículum, con una larga trayectoria de reconocido prestigio en los campos de la filosofía, la educación y la sostenibilidad. En el plano profesional, es catedrática de la Universidad Nacional de Educación a Distancia y ha trabajado como consultora internacional de la UNESCO en materia de medio ambiente, educación ambiental y desarrollo sostenible. A estas actividades se le añade una sensibilidad artística que es fuente de inspiración para la gente que escucha sus conferencias o lee sus escritos y poesías. Hasta el momento, ha publicado veintisiete libros, entre los que se incluyen tratados y ensayos, poesía y narrativa, con obra traducida a varios idiomas.

Es directora del Proyecto EcoArte para la integración de la Ciencia y el Arte en el tratamiento de las cuestiones ambientales. Pocas personas serían capaces de integrar ciencia y arte y María es una de ellas, gracias a su admirable y extraordinaria sensibilidad hacia las personas, su rigor técnico y seriedad, y su capacidad por entender la globalidad y complejidad del mundo en que vivimos.

María aboga por un optimismo científico y vital, a pesar de las graves dificultades que atraviesa nuestro mundo actual. Ella misma ha dicho: «Allí donde voy, me encuentro con grupos de personas, en su mayoría jóvenes, que están reinventando la forma de estar en este mundo. Así que tengo esperanza… creo que las transformaciones están en marcha».

Tampoco podría dejar de destacar la valentía de María. Desde que la conozco, ha enfrentado duros problemas y situaciones difíciles con una entereza y una mirada puesta en el futuro y el amor que la convierten en una persona entrañable que irradia paz, sosiego y esperanza. En definitiva, alguien que sabe cómo empoderar a los demás para que se lancen a vivir aquella vida plena con la que sueñan. Por eso, ella da un consejo a los jóvenes que yo lo extendería a todas las edades: «Atrévete a ser cómo te sueñas».

Y a continuación siguen sus reflexiones…

## Dos grandes impostores y un horizonte

Me sugieres, Joan, que hablemos del concepto de éxito y, en concreto, del éxito vital tal y como yo lo presento en el libro del mismo título recientemente publicado. Lo primero que quiero contarte es por qué surgió la idea de este libro: yo había publicado antes otro (*Despacio, despacio…* Obelisco, 2010) sobre la necesidad de desacelerar nuestros ritmos de vida y la presión desmesurada que ejercemos con ellos sobre la biosfera. La obra tuvo muy buena acogida, en el fondo todo el mundo está incómodo con el estrés que caracteriza a nuestra sociedad. Pero yo seguía haciéndome preguntas. La que me llevó a escribir sobre el tiempo –¿por qué destruimos nuestro propio hábitat?– me había conducido a una primera conclusión: lo destruimos porque corremos, imprimimos un ritmo acelerado a los impactos sobre los recursos naturales. Pero yo continuaba dando vueltas a esas preguntas, así que la siguiente fue: ¿y por qué corremos? Ahí una primera respuesta me hizo intuir que los seres humanos vamos tan deprisa por el modelo de éxito que se ha implantado en nuestras sociedades.

Vislumbrada esta idea, tras un largo proceso de entrevistas; me puse a escribir exponiendo un modelo de éxito alternativo al que conceden la fama, el dinero, la posición social... Y lo llamé «El éxito vital». El libro se publicó en 2017 por la editorial Kairós y en él desmenuzo los caminos que nos pueden conducir a este otro tipo de éxito que es, en realidad, un despliegue del arte del buen vivir.

En efecto, mis entrevistas y una observación atenta, me habían dejado claro que esa forma de «triunfo» que tanto se busca en nuestro entorno, basada en el reconocimiento externo y social, resulta muy engañosa, y aunque puede conciliarse con la felicidad interior, desde luego no la asegura y en muchos casos incluso la dificulta. Y que los conceptos convencionales de éxito y fracaso, tal y como los concebimos en nuestra sociedad, son dos grandes impostores. Porque ni el triunfo profesional, social o económico es sinónimo de felicidad, ni el fracaso en ninguno de estos ámbitos produce forzosamente la desgracia. Más bien dependen de las características peculiares de cada persona, que es quien construye su percepción de éxito o de fracaso.

## El éxito vital

Hay otro modelo de éxito más íntimo, que puede convivir con el éxito hacia fuera pero no siempre se consigue. Yo diría que sólo en casos excepcionales. Es el que no deja de lado vivencias y tiempos que son esenciales para dar calor y color a nuestra vida diaria: esos momentos de encuentros y afectos con nuestros seres queridos, de realización de nuestras ilusiones personales, de hallazgos y complicidades, que tanto valor tienen en la construcción de un bienestar interior que nos abrigue.

De modo que, en mi opinión, nuestra realización como seres humanos únicos, irrepetibles, incluye los logros profesionales, artísticos, sociales..., pero no se queda ahí. Se nutre fundamentalmente de la alegría interior que nos produce saber que estamos recorriendo la existencia en coherencia con los criterios y valores que dan sentido a nuestra vida y cogidos de otras manos amigas. Eso supone conocer nuestras fortalezas y flaquezas, establecer prioridades que se concilien con ellos, aprender a decir «no» y cultivar la empatía y la capacidad de amar a las personas que nos rodean y al entorno.

Cuando eso se da, aprendemos a dialogar desde nuestro interior con las propuestas e incentivos que llegan de fuera, para elegir, para ser dueños de nuestro destino. Y nos empeñamos incluso en defender ese tesoro no permitiendo que otros «escriban» nuestra vida por nosotros. Entonces aparece ese «arte del buen vivir» del que hablo en mi libro. Un arte que nunca está conseguido del todo, que nos ilumina para recorrer los caminos en situaciones de ánimo pero también de desánimo, en los días de deslumbramiento y también cuando alguna puerta se nos cierra.

Ese arte tiene una peculiaridad, y es que se nutre básicamente de elementos y proyectos inmateriales: dedicar tiempo y amor a las personas queridas, estar en paz con nosotros mismos, cuidar la lente con la que enfocamos el mundo para que sea positiva, ser creativos ante la incertidumbre, afrontar el dolor cuando llega y darle paso sin dejar que nos invada... Caminar en la senda del éxito vital supone, por tanto, estar atentos y dar protagonismo no sólo a lo visible sino también a todos los invisibles, a ese mundo de afectos, valores, ilusiones propias y ajenas, que a primera vista no se manifiesta. Me gusta decir que consiste en vivir y tratar de ser como cada uno se sueña.

El éxito así contemplado supone, en mi opinión, no hacer todo lo que no veamos claro, aquello que nuestra voz interior y nuestros valores rechacen, y al mismo tiempo no dejar de hacer nunca lo que vemos claro, aunque dar ese paso suponga incomprensión, dificultades o incluso rechazo de quienes no nos entienden.

Debido a ese carácter subjetivo, el arte del buen vivir es único en cada caso. Lo importante es si los logros que obtenemos hacia fuera son coherentes con la forma en que queremos vivir. Se trata de algo tan sencillo aparentemente (y tan difícil en la práctica) como que nuestra experiencia exterior esté de acuerdo con nuestro mundo interior, que no lo sacrifique. Eso requiere una suerte de diálogo entre lo que uno siente, los valores en los que cree y lo que uno hace. Un diálogo fluido, dinámico, que no se interrumpe nunca.

Cuando nos dejamos orientar por el arte del buen vivir, aprendemos a confiar, a dejarnos asombrar por lo inesperado. Eso nos lleva a transitar sin miedo por las situaciones gratas pero también por la oscuridad y el riesgo. Porque aprendemos a darle un sí a la vida, a dejar que nos despeine, y comenzamos a ver el cambio como una fuerza vivificante.

## Ser importantes para los que nos importan

Para cultivar este arte, creo que hemos de tener claro que todo lo bueno y lo negativo que ocurre en nuestras vidas tiene un comienzo y un final, y, en los momentos difíciles, repetirnos ese viejo mantra de «esto también pasará». Lo que es muy importante, en mi opinión, es preguntarse qué podemos aprender de esa experiencia que ahora nos toca vivir. Todo fluye en un proceso en el que lo más frecuente es que se alternen los momentos de gloria y las lecciones de humildad. En consecuencia, es preciso tener la cabeza fría en ambos casos y recordar cuáles son los valores, los afectos y los principios directrices de nuestra vida, poniendo en juego nuestras destrezas –cada uno las suyas– para sobrellevar el dolor cuando llega, y tratar de vislumbrar lo positivo que se esconde siempre en todo lo negativo.

Por lo tanto, si tuviera que definir en una frase cuál es el verdadero éxito, diría: «Ser importante para los que nos importan». Puede ocurrir que una persona valore ser importante para su familia, y que otra valore ser importante para la ciencia. O que se concilien ambas prioridades. Lo que importa es que ambas tienen que recorrer su camino. En él –que nunca puede diseñarse de antemano–, lo fundamental son los valores que nos guían y la actitud con la que transitamos por el tiempo: si queremos hacerlo como constructores de nuestra biografía o si dejamos que otros diseñen nuestra vida, porque el éxito no es cada historia en sí, sino el proceso a través del cual, día a día, vamos construyendo esa historia, que, como todas, tendrá quiebros y sobresaltos; si no, no daría cuenta de una vida real, sería una ficción.

Cuando construimos o recordamos nuestra propia historia, no podemos hacerlo de forma lineal, es preciso hacer muchos círculos, avances, retrocesos... Hay momentos que, en el calor de la situación, nos parecen negativos y, sin embargo, nos sirven para tomar referencias y energía con vistas a modificar o confirmar la dirección que llevábamos. Si una persona tiene una vocación clara –yo supe que quería dedicarme a escribir muy pronto–, generalmente la vida no le permite conseguirlo de buenas a primeras. Por el contrario, ha de ir explorando los diferentes caminos, aprovechando las oportunidades... ¡Ni siquiera la inspiración llega cuando quieres! Hay momentos en los que el viento sopla a favor y otros en los que la vida te exige otras cosas. Por eso es muy importante no perder de vista el horizonte, saber cuál es la fuerza y los valores que impulsan nuestro día a día, lo que genera la ilusión de amanecer cada mañana. Las personas que disfrutan de un éxito vital no han perdido de vista el horizonte.

## Una oportunidad para aprender

Como comentaba antes, el éxito y el fracaso son dos grandes experiencias para el aprendizaje sobre nosotros mismos. El «triunfo» convencional –cuando una persona es famosa, rica o tiene un puesto importante en la sociedad– representa una situación de mucho riesgo si no se vigilan algunos aspectos. Por ejemplo, el precio que haces pagar, por tener ciertos logros, a tu familia y a las personas que están a tu lado. En mi opinión, no es un verdadero éxito aquel que se construye a base de que otros paguen un precio muy alto. O de que lo pagues tú mismo. Porque, a veces, para eso que llaman «triunfar», hipotecamos cosas o relaciones que valoramos mucho. ¿Cuánta gente ha renunciado a la infancia de sus hijos por escalar un puesto más importante en la empresa? Llegada la edad madura, la empresa les dice que ya no los necesita y sus hijos apenas los conocen porque no han vivido con ellos la infancia o la juventud. Han pagado un precio muy alto por su prestigio profesional.

Otras preguntas que debemos hacernos en los momentos brillantes, cuando somos reconocidos en algo, es cómo nos está afectando ese éxito y en qué persona nos estamos convirtiendo. ¿Somos mejores personas, más solidarias, más humildes, más cercanas? ¿O, por el contrario, nos estamos alejando de ciertos valores que en determinado momento le daban sentido a nuestra vida?

Con el fracaso ocurre lo mismo. Es otra ocasión de aprendizaje. Cuando algo va mal, también nos volvemos hacia nosotros mismos para hacernos determinadas preguntas. ¿Qué puedo aprender de esto? ¿Cómo lo puedo hacer de otra manera? ¿Es este mi camino? ¿El fracaso significa que estoy pagando un precio muy alto y no me interesa? ¿O tal vez es que me estoy convirtiendo en otra persona? También tratar de ver todas las oportunidades que están de forma invisible en las situaciones negativas, es decir, poner en marcha la resiliencia.

## Vivir con quietud

Para poder afrontar el éxito y el fracaso con la perspectiva necesaria, es imprescindible vivir con quietud, porque estamos perdiendo el alma, que se mueve despacio, sumergidos en unas sociedades en las que la prisa –por producir, por consumir, por viajar de un lado a otro– nos va llevando a la destrucción de la naturaleza, que es nuestro hábitat natural; a graves problemas ecológicos, como el cambio climático; y a auténticas «enfermedades sociales» de estrés y desazón, causadas por un ritmo de vida que no nos hace felices.

¿Es este panorama un asunto para reflexionar? Pienso que sí, porque no genera armonía en nuestra vida diaria y supone un atentado contra la naturaleza. Creo que, a estas alturas de nuestra charla, ya va quedando claro que el éxito que se concilia con la felicidad personal es también un asunto de tiempo. Depende en gran medida de cómo gestionamos el día a día. Porque el tiempo es un recurso no renovable, una vez que pasa es imposible recuperarlo, así que conviene aprender a usarlo bien. Como dice el título de un libro de Caballero Bonald,[1] «somos el tiempo que nos queda».

El problema del mal uso del tiempo está ligado a nuestro estilo de vida y al despilfarro. Somos sociedades que despilfarran comida, energía, agua... ¿por qué no también el tiempo? Sin embargo, el bienestar individual y colectivo se asienta sobre el sosiego, la paz interior, la alegría de estar viviendo como queremos vivir. Eso requiere un uso razonable de los días y las horas que la vida nos regala.

## ¿Trabajar para vivir o vivir para trabajar?

Nuestras sociedades someten a la mayor parte de los trabajadores a una presión por la productividad y la competitividad que los sobrepasan. En muchas ocasiones, marcan objetivos que están al borde de sus posibilidades. Por no hablar de los horarios, absolutamente irracionales para una buena calidad de vida. Hoy podemos hacernos la pregunta: ¿trabajo para vivir o vivo para trabajar? Y la respuesta que obtengamos no debe dejarnos indiferentes.

---

1. José Manuel Caballero Bonald, nacido en Jerez de la Frontera en 1926. Es un poeta, novelista y ensayista español. Cursó estudios de Filosofía y Letras en las Universidades de Madrid y Sevilla y después se trasladó a Colombia donde enseña Literatura Española. Pertenece a la generación del 50. En 2004 fue galardonado con el Premio Reina Sofía de Poesía Iberoamericana y al año siguiente con el Premio Nacional de las Letras Españolas. En 2006 recibió el Premio Nacional de Poesía (Ministerio de Cultura) y en 2012 recibió el Premio Miguel de Cervantes.

Nuestras tareas están en la mayor parte de los casos fijadas de antemano. Los objetivos, la finalidad última de la producción, nos ponen muy difícil el disfrute. Y después, en el tiempo libre, nos dejamos seducir por propuestas engañosas que roban de nuevo nuestro tiempo. Los viajes turísticos en avión nos llevan de una ciudad a otra sin que podamos ver lo que hay en medio y dispongamos de horas para pasearla tranquilamente. Se diría que «consumimos ciudades» con nuestras cámaras fotográficas y los paseos organizados, como quien se come un bollo cuando tiene hambre. Los desplazamientos en automóvil, siempre a la velocidad máxima permitida, no nos dejan apreciar el paisaje...

¿Y todo lo verdaderamente valioso para nuestras vidas? Me gusta recordar contigo, Joan, que todo lo importante es generalmente gratuito (un amanecer en el monte, tú bien lo sabes; el abrazo amoroso de un hijo o un nieto, el beso de la persona a la que amas...). Lo único que necesitamos es concedernos tiempo y sosiego para disfrutar de ese tipo de acontecimientos. ¿Estamos dispuestos a renunciar al dinero en exceso, el reconocimiento externo, el éxito convencional?

## Kairós, el momento oportuno

Los griegos tenían tres dioses para entender y nombrar el tiempo. Uno de ellos era Kairós, hijo de Zeus y de Tyche, la diosa Fortuna. Lo representaban como un joven de pies alados, con tan sólo un mechón de pelo para simbolizar que cuando pretendías atraparlo, se escapaba volando y ni siquiera podías retenerlo tomándolo por el cabello.

Kairós es el momento oportuno, lo mismo para iniciar una aventura marítima que para sembrar unas lechugas en el huerto. Es justo el instante en el que el surfista puede pasar la ola. Si lo hace antes o después, fracasará. Es el dios de la justa medida, que nos ayuda a entender intuitivamente cuál es el momento propicio para cualquier cosa que queramos emprender.

Kairos, decían los griegos, es acontecimiento. No sigue una línea recta y continua en nuestras vidas, más bien nos visita en momentos concretos, esos que adquieren relevancia y que nos construyen: el de escuchar una buena música, compartir un hallazgo con un colega, abrazar a un ser querido que no veíamos hace tiempo... De algún modo, Kairós es el que construye nuestra historia porque, cuando queremos recordarla y miramos atrás, no lo hacemos rememorando todos los días y rutinas que hemos vivido, sino a través de esos instantes especiales y preciosos que nos han hecho sentir que la vida merece la pena.

Para que Kairós emerja, es preciso hacerle sitio, dejarle tiempo. Si estamos siempre ocupados yendo de un lado para otro, si llenamos nuestra vida de obligaciones y rutinas, difícilmente nos visitará. Así que la presencia de Kairós es un indicativo de que estamos desplegando el arte del buen vivir, ese que se concilia con el éxito vital.

Y déjame decirte, para rematar este tema, que el tiempo es libertad y que, cuando nos roban el tiempo, nos están robando libertad. Sin embargo perseguimos y denunciamos al ladronzuelo que nos roba la cartera pero somos incapaces de apagar un televisor cuando comienza a invadir nuestro tiempo de conversación con otras personas; nos dejamos enganchar por redes sociales que aseguran amigos a los que nunca conoceremos; dedicamos tiempo y dinero a compras innecesarias e inútiles y... vamos dejando que todos esos distractores nos aparten de los goces íntimos, profundos, de la vida.

Y te diré también que, cuando hablo de vivir lentamente, estoy usando una metáfora. No siempre es posible ir despacio en el sentido literal de la palabra. Hay ocasiones y momentos en los que se impone correr, por ejemplo cuando adelantamos a un camión o llevamos a una persona a urgencias. Pero la vida no consiste en adelantar camiones ni llevar gente al hospital todos los días, por lo tanto, sí que podemos imprimir sosiego a nuestras vidas. Aunque estemos rodeados de ruidos, hay momentos en los que es posible no ser parte de ese ruido, mantener la quietud interior en medio de un gran desasosiego.

## La quietud interior

Esa quietud interior de que hablo no significa estar parados físicamente. Es algo que se lleva con uno vaya adonde vaya y haga lo que haga. Y el sosiego que aparece con ella, como todo lo valioso en la vida, ha de ser cultivado. Para ello necesitamos espacios de reflexión en los que podamos parar el ruido de nuestra mente y dejar que el silencio nos visite. Generalmente, en esos espacios aparecen siempre algunas preguntas y ciertos valores que nos interpelan sobre quiénes somos y quiénes queremos ser, así que entrar en el silencio es un ejercicio de riesgo, porque pueden aparecer cuestiones que nos compliquen la vida. Por eso muchas veces preferimos rodearnos de ruido, de movimiento, para que nada nos cuestione.

Generalmente, las mujeres por la noche nos despintamos los ojos y, con frecuencia, al hablar de estos temas, decimos: «Yo quiero estar conforme con esa mujer que veo cuando me despinto los ojos». Es una metáfora, un modo de querer ser como nos soñamos... Lo que ocurre es que, si no le añadimos espacios de quietud, la pregunta se repite cada día sin respuesta.

Por supuesto, cuando hablo de silencio y de quietud interior, no hablo de hacerse monje, pero sí de tener en la vida diaria momentos en los cuales nos atrevamos a hacernos determinadas preguntas: ¿quién soy yo?, ¿quién quiero ser?, ¿cómo me muevo en mi entorno?, ¿qué aporto?, ¿qué extraigo del entorno y qué devuelvo?, ¿mi vida va a ser útil sólo para mí o también para otra gente?

## Tiempo de vida

En nuestra sociedad hemos perdido consciencia de que formamos parte de la naturaleza. Somos naturaleza y, al mismo tiempo, la destruimos. Ninguna especia salvo la humana se dedica a empeorar su hábitat; en ese sentido somos una especie suicida.

Me preguntas a qué se debe. Desde luego a un proceso histórico que se inicia con la modernidad y el pensamiento dual cartesiano, que estableció el mundo como una colección de opuestos: razón/ emoción; bueno/ malo; persona/naturaleza... (en lugar de integrar y decir persona «como parte» de la naturaleza). También a una concepción lineal del tiempo, que nos ha hecho pensar que lo nuevo siempre mejoraba a lo antiguo y que el progreso consiste en crecer indefinidamente. Sin embargo, vivimos en un planeta finito, por tanto ningún sistema, en un medio limitado y finito, puede crecer indefinidamente a riesgo de comportarse como un cáncer. Si te fijas, la naturaleza ha fijado unos «números mágicos» que señalan límites al crecimiento de todos los seres vivos: un perro crece hasta que adquiere el tamaño óptimo para su especie y después sigue desarrollándose pero deja de crecer. Lo mismo ocurre con los humanos, primero crecemos y después, alcanzada la edad adulta, podemos desarrollarnos, hacer más y mejores nuestros conocimientos, capacidades... pero no continuamos creciendo.

En cambio, en nuestras sociedades se ha endiosado el crecimiento. Las ciudades quieren crecer y ser más grandes cada día, llegando a convertirse en megalópolis imposibles de gestionar, muy vulnerables y llenas de conflictos. Las empresas sueñan con fusionarse y hacerse más grandes y, en ocasiones, éste es el principio de la pérdida de los valores y objetivos para los que fueron creadas... Y así en todo... La economía, empeñada en un crecimiento ilimitado, ha sobrepasado los límites biofísicos del planeta y hoy tenemos una grave situación ecológica. Pero nadie cuestiona esa fiebre de lo grande. Sin embargo, es en entornos pequeños donde se puede realizar el mundo de los afectos, de los bienes relacionales que tanto necesitamos, de la ayuda recíproca... Lo pequeño es el lugar de la VIDA con mayúsculas.

Hemos contrapuesto históricamente la lógica de la vida a la lógica de la máquina y, últimamente, con esto que llamamos progreso, hemos ido asumiendo como valores para regir las vidas humanas la eficiencia y la rentabilidad, que son los criterios a los que obedecen las máquinas. Hoy lo que se exige a los trabajadores es que hagan el máximo trabajo en el menor tiempo posible, sin que importen mucho las condiciones en las que su tarea se realiza. Consecuentemente, nos hemos convertido en las sociedades del estrés, muy poca gente es feliz con su trabajo, y la lógica de la vida (vivir para vivir, para seguir manteniendo una razonable calidad de vida) va quedando arrinconada detrás del «vivir para trabajar...».

En contra de esta manera de pensar, debemos recordar que tenemos un tiempo de vida, y éste es un recurso no renovable: cada hora y cada día pasan y no van a volver. No es como el dinero, que puedes arruinarte y volver a hacerte rico. El tiempo es irreversible. Existe una flecha del tiempo que no podemos vulnerar. Sin embargo, la lógica de la máquina que la sociedad nos impone hace que dediquemos al trabajo las mejores horas del día (cuando estamos frescos, después de habernos dado una ducha y desayunar). Y sólo cuando estamos cansados y, en ocasiones, de mal humor, regresamos a casa para relacionarnos con la pareja y con los hijos. A ellos les dedicamos el tiempo de peor calidad. Esto indica que algo no funciona en nuestro país.

He tenido la oportunidad de estar varias veces en Suecia por trabajo y he comprobado que en la universidad, a las cinco de la tarde, todo el mundo se marcha a su casa. Entonces la gente se dedica a arreglar el jardín, a dar un paseo en bicicleta con sus hijos... Por lo tanto, a diferencia de lo que pensamos en España y en algún otro país europeo, existen sistemas de horarios alternativos perfectamente viables.

## Éxito y felicidad: «morir de éxito»

Entendido de la manera convencional, hacia fuera, el éxito encierra la paradoja de que puede convivir con una gran infelicidad. Una persona puede tener éxito en la sociedad y ser muy infeliz. Aunque también puede gozar de una magnífica felicidad. No quiero contraponer los conceptos, simplemente decir que el éxito convencional no asegura una calidad de vida acorde con una vida de bonanza interior.

Hay dos momentos importantes respecto al éxito. El primero es el momento en que estás a punto de «morir de éxito» y has de tomar consciencia de que debes pararte, tomar distancia, para verte serenamente y despacio en un escenario que no sea el convencional. En esas condiciones surge siempre la pregunta: ¿es realmente ésta la forma en la que quiero vivir? El otro momento importante es cuando tienes un revés significativo, un fallo que desbarata tu trayectoria. Creo que ahí procede hacer lo mismo, pararse y hacerse con serenidad algunas preguntas: ¿por qué no ha salido bien este proyecto o esta relación?, ¿lo he desarrollado de acuerdo con mis capacidades?, ¿qué puedo aprender de esta derrota?

A veces intentamos hacer cosas para las que no estamos capacitados. Si yo me hubiera empeñado en ser cantante, por ejemplo, sería la mujer más fracasada del mundo, porque canto horriblemente mal. Por ello opino que el fracaso es un momento que debe llevarnos a reflexionar sobre las propias capacidades y también sobre el precio que estamos dispuesto a pagar para mantenernos en ese camino y reactivar el proyecto. Éste, como te digo, es un momento muy interesante porque en nuestras vidas aparecen bifurcaciones, otros caminos posibles, y se trata de elegir continuar o cambiar. De la forma y la humildad con las que hagamos esa elección dependerá mucho nuestra satisfacción interior y la paz o la quietud que podamos tener.

## El éxito como padres

En relación con los hijos, el éxito o el fracaso viene muy condicionado –no determinado, pero sí muy condicionado– por el tiempo que hemos pasado con ellos. Ha de ser un tiempo de calidad, claro. No vale estar con el móvil en la mano, sino que hay que compartir ideas, experiencias, proyectos... Y jugar juntos, reír juntos, disfrutar de la vida juntos... Cuando veo esas familias jóvenes que salen a caminar al monte con sus niños pequeños pienso que les están regalando experiencias de calidad que van «creando suelo», porque los niños, como las plantas, necesitan ese «suelo afectivo» que se construye despacio para crecer felices, con buena autoestima y seguridad.

Sin embargo, las reglas del juego y los horarios nos exigen que llevemos a nuestros bebés a los cuatro meses a la guardería. En eso en España también estamos muy mal organizados. Otros países europeos conceden bajas de maternidad y paternidad de un año o año y medio, que permiten que en esos primeros tiempos tan valiosos, los niños crezcan y se desarrollen en un clima de bonanza y puedan aprender por mimetismo, observando a sus padres, las conductas básicas, el apego, las expresiones de afecto...

Debemos plantearnos cómo solucionar este problema, así como el de la conciliación laboral. Con la libertad de horarios que existe en nuestro país, una cajera de supermercado puede terminar su jornada a las diez de la noche y, después de tomar el tren o el autobús, llegar a su casa pasadas las once. ¿Y cuándo ve a sus hijos? Esto ocurre con casi todas las profesiones: abogadas, ejecutivas, comerciales... Y también afecta a los hombres. Queremos que nuestros hijos sean personas sosegadas, con arraigo familiar, pero nuestro sistema obliga a sus padres a dedicar tantas horas al trabajo, que no tienen la oportunidad de estar con su familia a diario en un tiempo de calidad. Por lo tanto, algo no estamos haciendo bien para conciliar la vida laboral y la familiar.

Aunque nunca hablaría de elementos determinantes para el éxito, porque, por suerte, los seres humanos no estamos determinados, sí creo que hay elementos que nos condicionan. Y la infancia es el momento más importante de la vida de un ser humano. Es el momento en que se construyen todas las capacidades importantes para poder tener éxito vital. El primer año de la vida de un niño es fundamental, los tres primeros son importantísimos y, si un niño vive siete años de felicidad, puede con todo en el futuro. Llegará a ser una persona resiliente, a soportar el fracaso...

El poeta austríaco Rainer Maria Rilke[2] decía que nuestra patria es la infancia. Estoy absolutamente convencida de que es así. Yo fui muy feliz hasta los siete años, muy feliz. No fui al colegio hasta los siete años, co-

---

2. Rainer Maria Rilke, también Rainer Maria von Rilke (1875-1926). Poeta y novelista checo en lengua alemana. Considerado uno de los poetas más importantes en alemán y de la literatura universal. Entre sus obras destacan *Elegías de Duino*, *Los sonetos a Orfeo* y *Los cuadernos de Malte Laurids Brigge*.

rría al aire libre, tenía una bicicleta, tenía patines, jugaba con otros niños y niñas... En ese contexto, aprendí a hablar, a leer, a escribir, de forma natural, al lado de mis padres. Después, ya en la vida adulta, he tenido que pasar situaciones duras en la vida y creo que esa infancia feliz ha sido mi patrimonio. Un día me preguntaron, a la salida de una conferencia: «María, a ti quien te enseñó a hablar?». Y respondí sin dudarlo: «Mis padres». Desde muy niña, comencé a colaborar con mi padre en la revisión de las galeradas de sus libros: leía en alto los textos, él me explicaba sus argumentos... También nos leía en alto sus poemas, todo se compartía... Yo me acostumbré así a escuchar un lenguaje basado en criterios que a veces eran racionales y otras eran poéticos. El hecho es que, gracias a que él compartió estos aspectos de su vida con nosotros, sus hijos, aprendí a hablar y a argumentar.

## Atrévete a ser cómo sueñas

A los chicos que ahora empiezan a pensar en sus propios proyectos, les recordaría que existen varios modelos de éxito, y les hablaría del éxito vital como un modelo que produce bienestar interior. Pero, sobre todo, les diría una frase: «Atrévete a ser cómo sueñas». Porque mucha gente joven fracasa debido a que no se atreve a ser como sueña.

Más allá de este principio general, también les diría que a la hora de plantearse objetivos, traten de saber en qué son excelentes. Todo el mundo es excelente en algo y la tarea de la educación y la familia es ayudar a niños y jóvenes a descubrir esa excelencia. Ahí está la primera piedra de un éxito vital, en el hecho de conocer nuestras capacidades y habilidades.

Las familias y los maestros deberían tener como misión descubrir la excelencia de los niños. Sin embargo, es muy frecuente que un niño pase por la familia y no sé cuántos años en colegios e institutos, y nadie le descubra en qué es excelente. En la universidad me llegan chicos que, cuando les pregunto en qué destacan, me dicen: «No soy bueno en nada». Y eso no es verdad, porque todo el mundo sabe hacer bien alguna cosa, está dotado para algo. A lo mejor no es excelente en historia, pero es bueno haciendo fotos o travesías por la montaña. Una vez descubierta la excelencia, es necesario ajustar los proyectos a nuestras capacidades (de lo contrario, siempre tendremos una sensación de fracaso), y tratar de ser fieles a los valores que dan sentido a nuestras vidas.

También, y con esto termino, creo que ese atreverse a ser como cada uno se sueña implica entender que aprender a amar y a ser amados es la prioridad esencial para salir adelante. El amor es una incógnita, abrirle paso nos puede llevar a lugares desconocidos, pero es el salvoconducto indispensable para mirar a los ojos de las personas que nos rodean, para escucharlas, dialogar con ellas, construir juntos un mundo que sea un lugar de esperanzas. Y trabajar para que ello se haga realidad. Mi lema es: trabajar en las fronteras de lo posible, soñar lo imposible y confiar en lo improbable.

# Ángel Villán

Cualquiera que se haya encontrado o conozca a Ángel Villán sabe que es una persona encantadora que ante todo desprende serenidad y felicidad. Compartir con él una cerveza en el bar de cualquier pueblecito representa una manifestación de bienestar en su máxima expresión. En términos coloquiales, es una gozada. Y, a su vez, encontrarte en el filo de una cresta, encordado a Ángel, provoca la confluencia de muchas emociones que te acercan al cielo, aún sin llegar a agarrarlo del todo. Éstas son algunas de las sensaciones que sólo la compañía de una persona tan excepcional como Ángel puede proporcionar a quiénes están con él.

Este guía escalador parece una persona muy común, no necesita sofisticaciones ni visibilidad, pero detrás de esa normalidad, aparece un hombre muy admirable por su amor a las personas y a la naturaleza, y por su valentía que demuestra continuamente en sus escaladas de paredes bonitas, sin importar su dificultad, y en su trabajo pensado para ayudar a los demás.

Naturalmente, la montaña es el punto en común y el enlace que me une con Ángel. Por esta razón, me gustaría remontarme a los orígenes de mi amor por la montaña. Como ya he explicado anteriormente, todo empezó cuando mi entrañable amigo el mosén Joaquim Lluís me llevó, a mis once años y unas semanas después de haber fallecido mi padre, a las colonias de verano en el Montseny. Los campamentos y las excursiones de los años siguientes me sirvieron para llegar a conocer bien el Montseny, que se convirtió en «nuestra» montaña y en nuestro paraíso «particular» en donde uno podía encontrarse con la naturaleza y descubrir rincones maravillosos.

El momento más determinante, sin embargo, fue cuando, cuatro años más tarde, en 1973, Joaquim Lluís, nos condujo hasta la cima del Aneto, cuando yo tenía sólo quince años. Para mí y para mis amigos de campamento, aquello fue una hazaña inolvidable. El día antes de llegar a la cumbre, cuando vimos el Aneto y toda la Maladeta por primera vez, desde el Collado de Pomero, nos pareció imposible que fuéramos a ser capaces de llegar ahí arriba al día siguiente. Pero el punto de conexión con Ángel –naturalmente, sin yo saberlo en ese momento– se produjo el año antes de subir al pico de Aneto, en el verano de 1972. En ese momento, ¡Ángel tenía diez años!

Y ¿por qué fue entonces cuando se originó ese nexo a posteriori? Aquel verano fue mi primer campamento en el Pirineo, en el Llac de Sant Maurici, justo enfrente y debajo de las dos imponentes puntas dels Encantats. Durante el campamento, me pasé horas contemplando esta preciosa montaña, resiguiendo en la imaginación la ruta por la que algún día subiría a las dos cimas. Pocos años después, nos atrevimos con Joan Bellavista y Carles García a subir el Gran Encantat, pero nos faltaba conquistar el Petit Encantat. Como esta punta era más complicada y requería 100 metros de escalada vertical, con algún paso difícil, decidimos dejarlo para más adelante.

Transcurrido mucho tiempo, a mis cincuenta años de edad, quise hacer realidad este pequeño sueño, que aún tenía pendiente, y busqué un guía del Pallars con quien escalar el Petit Encantat. Y así fue como coincidimos por primera vez con Ángel. Sólo unos meses más tarde, con Ángel como guía, y con mi compañero de montaña de siempre, Josep Lluís Navarro, escalamos el Petit Encantat. Después de esta maravillosa escalada, he pensado muchas veces en la suerte que he tenido de encontrarme con Ángel.

Para mí, la relación con Ángel representa una intensa historia de ilusiones y magníficas experiencias porque cada vez que he salido a escalar con él, he sentido la fuerza y la serenidad que vives cuando asciendes a una cima con el «Pequeño Gran Ángel», como a mí gusta llamarle.

Recuerdo mi escalada más difícil, subiendo con él y su mujer, Núria, las crestas de Mont-rebei. También guardo un especial recuerdo cuando escalamos la cresta de Salenques, que para mí representaba un importante reto, o mi último ascenso al Aneto, en julio de 2019. En todas las ocasiones, salir con Ángel te acerca al valor real y preciso de las cosas, a la sencillez de la vida en sí misma y a la riqueza que entraña cada día. Te enseña a valorar una flor en la fisura de la pared dónde nadie llega, el agua cristalina que brota del glaciar o la mirada fija de un rebeco cuando cruzas un pedregal, hasta que, de pronto, el animal decide irse, trepando por las rocas. Ángel transmite siempre sus valores, sinceros y comprometidos con el bien de todos y con el planeta. Es honesto y coherente cuando se encuentra en la montaña y cuando está en la ciudad, con sus seres queridos y sus amigos, y con sus colaboradores, sus compañeros y con todos.

Los orígenes de Ángel Villán se encuentran en Palencia, donde sus padres tenían oficios modestos. «Mi madre era modista y madre a tiempo total, y mi padre trabajaba de lo que hoy llamaríamos auxiliar administrativo. Según él mismo decía, «un chupatintas», haciendo gala de su buen humor y desenfado, lo que no le impedía ser bueno en su trabajo y muy querido por sus compañeros». Con la perspectiva que le han dado los años, Ángel Villán se ha dado cuenta de que su padre lo marcó mucho. «Mi padre murió cuando yo era adolescente, durante una ascensión a uno de los picos más emblemáticos de la montaña palentina, el Espigüete. Después del accidente, el compañero que nos acompañaba bajó a pedir ayuda y yo me quedé con él. Ahora pienso que mi padre, sin darse cuenta, me había estado preparando para un momento como ése. Él tenía una sencilla filosofía de la vida, pero muy clara. Decía que la muerte era un aspecto más de la vida, y nos hacía a todos iguales. Esas ideas me ayudaron a superar su muerte». Después de esta pérdida, Ángel se dio cuenta de que quería seguir viviendo sin alejarse de la montaña. «Mi padre siempre me había dicho que yo no eligiera el trabajo de chupatintas, como él, y mi madre me dio libertad para hacer lo que deseaba, a pesar de que le hubiera gustado que yo llevara otra vida y del sufrimiento que le ocasionaba el que yo siguiera saliendo a la montaña. En cuanto terminé COU, me puse a trabajar y, aunque yo no tenía una vocación previa, se cruzó en mi camino la oposición de bombero. La saqué y empecé a trabajar. Desde entonces he compaginado mi trabajo como bombero y mi pasión por la montaña, a la que pude añadir la maravillosa experiencia de hacerme guía de montaña, ya entrado en la cincuentena, durante los cinco años que viví en el Pirineo de Lleida».

Recientemente, nos encontramos con Ángel en Barcelona, aprovechando las vacaciones de Navidad. Estuvimos conversando con calma sobre el éxito y el fracaso en una tarde tranquila de diciembre, sin prisas, a pesar de encontrarnos, esta vez, en la efervescente ciudad. En los párrafos siguientes, transcribo sus propias palabras en primera persona.

## Éxito y fracaso: parte de la vida

Vivimos en una sociedad que asocia el éxito y el fracaso a la obtención de determinados objetivos. Si los consigues, eres alguien con éxito; y, por el contrario, si no los alcanzas, eres un fracasado. De este modo, valoramos a alguien por su trabajo, sus logros en el deporte, el dinero que tiene... Incluso los niños viven según este modelo de éxito y fracaso. Me gustaría decir que yo he vivido ajeno a esta lógica, pero lo cierto es que la palabra 'fracaso' siempre me ha parecido muy hiriente. No me gusta pensar que he fracasado en el trabajo, en relaciones familiares, en matrimonio..., tal vez porque podría pensar que he tenido más fracasos que éxitos. Con el tiempo, he aprendido a relativizar tanto el uno con el otro, porque he vivido ambas experiencias y ahora trato de asumirlas como parte de la vida.

## *Fráxito o exicaso*

El éxito no tiene que estar necesariamente vinculado a la felicidad, ni el fracaso a la infelicidad. Ambos pueden ser grandes maestros. Si no eres capaz de digerirlo, el éxito te puede llevar al fracaso y el fracaso, por su parte, puede frustraste hasta el punto de hacerte pensar que no eres válido o que no puedes abrirte hacia nuevas posibilidades. Creo que todas las experiencias, exitosas o no, te ayudan a seguir adelante. Puedes aprender a ser mejor persona o a enmendar errores. Independientemente del plano material, hay que pensar en los valores que nos aporta lo que hemos vivido.

Según un médico integrativo amigo mío, Joserra Blanco, la salud no es la falta de enfermedad, sino un camino intermedio: la superación de enfermedades. Tal vez haya que buscar ese mismo camino intermedio entre el éxito y el fracaso, y que nos puede permitir encontrar el equilibrio entre ambos extremos. Podríamos buscarle, incluso, un nombre: *fráxito* o *exicaso*. Más allá del humor, es cierto que ambos conceptos están relacionados y, al poner una vida en perspectiva, vemos que ha habido momentos de todo. Ante un fracaso, vivimos cierta frustración, pero debemos aprender a ver la parte positiva y descubrir a dónde nos dirigen estas experiencias.

## Compromiso con la libertad

En mi vida ha sido una constante lo que algunos llaman la filosofía del viaje, según la cual no importa tanto donde llegas como el camino que recorres. Incluso hay personas que consideran que la escalada consiste en la resolución de los problemas que te plantea la roca en cada paso, sin importar si llegas a la cima o no. La idea es vivir el momento, el aquí y el ahora. Aunque es importante tener metas, es más importante cómo las alcanzamos. Para ello te comprometes con una determinada acción que decides emprender libremente, sin que nadie te obligue. Podemos aplicar este enfoque tanto a una ascensión a la montaña como a otras experiencias de la vida.

El de guía de montaña es un oficio del que se saca un beneficio económico y, por tanto, pierdes algo de libertad (no escalas la montaña por ti mismo), pero sí mantienes ese mismo compromiso con la libertad. Para vivir momento a momento lo que has decidido, tienes que comprometerte y tomar decisiones, siendo consciente de lo que supone ir unido a otra persona a través de una cuerda.

No siempre tienes todas las variables para tomar decisiones con absoluta claridad. Hay veces que sigues tu intuición. Ha habido momentos en que no seguir ese instinto me ha supuesto algún problema. Por ejemplo, una fractura en un tobillo por una caída escalando en roca. La idea mental que me había hecho con los datos de que disponía me decía que debía seguir por la izquierda y, en cambio, mi intuición me decía que era por la derecha. Hice caso a mi parte racional, fui por la izquierda y me pegué el castañazo de mi vida. Mi amigo Genís cargó conmigo hasta la carretera mientras yo repetía una y otra vez: «Era por la derecha». ¿Cuándo hay que ser racionales y cuándo, intuitivos? Es una pregunta difícil de contestar, porque a veces la frontera entre lo uno y lo otro es muy estrecha, pero, sin duda, nuestro corazón es importante. A veces he elegido un camino u otro basándome en lo que me hacían sentir, porque cuando me imaginaba tomando la ruta equivocada, un escalofrío me recorría la espalda. Ojalá tuviera esas sensaciones más a menudo.

## Asumir los riesgos

No puedo decir que tenga una vida normal, porque está sujeta a ciertos riesgos fuera de los habituales, pero intento minimizarlos. En las salidas a la montaña con mis amigos, siempre hay alguien que dice: «Tranquilos, que aquí tenemos un bombero». Y yo les contesto que no soy nadie sin mi equipo, sin mis compañeros y sin un camión con cinco mil litros de agua cubriéndome las espaldas. Del mismo modo, un guía tiene muchas herramientas, como información meteorológica y materiales de última generación, pero, por más protocolos y medidas de protección que tomemos, no podemos controlarlo todo.

Ante esta realidad, pienso que nadie está libre de peligro. Todos hemos escuchado a gente que llevaba una vida sana y muere de un ataque al corazón o padece cáncer. Por otro lado, estar vivo siempre conlleva riesgos, y en la vida que yo escogí, los riesgos están valorados e integrados, y eso no me hace inmune al miedo ni a las dudas. Además, tener presente este riesgo me ayuda a valorar la relación con las personas y, sobre todo, me empuja a buscar lo que me acerca a la felicidad... Reconociendo estas vivencias, he descubierto el «para qué» de muchas decisiones que he tomado a lo largo de los años. He tenido lesiones, problemas con algunas personas, he hecho daño a seres a los que quiero..., pero todo tiene cierto orden cuando consigues verlo como una unidad y con cierta perspectiva. Después de años de búsqueda, ahora, al observar mi vida en conjunto, le he encontrado sentido.

## Trabajar contra la frustración

A los treinta años no había reflexionado sobre lo que era el éxito y el fracaso. Siempre me he planteado más qué era el fracaso, porque estas experiencias me han hecho replantear las situaciones y me han obligado a levantarme después de cada caída. Hace poco escuchaba en la radio a un *coach* que explicaba cómo el deporte mejoraba nuestra tolerancia a la frustración y cómo el fracaso podía convertirse en un gran maestro. La perspectiva que me dan los años me permite comprender que volveré a pasar por momentos difíciles, porque todo está en constante cambio y ahora trato de ver estos socavones como una oportunidad de crecimiento. Tal vez no necesite hacer un cambio radical en mi vida, pero sí esos retoques que siempre nos permiten mejorar, estar mejor con uno mismo y con las personas que tenemos a nuestro alrededor.

Hay gente que parece que ha venido a este mundo a sufrir (en mi tierra decimos que parece que a esas personas «les ha comido la mano un cerdo»), y otra gente, en cambio, es más afortunada. Unas culturas hablan del destino, otras del karma y otras de mala suerte... Más allá de lo que cada uno piense, lo importante es cómo decidimos afrontar estas situaciones que aparecen en nuestras vidas sin que las hayamos elegido, al menos conscientemente. Lo que si podemos decidir es nuestra actitud. Claro que eso es más fácil de decir para alguien que no ha tenido grandes dificultades mientras que, en cambio, hay personas a las que la vida les ha puesto innumerables escollos. Muchas de ellas acaban sumidas en la oscuridad y la frustración. Yo he pasado por algunas dificultades, como todo el mundo, y creo que la clave es no dejarse llevar por la rabia y el victimismo. Al contrario, debemos esforzarnos para ver los obstáculos como oportunidades para seguir avanzando. No se trata de aceptar todo lo que venga, como corderos, sino de trabajar para mejorar lo que nos frustra, o lo que creamos que necesitamos cambiar.

## Un éxito que no se mide por su altura

Cuando salgo a la montaña con clientes, me preguntan en qué montañas he estado. Ahora se le da mucho valor a subir las montañas de 8000 metros, y yo mismo admiro a los escaladores que han logrado subir alguno de estos picos. He participado en cuatro expediciones en las que intentamos subir a «un ocho mil» (Makalu, Everest y dos veces el Dhaulaguiri), pero no he alcanzado ninguna de esas cimas. ¿Me considero fracasado porque me quedé a 200 metros de la cima del Makalu? Por supuesto que no. Me siento afortunado por haber vivido una gran experiencia y haber regresado. Estoy muy agradecido por haber participado en esas expediciones.

Sin embargo, me doy cuenta de que nuestra sociedad valora las montañas por su altura, por su dificultad y en ocasiones por la cantidad de personas que han muerto en ellas. A mí me gusta poner en valor otros factores por los que me atrae una montaña. La compañía, por ejemplo, es fundamental. Recuerdo la ascensión que hice al Nun, un pico de algo más de 7000 metros en la India, con dos amigos, Emilio Vicente Lagunilla (Tente) y César Tomé. Subimos sin porteadores de altura, más o menos como el que sube una montaña en el Pirineo, y nos planteó muchos problemas, pero conseguimos superarlos. También recuerdo un viaje que hicimos a Mali para escalar en unas agujas que llaman «La Mano de Fátima», donde caímos enfermos y suerte tuvimos de que vivía por allí Salvador Campillo, un catalán que se había casado con una mujer de la étnia *peul*[1] y nos ayudó en todo lo que pudo. Y en los últimos años, he podido ir al Cervino y al Diente del Gigante con mis hijas, Ana e Isabel; y a otras montañas de los Alpes con Núria, mi mujer. Son experiencias inolvidables. Ahora pienso que más que subir las montañas más altas de la tierra o de cada continente, tendría sentido subir las más bonitas. Éste sería un reto que podría plantearme en el futuro, aunque no confío mucho en que esto tenga mucho interés a la hora de buscar *sponsors*.

## Jóvenes con valores

A la gente joven le diría que, se dedique a lo que se dedique en el futuro, tenga en cuenta a las personas. Nos encaminamos hacia un mundo con mucha tecnología y es importante que se tengan en cuenta los valores que nos definen como seres humanos. Quiero creer que el objetivo del progreso debiera ser cubrir las necesidades básicas de todos los habitantes del mundo y para ello también debiéramos tener en cuenta el planeta en el que vivimos, pues no tenemos otro. Somos afortunados por haber nacido en este lado, en el mundo «civilizado», pero debiéramos pensar en cómo ayudar a hombres y mujeres con menos suerte que nosotros. Seguro que hay recursos para todos si somos capaces de gestionarlos de forma equilibrada. Hay filosofías que consideran que la Tierra es un ser vivo y, al igual que nosotros y el resto de seres vivos del planeta, no merece ser explotada. Formo parte de todo esto, consumo y contamino. Convivo

1. Los *peul* son un pueblo africano que vive entre Sudán y Senegal, y están presentes en todos los estados costeros y el Sahel. Hablan la lengua *ful*. Forman una sociedad de pastores y de carácter patriarcal, aunque actualmente muchos viven en las ciudades y son comerciantes.

con las mismas paradojas que el resto de los humanos, pero eso no me impide pensar que es posible una vida diferente e ir intentando acercarme un poco más a ese ideal.

¿Un valor para los jóvenes? Al igual que para los no tan jóvenes, el valor fundamental debiera ser el AMOR por quienes somos en realidad, por todo lo que hacemos, por el maravilloso mundo que nos rodea y por todos los seres, humanos o no, con los que lo compartimos…

¿Algo más práctico? Pensar que podemos hacer algo, que otro mundo es posible si empezamos por cambiar pequeñas cosas que están a nuestro alcance, como los hábitos alimentarios y de consumo, pensando en la calidad y procedencia de lo que compramos, haciendo una reflexión sobre lo que necesitamos y lo que no… Éstas y otras decisiones, que están en nuestras manos, pueden conducirnos a una metamorfosis, a la aparición de algo nuevo.

# Francesc Cobo

En una revisión médica habitual, entré en el despacho del Dr. Cobo y me encontré con un médico serio y educadamente amable, que en seguida me inspiró gran confianza. La primera impresión que me causó Francesc Cobo fue la de ser alguien preciso, casi exacto. Ni una palabra más ni una palabra menos: correcta medida para explicar todo lo que hay que saber, sin repeticiones ni añadidos superfluos.

Casi sin darme cuenta, nuestra conversación se alejó del ámbito médico y surgió el tema del deporte: él corre y practica también la natación y el ciclismo, y yo le expliqué que mi pasión es el alpinismo... Me confesó que tiene otras aficiones: la música clásica, la literatura, la poesía, la ornitología... «Todo un personaje interesante», pensé.

Imagino que con motivo de nuestra sintonía, le hablé del Kilimanjaro, de su misticismo y de su relativa accesibilidad. Le expliqué que yo lo había subido cuando tenía veintipocos años y le dije que le haría llegar unas fotos de cuando estuve.

De una manera sorprendente, generamos una rápida y primera afinidad que nos llevó a decidir que desayunaríamos juntos algún día en las próximas semanas. A continuación fijamos el día. El encuentro sería en el bar Michigan, en la esquina de las calles Casanovas con Travessera de Gracia, en Barcelona. Al cabo de unas semanas, tuvimos el desayuno en la referida cafetería, que se convertiría, a partir de ese día, en el lugar habitual de nuestros encuentros. Una parte considerable de nuestra conversación giró en torno al Kilimanjaro. Le expliqué que era una montaña mítica rodeada de un cierto enigma que inspiró a Hemingway a escribir *Las nieves del Kilimanjaro*. Subirlo requería poco más de una semana, era factible técnicamente y la aproximación era de gran belleza. También le dije que alguien como él, que se estaba preparando un triatlón, no tendría ningún problema para hacer la cumbre. Sólo habría que gestionar bien la altura con una buena aclimatación.

Al comentar que a mí no me importaría volver al Kilimanjaro al año siguiente y que hasta sería una magnífica manera de celebrar mi sesenta aniversario, la intensidad de su mirada creció por momentos y el brillo de sus ojos se hizo cada vez más intenso. Percibí de inmediato que la idea de ir a la cima de África juntos le atraía, y mucho.

Fue así como iniciamos una relación de admiración mutua nacida del azar y la espontaneidad. Estos encuentros periódicos continuaron y nuestra amistad se fue consolidando. Con estos desayunos ocasionales y un par de salidas de preparación a Les Agudes, en el Montseny, y al Puigmal, en el Pirineo, fui conociendo el Francesc que había detrás de la bata blanca del Dr. Cobo.

Todos tenemos muchos atributos, pero algunos destacan más que otros. Por ello, y como ya descubrí el primer día de conocerle, Francesc destaca por el rigor en todo lo que hace, tanto en el ámbito de la medicina como en muchas otras vertientes. Es inteligente y en seguida entiende la naturaleza de los problemas. También es fiel a lo que piensa y a sus convicciones. Hace lo que dice con firmeza y sin dar una especial importancia a los logros que alcanza, sean pequeños o grandes. Como su segundo apellido indica,

*Valient*, es valiente y determinado, y cuando se fija un objetivo, lo persigue con disciplina y constancia.

Al rememorar su juventud, debido a que siempre le había gustado la naturaleza, la primera intención de Francesc fue la de matricularse en la Facultad de Biología. Sin embargo, en el bachillerato ya había demostrado tener otros intereses.

«Recuerdo largas conversaciones con mis tutores del instituto sobre si tenía que dedicarme a las ciencias o a las letras, porque veían en mí aptitudes para cualquiera de las dos ramas. Finalmente, me decidí por las ciencias con la idea de estudiar cómo se genera la vida, un tema que siempre me había fascinado. Sin embargo, cuando llegó el momento de matricularme en la universidad, mi padre me sugirió: «¿Qué te parecería estudiar medicina?». En mi familia no había ningún médico, y no sé por qué me dio aquel consejo, pero lo cierto es que me impulsó a escoger esa carrera, una decisión de la que nunca me he arrepentido. Estoy orgulloso de ser médico y es uno de los muchos consejos que siempre le agradeceré a mi padre. Entré en la facultad con la idea de realizar investigación biológica, pero, a medida que estudiaba, me fui convirtiendo en médico. Vi que, como médico, podría curar a las personas».

Una vez focalizado en la medicina clínica, Francesc se especializó en hematología en el Hospital Clínic de Barcelona y llevó a cabo una serie de trabajos de investigación sobre alteraciones del ciclo celular en tumores del sistema linfático que le llevó a obtener el grado de Doctor en Medicina. Posteriormente ha desarrollado una carrera esencialmente asistencial en distintos centros médicos de Barcelona y en el Hospital de Andorra, centrada en el diagnóstico y el tratamiento de las enfermedades tumorales de la sangre.

Francesc no tiene la sensación de haber vivido ninguna circunstancia que haya marcado su vida especialmente, sino que ha tomado decisiones siguiendo sus inclinaciones e intereses en cada momento. De este modo, su carrera se ha ido desarrollando en un proceso lógico.

Por otra parte, Francesc es alguien con intereses muy variados. Ya me lo dijo el primer día que le conocí. Ha buceado en lugares recónditos, corrido medias maratones y algún que otro maratón, es amante de la música, en especial, la clásica, y de la historia de la música, y es un ornitólogo autodidacta con un conocimiento sorprendente de los pájaros.

«Observo pájaros desde hace años, aunque no soy ningún experto. No fue una afición que me inculcara nadie, sino que nació dentro de mí. Mis padres tienen una casa en un pueblo de Lleida, Guimerá, y allí entré en contacto con el mundo natural. Así descubrí los pájaros. Siendo todavía muy niño, me levantaba pronto por la mañana y salía al campo a observar pájaros. No sabía por qué, pero sentía este impulso».

Dispuesto a conocer nuevos mundos y realidades, la propuesta de subir al techo de África encajó perfectamente con su espíritu de aventurero sensato. Le pregunté qué representó para él esta vivencia y respondió:

«El Kilimanjaro se abrió en un momento determinado de mi vida, cuando yo nunca había sido aficionado a subir montañas, y adquirió un especial significado para mí. Me ayudó a observar el mundo desde otra perspectiva y me hizo mejor en muchos aspectos. El Kilimanjaro fue un punto de inflexión positivo en mi vida».

A continuación, reproduzco unas notas suyas que escribió el día anterior y el mismo día de subir a la cima. Cuando le propuse participar en este libro, me ofreció dichas notas para que las incorporara al texto.

## Lunes, 11 de junio de 2018

Nos levantamos temprano y emprendemos el largo camino hasta Kibo Hut a través de la tundra que observamos ayer. A medida que nos acercamos a los pies de la montaña –también llamado Kibo por los habitantes de la zona–, ésta se hace más gigantesca. A primera hora de la tarde llegamos al inhóspito refugio de Kibo Hut, donde dormiremos en una austera cabaña de piedra. Desde aquí, la visión del camino que sube hasta la cresta del volcán (la punta llamada Gilman's Point) es espectacular y provoca un respeto casi místico. Bajo el sol que todavía calienta, nos lavamos con agua el polvo que hemos acumulado durante el camino. El día se va apagando y una niebla perturbadora lo rodea todo. Cenamos poco y a las 18:30 horas nos retiramos a dormir. Tenemos que compartir una gran habitación con un grupo de norteamericanos y prácticamente no duermo. Tal vez por la hora intempestiva, tal vez por lo desconocido que me espera... Trato de concentrarme en pensamientos positivos. Me recuerdo a mí mismo que se trata de disfrutar de un momento muy especial. Visualizo en mi interior a las personas que quiero. Eso me da fuerza y sonrío con los ojos cerrados dentro del saco de dormir. Pasadas unas horas, me despierto, salgo fuera unos minutos; la niebla ha desaparecido y las estrellas brillan intensamente. Es un buen presagio, pero no veo la constelación de la Gran Cruz del Sur. Sería reconfortante su compañía la noche antes de la ascensión. No sé si duermo o no. A las 23:00 horas nos levantamos y nos vestimos para el frío que nos espera. Un té caliente y unas galletas. Un fuerte abrazo antes de subir y, al salir al exterior, veo la Gran Cruz del Sur ya casi horizontal, a punto de dormirse. Esta visión me carga de energía.

## Martes, 12 de junio de 2018

Empezamos a subir lentamente en fila india cuando todavía está oscuro. Sólo tenemos la luz de los frontales, como velas, y avanzamos un paso tras otro, respirando profundamente para coger el máximo de oxígeno. Hacemos paradas para beber, comer, hacer necesidades... El ejercicio es duro por la inclinación y el terreno, una suerte de arena con piedras que se hunde bajo los pies y hace que resbalemos.

Una luz mínima, muy tenue, sobre Kenia anuncia el alba. Cruzamos una zona de grandes rocas con la nieve helada. La luz, como si fuera agua, lo inunda todo poco a poco y, finalmente, llegamos a Gilman's Point, a 5756 metros. Se trata de un espacio entre rocas negras en el anillo del volcán. La luz estalla en rosa sobre la nieve que cubre el cráter. En el horizonte la constelación de las Pléyades todavía crepita, a punto de extinguirse bajo la aurora. Reseguimos el anillo del volcán entre el hielo y las rocas, en un paisaje mágico entre el cielo y la tierra. Conseguimos llegar a Stella Point, y sólo faltan unos centenares de metros hasta el Uhuru Peak, el punto más alto del Kibo, a 5895 metros de altitud. Nos queda superar unos montículos llenos de nieve helada que recorremos con gran dificultad debido al viento que sopla con una fuerza extraordinaria, a unos 150-200 kilómetros, con un efecto térmico de quizás unos menos 20 grados centígrados. Según nuestro guía, es algo excepcional. El cielo es muy claro y, a la izquierda, sobre un mar de nubes, sobresale la cima del monte Meru, a muchos kilómetros de distancia. Más cerca, está el glaciar sur del Kilimanjaro, con paredes de hielo de hasta 20 metros. Finalmente, alcanzamos el Uhuru Peak (Pico de la Libertad)..., y la sensación es increíble. Cuesta respirar..., nos abrazamos con Joan y los dos guías, Nickson y Vasco. Estamos muy emocionados y sacamos fotos en la cima, con tanta nieve que casi cubre el letrero de madera de la cumbre donde está inscrito el nombre de Uhuru Peak.

A la vuelta del viaje, seguimos con nuestros desayunos esporádicos y en uno de ellos fue cuando le propuse ser uno de los integrantes del libro. Al escuchar mi oferta, me pareció distinguir una vez más ese brillo característico en sus ojos. Y ya fue en nuestro próximo encuentro cuando empezamos a trabajar en «su» capítulo.

De ahora en adelante, Francesc expresa sus opiniones sobre el éxito y el fracaso en primera persona.

## Dos conceptos poliédricos

El éxito y el fracaso son conceptos poliédricos. Hay gente que concede una gran importancia al componente social y centra sus esfuerzos en los éxitos profesionales o económicos. Sin embargo, el reconocimiento externo, en todas sus vertientes, es muy difícil de conseguir, si no imposible. La mayor parte de la gente no puede decir que haya triunfado; son muy pocos los que obtienen premios que les proporcionan visibilidad, los que aparecen en prensa o son públicamente homenajeados. Al contrario, para la mayoría de nosotros, el reconocimiento llega de las personas de nuestro entorno, ya que son las únicas capaces de evaluar nuestras acciones. En cualquier caso, a mí me gusta centrarme en el aspecto personal. En este ámbito, el éxito y el fracaso están relacionados con las metas que uno se fija y con las acciones que emprendemos para conseguirlos. Es decir, la única manera de medir un éxito o un fracaso es desde una perspectiva íntima. Nadie más que nosotros puede decidir si estamos satisfechos o no con lo que hacemos.

## La fortaleza del fracaso

El éxito puede llevarte al fracaso. Podemos morir de éxito y todos conocemos ejemplos de ello ya sea en la esfera pública o en la privada. Por otra parte, los fracasos pueden hacernos más fuertes y conducirnos al éxito. Para lograrlo, es necesaria una gran fortaleza psicológica que impida que los fracasos nos consuman y nos frenen a buscar nuevas alternativas. Hay que gestionar bien tanto lo uno como lo otro. No podemos creernos demasiado el éxito y debemos ver el fracaso como una oportunidad para descubrir nuevos caminos. Así, paradójicamente, el éxito puede debilitarnos y el fracaso fortalecernos. Personalmente, me interesa más el concepto de fracaso: un fracaso podría ser la oportunidad que estabas esperando.

## La infelicidad del triunfador

Hay individuos que destacan en ámbitos como el profesional, el económico o el social, pero a quienes falta plenitud desde el punto de vista íntimo y espiritual, y ello puede llevarles a la infelicidad. Por mi parte, valoro la satisfacción personal de llegar al final del día y poder decir: «Hoy lo hemos hecho bien». Es ésa, la satisfacción íntima, la que te hace ser feliz. Y cuando me encuentro con un fracaso, sí, puedo sentirme infeliz en un primer momento, pero luego busco soluciones al problema y soy feliz cuando he conseguido superarlo. Al final, pues, ni los que tienen éxito son necesariamente felices, ni los que fracasan, infelices.

## Entre el trabajo y el azar

No soy determinista. En mi experiencia personal, por ejemplo, yo no era una persona llamada a ser médico y, finalmente, las decisiones que libremente tomé me convirtieron en médico. Así que no creo en absoluto en que estemos determinados. La vida nos lleva por caminos que no habíamos imaginado, ni en el aspecto positivo ni en el negativo, y, por lo tanto, todo es posible. En buena parte, este camino depende de lo que nosotros hagamos, aunque bien es verdad que existe lo imprevisible. No estamos predestinados pero al mismo tiempo es fundamental el trabajo, la perseverancia. Doy mucho valor a la capacidad de repensarse y a no obsesionarse en ir por una ruta, buscando otras posibilidades, indagando otros lugares. La vida es una bella combinación de azar y trabajo personal.

## Toda la pasión

Si algo puedo aconsejar a la gente joven es que actúe con pasión. Les aconsejaría que se enamoren de las cosas y las disfruten a fondo. Esto no implica divertirse sin más, sino que, a través del esfuerzo y la paciencia, con tenacidad y perseverancia, se atrevan a vivir la vida intensamente. No hay nada más y nada menos. Éste es el mensaje.

## Nickson Johnson Mgonja,

*guía del Kilimanjaro*

Ésta es una historia muy especial y emotiva que se remonta a casi cuarenta años atrás. La primera vez que subí al Kilimanjaro en 1984, con Josep Lluís, Paton, Carles, Joan, Josep y Marisol, tenía sólo veinticuatro años y fue una aventura magnífica que me ha acompañado toda la vida. Después de tanto tiempo, en 2017, mi amigo Francesc me confesó que le encantaría subir a la cima de África. Al preguntarme si estaba dispuesto a acompañarle, empezó a generarse en mí una gran ilusión por volver a pisar las nieves de esa cumbre tan mítica. Vi una oportunidad irrepetible para regresar al «Kibo» y, a la vez, celebrar los sesenta años que cumpliría el mismo año de esta nueva ascensión. Así que, sin pensarlo dos veces, le dije que, por supuesto, lo acompañaría encantado.

Un viernes de febrero de 2018, desayunamos con Francesc en la cafetería donde íbamos habitualmente, el *Michigan*, para valorar las diferentes alternativas para el viaje y los posibles itinerarios y rutas de ascenso. La decisión era clara; subiríamos por la misma ruta de Marangu que yo ya había seguido en 1984, porque deseaba volver a pisar los mismos parajes después de tantos años. Ahora sólo quedaba concretar la fecha. Durante el mes de junio, sólo cuatro meses después, se nos abría una ventana de oportunidad en nuestras repletas agendas laborales para llevar a cabo el proyecto. Era ahora o nunca y decidimos no dejar pasar la oportunidad. Realizamos dos salidas previas de preparación, en el Montseny y en los Pirineos. Llegó el mes de junio y emprendimos el viaje a Moshi, Tanzania.

Al día siguiente nos desplazamos al pueblo de Marangu, puerta de entrada al parque del Kilimanjaro. Habían transcurrido treinta y cuatro años desde mi última visita, pero nada más llegar me invadieron las mismas sensaciones que había tenido tantos años atrás. El espíritu de Marangu seguía intacto. Esos bosques en la base del Kilimanjaro, con su frondosa vegetación y numerosos excursionistas transitando arriba y abajo, nos daban la bienvenida y nos invitaban a emprender la aventura de subir a una de las montañas más legendarias del planeta.

La primera vez, yo era un joven con toda una vida por delante, que desconocía por completo a dónde me llevaría mi futuro. Ahora, puedo mirar hacia atrás y reflexionar sobre cómo ha sido mi vida, lo que he hecho y lo que he dejado de hacer. Un contexto casi a la inversa. El privilegio de volver a esa tierra tan bella me transportaba a las sensaciones y al asombro que había experimentado tantos años atrás. En esta ocasión, además, sentía el orgullo de acompañar a Francesc. Pero la emoción más sentida fue esa profunda gratitud por haber podido regresar a un paraje tan único y excepcional después de tantos años, sintiendo ahora la plenitud y la fortuna de disfrutar de una vida intensa y llena de sentido, y con aún muchos sueños por los cuales luchar.

En esta segunda expedición, Nickson Johnson Mgonja fue nuestro guía jefe. La primera impresión que tuve, cuando vino a buscarnos al pequeño hotel donde estábamos alojados en Moshi, fue la de que era una persona serena, pausada y que inspiraba toda la confianza necesaria para que nos acompañara hasta la cima. Después de presentarse, nos explicó con todo detalle en qué consistía la ascensión y cómo haríamos la climatización. Y, más importante todavía, nos recordó que el desafío de alcanzar la cumbre era un reto con nosotros mismos y, por lo tanto, si confiábamos en nosotros, lo lograríamos.

La ruta seguida pasa primero por el Gilman's Point, de 5681 metros de altura, y desde ahí sigue por la cresta del cráter hacia el este hasta llegar al punto más alto, que es el Uhuru Peak, de 5892 metros. El día de la ascensión a la cima, a partir del Gilman's Point, en la cresta del cráter, el viento se volvió huracanado, la temperatura bajó en picado y la gran cantidad de nieve acumulada y las placas de hielo que se habían formado hacían cada paso más difícil. Fue allí cuando sentí cómo me iba debilitando, y de no ser por Nickson y por Vasco, nuestro segundo guía, creo que no habría alcanzado la segunda cima del Uhuru Peak. Vasco se pegó a mí y, caminando muy despacio y con paradas frecuentes, me acompañó hasta la cumbre, dónde ya nos esperaban Francesc y Nickson.

Durante los días de ascensión, tuve muchas oportunidades para hablar con Nickson, no sólo durante las largas caminatas, sino también cuando llegábamos a los campamentos, generalmente a primera hora de la tarde y, sobre todo, a la hora de cenar. De estas conversaciones espontáneas me impresionó su optimismo en el futuro y la convicción con que hablaba de su proyecto de crear una agencia de guías. También recuerdo con emoción la importancia que daba a su familia: su mujer, sus hijos y su padre.

Una noche, en el segundo campamento, llamado Mandara, estuve hablando con él antes de ir a dormir. Era al atardecer, estábamos en una pequeña cabaña y contemplábamos desde arriba unas vistas inolvidables de los bosques que cubren las faldas del Kilimanjaro, con un cielo rojizo que se confundía en el horizonte con la inmensa planicie africana que se difuminaba a lo lejos. Todo este panorama me evocaba la película *Out of Africa*, la cual había visto de joven. Nickson hablaba pausadamente, con un excelente inglés, y su filosofía de la vida estaba impregnada por su fe, su amor a la familia y por la montaña.

A pesar de que nuestras experiencias vitales fueran tan diferentes, descubrí que compartíamos unos mismos principios en lo fundamental. Nickson reflejaba estos valores en la dignidad y el respeto con que trataba a los seis porteadores que él dirigía y que nos acompañaron durante toda la marcha.

En una de nuestras charlas de sobremesa después de la cena, me habló de su infancia y de su juventud. Nickson Johnson Mgonja, nació en un pequeño pueblo bajo las montañas del Kilimanjaro llamado Mbaga. Para estudiar se desplazaba caminando todos los días hasta la escuela de Manka, a veinte minutos de su pueblo natal. Después de superar con éxito el examen oficial de cuarto curso de primaria –fue el séptimo de setenta y cinco alumnos–, sus padres decidieron que continuara los estudios en la ciudad de Moshi, donde vivía un tío suyo que era profesor. Lejos de la granja de sus padres, y bajo la tutela de este tío, terminó los estudios en la escuela Muungano.

Nickson hubiera podido seguir con los estudios y convertirse en profesor como su tío, pero su sueño era ser guía de montaña y decidió prepararse para conseguirlo. Después de estudiar un curso de mecánica, trabajó durante un tiempo reparando coches con su hermano mayor, y cuando tuvo algo de dinero ahorrado, empezó a salir a la montaña. No podía permitirse participar en una expedición como un turista occidental, así que empezó trabajando como porteador y durante un largo año aprendió los secretos del Kilimanjaro.

Después de haber subido a la cima y ya de vuelta hacia Moshi, pensé que Nickson debía formar parte de ese libro que me estaba planteando escribir. Me encajaba perfectamente por dos motivos: primero, porque él había sido una persona clave en nuestra ascensión al Kilimanjaro; y en segundo lugar, y más importante aún, porque sentía que su gran fe y sus inquietudes merecían ser contadas.

Le expliqué a Nickson la idea de participar en el libro y le propuse ser uno de los «entrevistados». Sin pensárselo ni un momento, me dijo que le gustaba mucho el proyecto y que, por supuesto, contara con él. Así pues, nos encontramos el día siguiente en el hotel en Moshi donde nos hospedábamos y hablamos durante varias horas del éxito y del fracaso. Los apartados siguientes reproducen en primera persona sus reflexiones sobre estas dos nociones.

## El sueño de un guía

Desde niño, veía la gran montaña del Kibo y soñaba en subirla muchas veces y en pasearme por la cima. Este sueño también me acompañó durante mis años de juventud hasta que decidí hacerlo realidad. Para ello, lo más fácil era apuntarme como ayudante de guía y unirme a un grupo de porteadores que llevaban la carga de los montañeros que subían al Kilimanjaro.

En mi primera expedición, nadie me advirtió que debía ir bien preparado y, aunque llevaba ropa de abrigo, no me protegí de la humedad de la montaña. Al llegar al primer campamento, tenía los tejanos y los zapatos empapados y caí en la cuenta de que ni siquiera llevaba un saco de dormir. El resto de la expedición se portó muy bien conmigo y pude dormir con ellos. Después de esa primera lección, comprendí que debía aprender rápidamente. Al tiempo que observaba y escuchaba a los guías, decidí ayudar a los cocineros para aprender cómo conservar y cocinar la comida.

En la tercera expedición, dejé de ser porteador y empecé a trabajar como cocinero. Estaba satisfecho, pero no había olvidado mi sueño de llegar a ser guía y esperaba mi oportunidad. Ésta llegó más adelante en una subida a la montaña que siempre recordaré. El guía me permitió acompañar a un grupo de montañeros en el último tramo y cuando estábamos a mitad del camino, tuvimos que dividir el grupo porque dos de los alpinistas sufrieron del mal de altura. El guía puso a mi cargo a tres miembros de la expedición que se encontraban bien y con aspiraciones de llegar a la cima. Me dijo que confiaba en mí y que me delegaba su responsabilidad para que fuera con ellos arriba, con prudencia, diligencia y autoridad. Agradecido por esta confianza, los acompañé hasta la cima del Uhuru Peak y luego de vuelta hasta el campamento. El guía desconocía si habíamos hecho cima y cuando llegamos al campamento, ya había enviado a un par de porteadores a buscarnos. Cuando nos vieron llegar sanos y salvos de la cumbre, en el campamento me dijeron: «Hoy te has convertido en un nuevo guía».

Después de esta pequeña victoria pero tan importante para mí, conseguí una recomendación para inscribirme en el curso organizado por la compañía que se encargaba de las expediciones. Entonces supe que era mi momento y que debía luchar para conseguirlo. Al final de las prácticas, debíamos alcanzar la cumbre del Kilimanjaro y registrar nuestro nombre en una piedra donde un testigo tomaba una fotografía. Y así lo hice, ascendiendo por segunda vez al Uhuru Peak. Una vez logrado esto, tuve que ir a clase, estudiar y hacer deberes para prepararme para el examen de guía. Después de realizar la prueba escrita, recuerdo que los resultados no llegaban hasta al cabo de un mes y yo estaba impaciente. Mi corazón bateaba y me preguntaba a menudo: «¿Lo conseguiré?», «¿habré pasado el examen y me convertiré ya en guía?». Hasta que un día, estando de porteador en la montaña, me llamaron y me dijeron: «Muchas felicidades, Nikson!». Y entonces supe que lo había logrado.

## El sueño del éxito

Empezaré hablando del éxito. Si quieres tener éxito, necesitas un sueño y este sueño ha de servirte para empezar un proyecto y planificar el futuro. Antes de alcanzar el éxito, tienes que superar retos que pueden surgir en el trabajo, pero también en la familia o en los amigos. No será fácil conseguir tu sueño y tendrás que aprender a apreciar lo que vas logrando durante el camino, porque los pequeños aciertos forman parte del sueño en sí mismo. De lo contrario, es fácil perder de vista tu objetivo. Si ves que te desvías, debes observar a tu alrededor, analizar la causa y reflexionar sobre cómo volver al propósito que te habías propuesto. Los obstáculos aparecen en el momento más inesperado y pueden surgir de circunstancias triviales o de situaciones más complejas. Sin embargo, para avanzar con paso firme, debes apreciar la riqueza que te ofrecen la familia, los amigos y el trabajo. También es primordial comunicarte con las personas a las que quieres, en especial tu familia: tu mujer, hijos y padres, porque si eres egoísta y quieres hacer las cosas sólo por y para ti mismo, sin contar con ellos, va a ser muy difícil que obtengas algún éxito.

## El apoyo de tu familia

Hace unos años, mi sueño era tener mi propia compañía y empecé organizando mis propias expediciones al Kilimanjaro con guías a los que contrataba, pero no acabó de funcionar.

Después de eso, no me rendí, sino que seguí adelante y tuve la suerte de conocer a mi mujer. Vivíamos en la misma calle y nos veíamos de vez en cuando, pero nunca hablábamos, hasta que un día nos sentamos al lado en la iglesia a la que íbamos. Cuando después de misa regresaba a mi casa en coche, la vi caminando por la calle y le ofrecí llevarla a casa. Paramos cerca de una comisaría y le pregunté si era policía. «No», me contestó ella, «mi hermana vive aquí». Un día, mientras conducía hacia mi casa, la vi otra vez, llevando un uniforme de policía. Nos sonreímos y me ofrecí otra vez a acercarla a su casa en coche. Hablamos, intercambiamos los teléfonos, empezamos a charlar y a veces coincidíamos en la iglesia los domingos. Uno de esos domingos, no la vi en la parroquia y al preguntar por ella, me dijeron que estaba ingresada en el hospital, así que fui a visitarla. Cuando se recuperó, empezamos a salir juntos.

Según las reglas de la Academia de Policía, no se podía casar hasta haber trabajado durante tres años, así que tuvimos que esperar dos años para poder casarnos. Entonces yo tenía veintisiete años y seguimos las tradiciones de Tanzania. Primero se lo dijimos a nuestros padres y luego los presentamos. Cuando nos dieron su visto bueno, empezamos a vivir juntos de manera formal. Tenemos tres hermosos niños. Johnson, de doce años; Abigail, de siete años; y la más pequeña, Cherish, de cuatro años. Estamos planeando una boda cristiana. Se suponía que iba a ser una pequeña ceremonia, pero todo el mundo quiere acompañarnos, así que veremos cuándo y cómo lo organizamos.

Con mi mujer queremos abrir nuestro propio negocio, un pequeño supermercado. Ya tenemos el local y estamos arreglando las estanterías. Sólo estamos pendientes de que llegue el permiso del Gobierno para empezar con el sueño de nuestra familia y yo estoy muy contento. En lugar de lanzarnos hacia otro proyecto y arriesgar lo que tenemos, ahora comparto mis ideas con un experto en negocios de la ciudad, quien me asesora y ayuda a poner en marcha lo que quiero que sea nuestra pequeña empresa familiar. Así podré hacer realidad mis sueños.

Hay gente que para llegar a su objetivo sacrifican a las personas de su alrededor y no aprecian lo que tienen. Así, van de un objetivo a otro. Cuando han logrado una cima, ya buscan colmar la próxima sin vivir la realidad del momento. En ese mismo instante, ya han empezado a perder lo que tenían. Éste es un error que cometí una vez, pero del que he aprendido mucho y que no quiero repetir. Por el contrario, yo pienso que lo más importante es conservar lo que has conseguido y, sólo entonces, buscar otro objetivo.

## La fe y el pensamiento positivo

Soy cristiano, así que creo en Dios y en las enseñanzas de Jesucristo. Antes de empezar algo importante, tengo la necesidad de tener una buena relación con las personas que están a mi alrededor, ya sean clientes o amigos con quien compartir mis ideas. Creo que no hay nada peor que sentir que lo que posees no te pertenece porque no te lo mereces, pues no has hecho nada para ganártelo.

Por eso digo que si rezas a Dios y compartes con él tus planes, su gratitud te acompañará y serás feliz. Gracias a esta fe y al pensamiento positivo que lleva consigo, uno logra cosas importantes que te permiten seguir adelante por el camino que te llevará al éxito. Si, por el contrario, uno está absorbido por pensamientos negativos, nada le será suficiente para sentirse satisfecho y feliz. Así que, en cierta manera, todo depende de la percepción y también del valor que le damos a las cosas pequeñas. Si posees un dólar, puedes comprar algo por medio dólar y volver a venderlo por un dólar. Por lo tanto, es importante apreciar las pequeñas cosas, que por sí mismas también son grandes y forman parte de un todo que te hace sentir satisfecho, genera confianza y te aporta pensamientos positivos que alejan el miedo al fracaso.

Cierto es que en ocasiones sufres fracasos porque existen causas externas que no puedes controlar, pero si tienes una buena relación con Dios, seguirás siendo feliz. Si tu socio en tu negocio cae enfermo, por ejemplo, durante un tiempo estarás triste y permanecerás descorazonado, pero tienes que pensar en cómo superar esta situación y ayudarle. Si has sido previsor y prudente, y has invertido tu dinero con sensatez y honradez, entonces podrás ayudarle a recomponer el negocio. Es mucho más fácil gestionar un problema cuando has sido previsor y has ahorrado parte de tus beneficios. De esta manera, seguirás siendo feliz. Mientras mantengas una buena relación con Dios y aprecies lo que tienes, podrás afrontar los problemas y seguirás adelante con fuerza y esperanza.

## La importancia de la familia

Tengo que dar gracias a Dios por mis padres. Mi madre pudo finalizar sus estudios y convertirse en enfermera, pero mi padre no pudo acabar la educación primaria debido al coste de la escuela. Mis padres siempre nos han apoyado –a mis cuatro hermanos y a mí– a que estudiáramos. Todos pudimos ir a la escuela primaria y secundaria, ya que nuestros padres cubrieron el coste de nuestros estudios. Además, mi hermano mayor y yo ayudamos económicamente a mi hermana pequeña para que pudiera completar sus estudios superiores.

Mi padre trabajó muy duro. A pesar de que no tenía un buen sueldo, siempre ahorraba, aunque fuese sólo un poco. Al cabo de un tiempo, pudo comprar una casa. Recuerdo que cada año, mis hermanos y yo teníamos un nuevo uniforme escolar y que por Navidad, recibíamos alguna pieza de ropa como regalo.

Yo empecé a trabajar desde joven en distintos empleos. Aunque mis padres pudieran permitirse costear nuestros estudios, quería ganarme la vida por mi cuenta y ayudar a mi familia. Por ejemplo, durante un tiempo iba cada tarde y cada fin de semana a una granja a cuidar vacas. Cuando pasaba las vacaciones en casa de mis abuelos, les ayudaba a llevar comida de su huerto para que pudieran venderla a un mercado que estaba a 10 km. Durante unas vacaciones, trabajé para la Coca Cola cargando y descargando las cajas de madera donde se ponían los refrescos.

El año pasado mi padre tuvo un derrame cerebral y nosotros comprendimos que era nuestro momento, así que lo ayudamos todo lo que pudimos. Pagamos al médico y al fisioterapeuta para que hiciera los ejercicios de recuperación necesarios. Gracias a Dios está vivo. Ahora puede caminar y hablar, pero apenas puede mover las manos. Superamos la situación como familia y esto sin duda es el mayor éxito que uno pueda tener.

## Esfuérzate, prepárate y conseguirás el éxito

A los jóvenes les recomiendo que se centren en su sueño, porque no hay fracasos, sino desafíos. Si tienes claro tu sueño y estás dispuesto a afrontar los retos, sólo tienes que mantener tu convicción y tu fe, y unos pensamientos positivos. Esta actitud es fundamental, porque los pensamientos negativos son los que te llevan al fracaso. No importa cuánto tiempo necesites, al final tu objetivo estará allá. Esfuérzate, prepárate y conseguirás éxito. Vas a subir esa montaña, ¡porque tú lo quieres! Todo está en tu cabeza y en tu consciencia. Si te preguntas qué haces tú aquí, es que este reto no es para ti. En cambio, si dices: «Voy a subir esta cima», la subirás. Lo mismo se puede aplicar a los estudios, los negocios, a tu propia persona y a cualquier aspiración que tengas. Inténtalo con pensamiento positivo, determinación y mucha fe, y conseguirás tu objetivo.

# Ashok Khosla

Ashok Khosla es un referente internacional en sostenibilidad medioambiental y social, y en empresas que se preocupan por el medio ambiente y la justicia social. Desde 1982 es presidente de Development Alternatives Group, empresa dedicada al desarrollo sostenible, cuyo objetivo es buscar soluciones de producción y consumo en la India rural. El extraordinario trabajo de Ashok en pro de la sostenibilidad medioambiental y social le ha valido reconocimientos como el doctorado *honoris causa* de la Universidad Simon Fraser (Canadá), el premio Order of the British Empire (OBE) del Gobierno del Reino Unido, la medalla World Wide Fund (WWF) del duque de Edimburgo o el premio por el Medio Ambiente de Naciones Unidas en Sasakawa. También ha sido copresidente en el Panel Internacional de los Recursos de las Naciones Unidas, presidente de la International Union for Conservation of Nature (IUCN) y copresidente del Club de Roma, además de miembro del Consejo Asesor de Seguridad Nacional y Consejo Científico del Gobierno de India.

Al preguntarse por cómo ha logrado todos estos éxitos profesionales, es inevitable fijarse en su currículum académico, que incluye un doctorado en física experimental en la Universidad de Harvard y un máster en ciencias naturales por la Universidad de Cambridge. Sin embargo, Ashok explica que no fue un estudiante que trabajara especialmente duro, sino todo lo contrario. Cuando llegó el momento de estudiar en una universidad, presentó su candidatura a las universidades de Harvard, Yale, Berkeley, Chicago, MIT y Caltech. Como todas estas instituciones lo aceptaron, tuvo la opción de escoger. Si su decisión nos puede parecer lógica –se decantó por Harvard–, más chocante son los motivos que le llevaron a tomar esa decisión. «Pensé que ahí es donde tendría menos trabajo», asegura.

Ashok Khosla no sólo es alguien brillante, sino también muy fiel a sus ideas. A los treinta y un años regresó a la India con la idea de dedicarse a la ciencia y, de este modo, ayudar a su país a erradicar las desigualdades sociales y, al mismo tiempo, conservar los recursos naturales. Esta determinación lo llevó a convertirse en el director de la primera Oficina de Medio Ambiente del Gobierno indio y, más adelante, de Infoterra, el primer sistema de información global en los cuarteles generales del Programa de las Naciones Unidas para el Medio Ambiente en Nairobi.

Sin embargo, consideró que estos trabajos no eran suficientes porque no conseguían resolver los problemas que seguía detectando en nuestro planeta. Fue entonces cuando decidió dar un paso hacia delante y emprender su propio proyecto.

Después de escucharle hablar, no cabe duda de que su determinación en todo lo que hace tiene mucho que ver con su infancia, así como con la influencia de sus padres. Cuando India y Pakistán se separaron, Ashok era sólo un niño y tuvo que caminar durante varios días para salvar su vida. Una vez en Delhi, inició una nueva vida, junto a su familia. Durante dos décadas siguió a su padre, un profesor universitario convertido en diplomático. La exposición a tantas culturas, diferentes condiciones económicas y amenazas medioambientales le hicieron difícil ignorar las desigualdades e injusticias de este mundo.

Mi relación con Ashok Khosla empezó hace muchos años en el seno del Club de Roma Internacional. Ashok fue copresidente del Club de Roma desde 2005 hasta 2012, pero nos conocíamos con anterioridad ya que habíamos trabajado en diferentes proyectos de colaboración internacional en torno a la organización creada por Ashok en India, Development Alternatives. De Ashok me impresionó desde el primer momento su amplísima cultura y sus vastos conocimientos en tantísimas áreas como física, biología, historia, matemáticas, literatura, fauna, economía... Su capacidad para relacionar conceptos y disciplinas es brillante. Y todo este extraordinario bagaje de conocimiento se complementa con una oratoria impecable y siempre perfectamente estructurada, como si se tratara de la formulación de un principio de física teórica, disciplina de la cuál fue profesor en la Universidad de Harvard.

## Recordando al científico Jorge Wagensberg

Esto me lleva a hablar de un enorme privilegio que tuve el honor de vivir en primera persona durante unos años. Ashok, como miembro del consejo internacional asesor de una gran empresa, viajaba a Barcelona una o dos veces al año. Aprovechando esos viajes, yo organizaba una cena, generalmente el domingo porque las reuniones del consejo asesor solían realizarse los lunes por la mañana. En estas cenas, participábamos tres comensales: Ashok Khosla, el conocido científico y divulgador; Jorge Wagensberg, que falleció en marzo de 2018; y yo mismo.

Compartir una cena con ambas personalidades era de una riqueza formidable. Ashok y Jorge pasaban la cena discutiendo sobre conceptos de física teórica, mecánica cuántica, astronomía, biología y, por supuesto, sostenibilidad en todas sus facetas.

Me gustaría aprovechar estas líneas para expresar mi reconocimiento y admiración a Jorge Wagensberg, un científico y divulgador excepcional, con una producción de un enorme valor científico y cultural, y con una capacidad única y admirable para vincular la ciencia y el arte.

Resulta obvio, por tanto, que compartir largar charlas con Ashok y Jorge, acompañadas de una cena sin prisas, a última hora de la tarde de un domingo placentero, es una experiencia inolvidable e inmensamente gratificante.

Acabada una de estas charlas fue cuando le propuse a Ashok formar parte de este libro. De inmediato, me propuso que podíamos empezar ya al día siguiente, aprovechando que aún permanecería en Barcelona. Así lo hicimos, nos reunimos para desayunar a la mañana siguiente y debatimos durante varias horas sobre el éxito y el fracaso. Y éstas son sus reflexiones personales en primera persona.

## Un objetivo móvil

Tanto el fracaso como el éxito dependen de la distancia entre nuestras expectativas y la percepción que tenemos de los resultados. Primero nos esforzamos en conseguir algo y luego, aunque sea de manera subliminal, evaluamos si hemos logrado aquello a lo que aspirábamos. Por lo tanto, el éxito es un objetivo móvil. En realidad, nunca sabemos hasta qué punto hemos tenido éxito. No creo que sea verdaderamente importante qué hay en el fondo, sino lo que uno sienta como éxito y fracaso y el modo en que lo exprese.

El fracaso y el éxito son clasificaciones relativas de los resultados y de las consecuencias de las decisiones que tomamos y las acciones que llevamos a cabo. En lo más básico, el éxito podría medirse en lo se ha conseguido en comparación con lo que uno se ha propuesto lograr, es decir, la relación entre los resultados conseguidos y los resultados a los que se aspiraba. Ésta es esencialmente una valoración interna, subjetiva y personal sobre cómo se sienten las personas respecto a su contribución en términos de sus propias expectativas. De alguna manera, ésta es la medida más relevante desde un punto de vista profesional.

En el otro extremo, el grado de éxito se puede medir comparando los resultados reales con la escala de los problemas que se abordan. Ésta sería una evaluación ideal y más objetiva, pero rara vez es considerada en el ámbito del desarrollo sostenible. Las actuaciones que en el mundo real producen un impacto en la vida de cientos de miles de personas difícilmente se considerarían exitosas si la magnitud del problema que intentan solucionar afecta a cientos de millones o incluso miles de millones de personas.

En algún punto intermedio podemos medir el éxito en función de los objetivos establecidos por los patrocinadores de una actividad. Podríamos denominarlos como criterios de evaluación definidos externamente. En la vida real, éstos son probablemente los ejemplos más fáciles de encontrar y los más utilizados.

Desde que las empresas y organizaciones trabajan para ajustar extremadamente presupuestos y plazos, por norma general hay poco margen de tiempo entre el final de una actividad y el comienzo de la siguiente. Por lo tanto, rara vez tenemos la oportunidad de medir, analizar y comprender el éxito que hemos obtenido. Esto significa que tendemos a subir sucesivamente el listón con cada nuevo proyecto. El «éxito» es –y debería ser– un objetivo en movimiento. Sólo los muy narcisistas, como algunos dirigentes políticos, pueden declararse ganadores absolutos, independientemente de lo que en realidad hayan hecho u ofrecido.

## Estar en el sitio correcto en el momento adecuado; esto es la suerte

La historia está llena de ejemplos de personas extraordinarias que superaron orígenes familiares modestos, enormes obstáculos sociales, financieros, una educación limitada y a pesar de todo hicieron cosas extraordinarias. Como una persona normal y corriente, sólo puedo decir que lo poco que he podido contribuir a la sociedad es gracias a la suerte y a las oportunidades que tuve. Las circunstancias en las que uno nace pueden ofrecerle un amplio abanico de posibilidades y es importante saberlas aprovechar. La educación que uno recibe en casa y en las escuelas y universidades es un segundo factor importante. Tuve la gran suerte de tener unos padres totalmente dedicados a garantizar que sus hijos pudieran centrarse en sus talentos. Nos dieron oportunidades y estímulos que muy pocas personas reciben. Aunque no eran ricos desde un punto de vista económico, sí lo eran en valores humanos y estaban plenamente comprometidos con el futuro de la sociedad y la humanidad.

Mi hermano y yo estudiamos en algunas de las mejores escuelas y universidades del mundo. Además, tuve la oportunidad de viajar por todo el planeta.

Ser responsable implica ser consciente de la importancia de estas oportunidades. Considero que es mi responsabilidad ayudar a abrir tales oportunidades a cuantas más personas mejor. Una gran parte de mi carrera profesional es el resultado de ser consciente de la gran suerte que he tenido. Con el mismo propósito, otras personas pueden haber tenido aún más éxito, pero resulta que yo estaba en el lugar correcto en el momento adecuado.

## Soy en un 80 % las oportunidades que he tenido

Según mi punto de vista, el éxito se mide desde nuestra observación del mundo y está influido por las circunstancias de nuestro nacimiento, así como por las oportunidades que hayamos tenido para educarnos y formarnos profesionalmente. Tuve la suerte increíble de tener unos padres que se emplearon a fondo para que sus hijos hiciéramos realidad nuestras capacidades, y nos dieron oportunidades de las que muy poca gente goza. Estudié en algunas de las mejoras escuelas y universidades del mundo, tuve la oportunidad de viajar por todo el mundo… Además, sé que uno de los aspectos que ha determinado el viaje de mi vida ha sido la consciencia de que existen no miles, sino decenas de miles de personas que lo habrían hecho mejor, si hubieran disfrutado de oportunidades como las mías. Para mí, es evidente que si hubiera nacido en un pueblecito pobre, de un lugar remoto, de un país del Tercer Mundo, mi vida hubiera sido totalmente distinta. No puedo saber si hubiera tenido éxito en un contexto como ése, pero sé que las oportunidades de las que he disfrutado son responsables del 80 % o 90 % de lo que soy.

La consciencia del peso de estas oportunidades tiene una segunda parte. He comprendido que tengo la responsabilidad de dar oportunidades al mayor número posible de personas. Así que una buena parte de mi carrera profesional es fruto no de un sentido de culpabilidad, sino de la consciencia de la suerte que tuve. Si otras personas hubieran tenido estas oportunidades, a lo mejor hubieran tenido más éxito, porque tenían mayores capacidades intelectuales. Simplemente, ha ocurrido que estuve en el lugar adecuado en el momento oportuno, pero el primer empujón me lo dieron mis padres.

## Dicen que el éxito es 10 % de inspiración y 90 % de transpiración

No sería correcto decir que la clave de lo que soy radica en el trabajo duro, sacrificado y de mucha intensidad. Exceptuando algunos exámenes o la entrega de algún documento importante, no recuerdo que tuviera que trabajar hasta el punto de tener que dejar de lado todo lo demás. Mis días en la escuela, en el instituto y en la universidad fueron variados, emocionantes y repletos de «diversión». La mayor parte de mis aprendizajes fueron relajados y adquiridos más bien *por osmosis* que por la superación de una gran dificultad práctica.

Me considero afortunado por haber aprobado los exámenes de la carrera sin una dedicación excepcional al estudio. Ésta puede ser la razón por la que nunca logré aprender –como lo hacían muchos de mis compañeros– a tocar un instrumento musical, a cantar, a escribir poesía o a pintar. Esas habilidades requieren mucha constancia y esfuerzo. De mis años como estudiante, la mayoría de mis recuerdos son de actividades fáciles, como leer, escuchar música y participar en charlas. Durante el doctorado, tuve mucho tiempo para aprender una gran variedad de disciplinas que me serían útiles cuando volví a la India. También tuve tiempo para enseñar una amplia gama de temas a estudiantes de Harvard, como la física a través de la cosmología y cursos sobre medio ambiente.

Mi experiencia es principalmente fruto de la suerte de haber tenido los padres y maestros que tuve. Uno de mis profesores, Norman Ramsey,[1] ganó el Premio Nobel de Física en 1989 por inventar el reloj atómico. Era una de esas personas peculiares que deseaba reconocer el valor intelectual de sus estudiantes graduados que habían contribuido a su trabajo y compartir una parte sustancial de su premio en metálico con nosotros. Otro premio Nobel, John Kendrew,[2] quien descifró la estructura molecular de la mioglobina, fue mi tutor en Cambridge y más tarde se convirtió en un gran amigo y colaborador. Quizás aún más importante fue Roger Revelle,[3] el oceanógrafo de fama mundial que descubrió por primera vez que el clima estaba cambiando debido a las crecientes concentraciones de dióxido de carbono en la atmósfera. Se acababa de convertir en profesor de estudios de la población y del medio ambiente en Harvard, después de haber servido como asesor científico del presidente John F. Kennedy. Le ayudé a diseñar y enseñar el primer curso universitario sobre medio ambiente.

1. Norman Foster Ramsey Jr. (1915-2011). Fue un físico estadounidense galardonado con el Premio Nobel de Física de 1989 por la invención del método de campo oscilatorio separado, que tuvo importantes aplicaciones en la construcción de relojes atómicos. Fue profesor de física en la Universidad de Harvard y también ocupó diversos cargos en agencias gubernamentales e internacionales como la OTAN y la Comisión de Energía Atómica de los Estados Unidos. Contribuyó a crear el Laboratorio Nacional Brookhaven del Departamento de Energía de Estados Unidos.

2. John Cowdery Kendrew (1917-1997). Fue un químico inglés galardonado con el Premio Nobel de Química del año 1962. Trabajó en el Laboratorio de Biología Molecular del Britain's Medical Research Council y tuvo un papel determinante en el estudio de la estructura de las proteínas de los glóbulos rojos por realizar investigaciones sobre la proteína muscular denominada mioglobina.

3. Roger Randall Dougan Revelle (1909-1991). Fue un científico que desempeñó un papel fundamental en la Universidad de California, en San Diego. Fue uno de los primeros científicos en estudiar el calentamiento global antrópico, así como el movimiento de las placas tectónicas de la tierra.

Este curso se hizo famoso por uno de nuestros estudiantes, Al Gore,[4] quien hizo la película ganadora de un óscar *La verdad incómoda,* basada en ese curso. Como vicepresidente de los Estados Unidos, se convirtió en un gran defensor del medio ambiente. Roger Revelle fue un mentor, colega y amigo íntimo durante las décadas que trabajamos juntos, ¡y cuánto aprendí de él! Algunos ejemplos: la importancia de usar la ciencia para encontrar soluciones a los problemas humanos y sociales, la necesidad de aplicar métodos analíticos rigurosos que abarcaban las disciplinas científicas, y el papel fundamental en la buena ciencia no sólo de la lógica, sino del pensamiento cuantitativo, por aproximado que sea. Y, no menos importante, la responsabilidad de los científicos al presentar sus conocimientos en términos simples, claros y comprensibles para ayudar a los responsables políticos en la toma de decisiones.

## La mejor decisión que he tomado: elegir a los padres correctos

Hay muchas circunstancias que podrían ayudar a explicar quién soy, y algunas de ellas quizás son el resultado de algo que hice. Mi primer paso en la dirección correcta fue elegir bien a mis padres. Por supuesto, no quiero decir que fui a una tienda a comprarlos, sino que nací en el lugar adecuado. Mis padres tenían e impartían a sus hijos profundos valores humanos. No me considero un huésped, sino que siento que escogí a mis padres. Supe que ellos me darían un sólido sistema de valores del que no podría escapar y sentía que no tendría otra alternativa que la de convertirme en un ser humano responsable. A menudo, percibía que debía actuar más por el bien general que por el beneficio personal.

4. Albert Arnold Gore (1948). Político, economista y filántropo estadounidense que sirvió como el 45.º vicepresidente de los Estados Unidos (1993-2001) bajo el mandato del presidente Bill Clinton. Fue el candidato del Partido Demócrata para la elección presidencial de 2000 y perdió contra George W. Bush. Ha fundado la organización la Alianza para la Protección del Clima. En 2007 recibió el Premio Nobel de la Paz por su activismo e iniciativas sobre el cambio climático.

Nací en la antigua y sagrada ciudad de Lahore, cuando el subcontinente indio era una simple nación. Lahore era la capital de la provincia indivisa de Punjab. En la declaración de independencia de los británicos, la India se dividió en dos naciones y la ciudad de Lahore fue asignada a Pakistán. Una de las consecuencias de la partición de la nación fue una de las mayores migraciones de la historia. Migraciones cruzadas que en realidad significaron masivas masacres recíprocas.

Una noche, mi familia y yo nos convertimos en refugiados y tuvimos que huir para salvar nuestras vidas. Mi padre huyó desde Lahore, donde impartía clases en la universidad. Mi madre, mi hermano de seis años y yo huimos desde las colinas, donde nos habíamos quedado para pasar las vacaciones de verano. Nos pusimos en marcha después de escuchar gritos en las calles de que cualquier persona que no saliera de la ciudad de inmediato sería golpeada, violada y asesinada. De vez en cuando parábamos durante unos días para ponernos a salvo. Recuerdo que, durante nuestra larga travesía por el campo montañoso, mi hermano y yo practicábamos el disparo de proyectiles de papel con gomas elásticas para disparar a los ojos del «enemigo», que podría atacarnos en cualquier momento. En ese momento, el alcance de los proyectiles nos parecía satisfactorio, pero afortunadamente no tuvimos la oportunidad de probar su eficacia.

A pesar de la naturaleza áspera de esta experiencia, nuestra familia fue muy privilegiada y no tuvo que pasar por los graves traumas de la mayoría de los refugiados. Mis padres eran profesores universitarios y, aunque tuvimos que dejar todo lo que teníamos atrás (casa, coche, muebles, juguetes, fotografías familiares, libros, ¡ah! esos libros recopilados durante toda una vida de actividades académicas por mis padres), pudimos llegar a Delhi. Allí, unos días después, nos reunimos con mi padre, que también logró llegar a Delhi con vida a pesar del enorme derramamiento de sangre que se producía a lo largo de su recorrido.

Poco después, el primer ministro, Jawahar Lal Nehru, le pidió que creara un centro educativo y universitario para los más de 100 000 jóvenes refugiados que deambulaban sin rumbo por las calles. Mi padre lo construyó en las instalaciones de un grande y famoso templo en el corazón de la ciudad. Como director de este campus universitario, él y sus colegas proyectaron las instalaciones, contrataron maestros, inscribieron estudiantes y organizaron exámenes, ¡todo en pocas semanas! Durante más de un año, vivimos en una habitación individual en un campo de refugiados.

## El cuidado y la empatía por los demás es nuestra razón de ser

Mi padre, como yo, también creció con ciertos privilegios. Nació en Cachemira, donde su padre, médico, era el equivalente del ministro de Salud. Era un buen estudiante y buen atleta. Estudió su doctorado en la London School of Economics, realizando gran parte de su investigación también en las universidades de Heidelberg y la Sorbona. Un tiempo después de su regreso a la India, se convirtió en profesor de Ciencias Políticas y estuvo profundamente involucrado en el movimiento independentista para liberar a la India del dominio británico. La «libertad» se convirtió en «partición». Poco después de establecer el campus universitario, se unió al nuevo servicio diplomático de la India y durante los siguientes veinte años ejerció como embajador en más de una docena de países, incluyendo Italia, Checoslovaquia, Indonesia, Yugoslavia y las Naciones Unidas. Como resultado, pude estudiar en escuelas de países de todo el mundo. Uno de los eventos más memorables fue estar en Budapest en 1956, cuando mi padre, como representante especial del primer ministro Nehru, y su personal y su familia fueron los únicos diplomáticos extranjeros a los que se les permitió permanecer en el país durante la revolución húngara.

La humildad y la empatía de mi padre conmovieron profundamente a las personas que conoció. Todo el mundo era importante para él. Tenía un interés genuino por las personas y, gracias a su fenomenal memoria, podía recordar detalles personales de los miles de personas que conocía. Estaba interesado en todas las personas con las que conectaba, independientemente de su posición social, ya fuera un presidente o un conductor de autobús, una señora de la limpieza o un ministro. Esta faceta siempre me ha impresionado y su impacto me ha acompañado toda mi vida.

Mi padre siempre estuvo muy orgulloso de sus dos hijos. Uno de los días más felices de su vida fue cuando dejé mi trabajo bien remunerado en las Naciones Unidas para abrir mi pequeña empresa en la India, donde ganaría cien veces menos pero tendría la oportunidad de hacer una verdadera contribución para un mundo mejor. Sin poseer un gran conocimiento científico, pudo ver la importancia de aplicar la ciencia para resolver los problemas derivados de la pobreza y de la destrucción de recursos.

Supongo que el valor subyacente más importante que aprendí de él fue que ser un buen ser humano es más importante que ser un genio. ¿Qué significa esto? Que las vidas y las necesidades de los demás son tan importantes como las propias. Los personajes históricos que vivieron estos valores sirven como modelos para seguir incluso hoy: Lord Gautam Buddha, San Francisco de Asís y Mahatma Gandhi.

De nuestra antigua herencia sánscrita, me encuentro guiado por la frase *Vasudhaiva Katambakam*, que se traduce aproximadamente como «todo el mundo es una familia». Varios idiomas tienen palabras que expresan pensamientos similares: el bantú dice *Ubuntu* («Yo soy porque somos») y el swahili se acerca a *Umoja* («unidad» o «integridad»). De hecho, la mayoría de las culturas indígenas viven toda su vida con compromisos mutuos entre sí, con sus generaciones futuras y con la naturaleza.

## Ser una persona de éxito

El éxito suele ser parcial y repartido en diferentes grados de fracaso. Las personas pueden tener éxito en algunas áreas, mientras que en otras pueden fracasar por completo. Por ejemplo, ya no soy especialmente bueno en deportes o invirtiendo dinero, principalmente porque estas cosas ya no me interesan. En cambio, soy razonablemente bueno liderando, porque puedo pensar lógicamente y sé cómo gestionar recursos, personas y organizaciones, que es un arte y una ciencia. A menudo me pregunto cómo es posible que gerentes inteligentes arruinen sus propias empresas, con lo fácil que es gestionar las relaciones humanas con empatía, amor y respeto por los demás y establecer procesos comerciales efectivos.

Si ampliamos el campo e incorporamos iniciativa, lealtad e integridad en nuestras acciones y, al mismo tiempo, flexibilidad, perdón y la capacidad de interactuar con otras personas que han podido perjudicarte, entonces estoy del lado correcto y me considero una persona exitosa. En todo caso, no creo que los seres humanos tengan que ser perfectos siempre. La amistad, de hecho, consiste precisamente en aceptar a nuestros amigos como son. En este sentido, no encontrarás muchas personas que hablen mal de mí, porque nunca he perjudicado a otras personas a sabiendas, no he subestimado a nadie, ni he dicho nada malo sobre alguien a sus espaldas.

Eso no significa que sea una persona pasiva. Si tengo alguna cualidad es pensar de manera diferente, y eso es algo que hago mejor que otros. Esto me ha permitido hacer varias contribuciones originales relacionadas con los aspectos sociales y el desarrollo sostenible en el sector empresarial. Describí algunos conceptos que han tenido impactos importantes, en los que yo, entre otros, tuve un papel relevante en la definición y la promoción. No me importa mucho obtener el crédito por tener las ideas, y a menudo me encuentro, como mi profesor de física Norman Ramsey, felizmente compartiéndolo con otros.

Diría que la organización híbrida que fundé, Development Alternatives, era un concepto bastante único en ese momento, pero su evolución desde su lanzamiento en 1982 se ha beneficiado de numerosas mejoras introducidas durante treinta y cinco años por una sucesión de colegas. Ha sido una experiencia singular en términos de creación de modelos viables para el desarrollo social y humanitario durante esas décadas. Nuestras contribuciones teóricas y prácticas del desarrollo económico integral ciertamente tienen muchos copartícipes paralelos, y todos merecen ser conocidos por las ideas que proporcionaron: la aportación del capital social y la economía circular, la necesidad fundamental de fijar el precio total de los recursos y las actividades, la importancia del diseño y la acción en el ámbito local, involucrando a las partes interesadas, las ONG, comunidades locales, municipios, agencias gubernamentales, empresarios locales, inversores privados, organizaciones multilaterales y fundaciones privadas.

## Los sacrificios me han recompensado más de lo que merecía

Como individuo, al final también es responsabilidad de uno mismo juzgar si has tenido una vida interesante o no. Y una vida que vale la pena depende de tu escala de valores. Algunas personas valoran el dinero, los libros que han escrito o las montañas que han escalado, pero yo sigo creyendo que el éxito radica en las sonrisas de las mujeres pobres de la India, fruto de algunas pequeñas mejoras introducidas en sus vidas. Y esto es en lo que yo me centro. Me siento con ellas en sus casas y hablo sin parar, intentando ayudarlas a mejorar su situación: creando iniciativas para dar a sus hijos una mejor educación, proporcionarles más recursos económicos y una mejor salud. Ahí es donde siento que he tenido éxito. Lo suficiente como para hacerme olvidar cualquier posible «sacrificio» que podría tener la impresión de haber hecho.

## A los jóvenes: ¡Comprometeos con vosotros mismos y con los demás!

A los jóvenes les diría que sus vidas serán mucho más difíciles de lo que fueron las vidas de nuestra generación para nosotros. Más difíciles porque el mundo es complejo y cambia rápidamente. Lo que hayan aprendido en sus escuelas y universidades no será suficiente porque los sistemas sociales pueden haberse roto debido a las enormes disparidades e injusticias que provocarán tensiones y disturbios que destruirán empleos. Además, la destrucción ambiental y la escasez de recursos dificultarán la creación de nuevos empleos.

No puedes sentarte y esperar a que el mundo te trate bien. Es cierto que en los términos actuales uno debe tener derecho a un buen trabajo y a una vida gratificante, pero las tendencias no van en esa dirección. Espero estar completamente equivocado, pero en cualquier caso, los jóvenes tienen que prepararse para vivir en un mundo muy diferente.

Deberán encontrar una manera de vivir que les satisfaga y que dé sentido a su vida. La mayoría de las personas que no logran hacerlo fracasan porque se rinden. Se vuelven negativos y asumen que el mundo está en contra de ellos y, con esta actitud, nadie los ayudará. Por otro lado, si uno dice: «Ésta es mi vida y puedo diseñarla y hacer algo con ella», todo es muy diferente. Es cierto que al principio será difícil y tomará su tiempo, pero debes comenzar y luego continuar con determinación. Conozco a muchas personas que han construido vidas increíbles, fortunas reales o una gran fama, empezando desde abajo y avanzando, paso a paso. Ellos dicen: «Ésta es mi vida y no me voy a rendir». Puedes cambiar la sensación de fracaso o estancamiento por una puerta que se abre al cielo, a sueños y nuevas esperanzas, siendo responsable de ti mismo.

La segunda cosa que les diría es que el mundo es como un ecosistema, un lugar donde dependemos los unos de los otros. Es muy importante verse a sí mismo como parte de un proceso global y que la sensación de éxito proviene no sólo de lo que has conseguido, sino también de lo que has dado. Así pues, les diría que dar es más importante que recibir. De hecho, he descubierto por experiencia personal que cuanto más das, más recibes.

Éstos serían mis mensajes para los jóvenes. En el mundo del mañana, no tendrán más remedio que asumir la responsabilidad de su propia vida y supervivencia.

# Ramon Parellada

Durante los años setenta, el día de la Ascensión en Granollers era un acontecimiento a nivel comarcal. Se celebraba la Feria y el Desfile de la Ascensión y acudían a Granollers miles de personas de toda la comarca para ver el Desfile y a pasear por la Feria. Se montaban decenas de paradas donde se mostraba al público toda la variedad de animales de granja, vacas, terneros, cerdos, gallinas, pavos, conejos, caballos, patos, ocas, etc., así como maquinaria agrícola de todo tipo. Y hacia el mediodía, tenía lugar el gran Desfile en el que multitud de carros con caballos de tiro, tractores, segadoras y vehículos agrícolas marchaban por la «carretera» de Granollers (la calle principal de la ciudad), con centenares de granollerenses y de visitantes a ambos lados de la calle para verlos pasar.

El día de la Ascensión en Granollers, por tanto, se convertía en una gran fiesta para la ciudad que rebosaba de gente venida de todo el Vallès Oriental. Y como era de esperar, centenares de personas se dirigían a la famosa y prestigiosa Fonda Europa para, primero, desayunar *capipota* y, después, disfrutar alguno de los magníficos guisados y cazoletas típicas de la casa. El restaurante de la Fonda Europa, donde se habían servido a comensales ilustres como el general Prim, el rey Alfonso XIII o el escritor Josep Pla, se llenaba a reventar el día de la Ascensión.

Debido a la extraordinaria afluencia de clientes, para ese día, Ramón acordaba con algunos jóvenes que le ayudáramos en la Fonda. Y fue en este contexto donde precisamente conocí a Ramon, quien me ofreció trabajar, con quince años, en la Fonda Europa el día de la Ascensión. Esta práctica se repitió después durante algunos años. Casi cincuenta años después, cómo valoro y agradezco la confianza que me otorgó en ese momento.

Junto a otros jóvenes, mi cometido era recibir a la gente que entraba, cobrar las cuentas, ayudar a distribuir los clientes en las mesas y, como suele decirse, lo que hiciera falta. Fue entonces cuando conocí a Ramon, y aunque no siempre hemos mantenido una relación continuada, nos hemos ido encontrando, a veces por motivos insospechados. Por ejemplo, el primer coche que me compré fue un Ford Fiesta de segunda mano que, como sabría poco después de adquirirlo, perteneció a Ramon. Y en otra ocasión me pegó un buen susto, en medio de un paraje solitario y despoblado, al atardecer y con una fuerte niebla que le daba un aire misterioso, incluso tétrico, al entorno en donde nos encontrábamos. Al poco de conocer a mi mujer, Maria Carme, fuimos de excursión al Pla de la Calma una tarde de domingo con mucha niebla. Cuando decidimos regresar a casa, la tarde era oscura y no se veía más allá de doscientos o trescientos metros. Así que ver a lo lejos dos siluetas que se acercaban hacia nosotros nos causó una cierta inquietud... ¿Quién podía andar por aquellos parajes a aquellas horas? La respuesta no era otra que Ramon y su novia, Inés, que después se convertiría en su mujer.

Más allá de estos encuentros, con Ramon siempre nos hemos respetado y admirado. A lo largo de los años, he descubierto que es una persona que, más allá del oficio que aprendió en casa, tiene una gran lucidez a la hora de diferenciar un proyecto que puede llevarse a cabo de otro que es una mera fantasía. A esta capacidad que le ha permitido llegar siempre a buen puerto, se le suma un carácter persistente que queda reflejado en una de las muchas anécdotas que llenan su interesante vida repleta de ilusiones y proyectos. Por motivos ajenos a su voluntad, en 1981, tuvo que cerrar la sala de espectáculos y restaurante, La Sila, en Granollers, que había creado con su amigo Juli Soler, quien sería más tarde unos de los artífices y copropietarios del Bulli, junto con Ferran Adrià. Después de cerrar La Sila, Ramón decidió dejar Granollers y marcharse solo a París. Para Ramón fue una vivencia extraordinaria, puesto que tuvo que empezar de cero y experimentó cómo alguien llegado de fuera, totalmente desconocido y sin nadie que le esperara, podía ganarse la vida en una macro urbe como París con toda dignidad y valentía, utilizando como herramientas el atrevimiento y las dotes de venta que siempre le han caracterizado.

En París, uno de sus primeros trabajos fue el de vendedor a domicilio de termómetros corporales que, como novedad, no necesitaban ser sacudidos antes de ser utilizados. Al ir llamando de puerta en puerta, un desconocido, ofreciendo un extraño producto, Ramón, más de una vez, tuvo que dar explicaciones a la policía, porque un extranjero con un termómetro en la mano, llamando a los timbres de las casas, resultaba extraño y sospechoso.

Esta experiencia lo marcó profunda y positivamente y fue fundamental a la hora de abrir el restaurante Senyor Parellada en Barcelona en 1983. En ese momento, no disponía de mucho capital, pero le sobraba empuje, imaginación y oficio, tal y como le había enseñado su padre. Ramón, me explicaba: «Imagínate la diferencia entre llamar a un timbre de alguien totalmente desconocido para ofrecerle un termómetro corporal, o bien atender a alguien que cuando entraba por la puerta ya sabías que, de entrada, quería que le dieran de comer».

A la hora de montar ese primer local, colaboró con el diseñador granollerense Vicenç Viaplana, que había visto cosas muy interesantes en el Soho de Nueva York. Con los muebles que encontraron en los Encantes (*el Mercat dels Encants*), consiguieron que ese local, cuya cocina bebía de la tradición familiar, tuviera un aire muy neoyorkino. Esto habla no sólo de la aguda inteligencia de Ramon para relacionar aspectos en apariencia dispares, sino también del carácter humanista de este empresario, además con claras aptitudes artísticas. En el trato directo, uno descubre que Ramon ha sabido trascender su oficio.

No se olvida de los consejos de su padre –«Nos decía que debíamos tener una afición, unos estudios y un oficio»–, pero también habla con pasión del latín, la literatura y la música. Confiesa que su sueño no realizado ha sido el de dedicarse a la música y cita a escritores del barrio de la Rivera, como Francisco Casavella.[1] Ramon Parellada, en definitiva, es un auténtico *street-smart*, como dirían en Nueva York, alguien que se ha construido a sí mismo para convertirse en el primero de la clase.

## La felicidad de la fonda

Nuestro negocio, la Fonda Europa, es el más antiguo de Cataluña de los que siguen en manos de la misma familia que lo fundaron, y eso es especialmente extraño en un oficio como el de fondista. Ahora la cocina ha ganado un cierto prestigio social y cultural, pero en los tiempos de mi bisabuelo y de mi abuelo era un oficio sin demasiado prestigio y muy sacrificado. El fondista era una suerte de sirviente promocionado que se pasaba el día en la cocina de carbón que había en el sótano. Por poco que el negocio fuera bien, los hijos estudiaban para escapar de los fogones. Incluso existía la expresión: «Éste es un escapado de los fogones». Por lo tanto, si el negocio iba bien, acababa cerrando porque la siguiente generación se dedicaba a otro oficio; y si iba mal, también lo cerrabas porque te arruinabas. Mi abuelo siempre decía que el secreto de nuestro éxito es que después de doscientos años todavía no sabemos si hemos tenido éxito o no.

Por otra parte, en el día a día, nuestro éxito depende de la felicidad de los comensales. Me gusta la expresión catalana «*La felicitat és molt fonda*», porque tiene un doble significado. Quiere decir que la felicidad

1. Francisco Casavella, seudónimo de Francisco García Hortelano (1963-2008). Escritor que obtuvo con veintisiete años el Premio Tigre Juan a la mejor novela inédita con la obra *El triunfo* (1990). Posteriormente publicó *Quédate* (1993), *Un enano español se suicida en Las Vegas* (1997) y otras obras. En 2008 ganó el Premio Nadal con la última novela que publicó, *Lo que sé de los vampiros.* Murió a los cuarenta y cinco años el mismo año en que recibió el mencionado premio.

está relacionada con la fonda, pero también que es muy honda. Más allá del juego de palabras, lo cierto es que en nuestro oficio dependemos de la felicidad de los comensales. Después de haber cocinado toda la mañana, el cocinero de la fonda sale al comedor para explicar sus platos y hacer recomendaciones. Por eso es fundamental cocinar con entusiasmo y deseando que la gente disfrute, porque de ese modo las cosas salen mejor. Además tenemos una respuesta muy rápida, porque ves la reacción de tus comensales inmediatamente. Muchas veces, al salir de la fonda, te abrazan. Son lo que yo llamo estómagos agradecidos. Como decía Auguste Escoffier,[2] uno de los padres de la cocina moderna, la buena comida es la base de la felicidad.

## El trapo de mi abuelo

Una de las grandes lecciones que aprendí en mi casa es preguntar a los comensales si se marchan felices de nuestro establecimiento. Cada vez que contrato a un nuevo director de sala o *maitre*, le hago un regalo envuelto en un perfecto lazo rojo. Le explico que cuando la gente marcha del restaurante, debe preguntarles si han quedado contentos. Es cierto que puedes llevarte un chaparrón, pero es importante también conocer las quejas.

A pesar de que insisto mucho en esto, no he conseguido que se convierta en una práctica habitual entre mis *maitres* y lo achaco a un cambio cultural no precisamente bueno. Siempre que tengo la ocasión, cuento la historia del trapo de mi abuelo, que tiene mucho de zen. Cuando mi abuelo llegaba a casa después de pasar el día lidiando con clientes y trabajadores, colgaba en el recibidor de casa ese trapo que entonces se llevaba colgado en el hombro. «Todo lo que me han dicho se lo han dicho a éste», decía. «Ahora quien entra en casa soy yo».

2. Auguste Escoffier (1846-1935). Cocinero, restaurador y escritor culinario francés, que popularizó y actualizó los métodos de la cocina francesa tradicional, y que es considerado como el creador de la cocina moderna y el gran transformador del oficio.

Deberíamos recuperar esa capacidad de separar a la persona del profesional. Ciertamente no es fácil y me he encontrado con mucha gente que se toma cualquier crítica de manera personal. Por el contrario, pienso que debemos interiorizar que no somos ni el éxito ni el fracaso de los proyectos en los que nos embarcamos. Esto no sólo nos permitiría vivir más felices, sino también ser más osados. Hay mucha gente que se dedica a criticar a las personas que han fracasado y debería ser justo lo contrario. Hay que elogiar la valentía de arriesgarse a intentar hacer realidad una idea.

## Talaya, biblioteca y calle

Un escapado de los fogones, un erudito o un taxista... No importa cuál sea nuestra profesión. Todos tenemos ese pequeño motor interior que es el sueño de encontrar el éxito. Gracias a este motor, evitamos la tentación de quedarnos parados y siempre tenemos la ilusión de progresar. Esta forma de vida es elogiable, pero hay que ser consciente de los peligros que entraña. Por ejemplo, he aprendido que soy una persona capaz de generar muchas ideas, pero necesito que alguien me ayude a aterrizarlas para hacerlas realidad. Sin embargo, lo más importante para alguien que sueña con tener éxito es ser consciente de que nuestros sueños nunca se cumplen por completo y eso no debe ser importante.

A mí me gusta diferenciar entre el éxito personal y el social. Podríamos decir que el éxito social es el horizonte que vemos desde nuestra barca, mientras que el personal es el camino que emprendemos a bordo de esa barca. Hay que darse cuenta de que el horizonte es un engaño, porque nunca lo vas a alcanzar, y sólo sirve para marcarse un objetivo. Por el contrario, la felicidad consiste en disfrutar del viaje, del éxito personal. Por eso, me gusta tanto lo que decía el poeta Josep Vicenç Foix:[3] «Los bellos caminos se multiplican donde creéis que se acaba la carretera».

Hay que tener en cuenta que yo me crie en una fonda al lado de una carretera, que era un verdadero laboratorio de ciencias sociales. Lejos de obsesionarme con el horizonte, allí tenía una magnífica oportunidad de disfrutar de la gente en su viaje. Cada día convivía con viajantes, payeses, canónigos, banqueros, artistas, chóferes de camión... Toda esta mezcla humana ofrecía las tres cosas que mi amigo y músico, Gato Pérez,[4] solía decir que debe tener una persona: talaya, biblioteca y calle.

La *talaya* es la capacidad de ver las cosas con perspectiva y no es algo que puedas conseguir viajando o leyendo, sino que lo tienes o no lo tienes. La biblioteca es la cultura, la formación que trabajas a lo largo de tu vida. Y la calle es el don de gentes. Hay personas que son catedráticos de la calle, pero les falta la biblioteca. Por el contrario, hay gente que tiene mucha cultura, pero les falta calle. En cambio, la talaya es esa capacidad de captar la esencia de las cosas y que es innato.

## El éxito definitivo

Aprender a disfrutar de ese camino es fundamental; por el contrario, existe el peligro de obsesionarse con la idea de alcanzar el éxito. A la gente que se obsesiona con el éxito, le recordaría que la palabra proviene del latín *exitus*, que era la palabra que usaban los médicos al firmar una acta de

3. Josep Vicenç Foix Mas (1893-1987). Escritor, poeta y ensayista nacido en Sarrià, Barcelona. Era hijo de uno de los pasteleros de más popularidad de la ciudad. Compaginó su trabajo en el negocio familiar con la poesía y la escritura de obras de ensayo. En 1916 comenzó a colaborar con la publicación *La Revista* y comenzó a interesarse por las corrientes más vanguardistas del arte. En 1962 se convirtió en miembro del Institut d'Estudis Catalans. Recibió varias distinciones a lo largo de su vida. Destacan el Premio de Honor de las Letras Catalanas (1973), la Medalla de Oro de la Generalitat de Catalunya (1981) y el Premio Nacional de las Letras Españolas (1984). Asimismo, en 1984, el Parlamento de Catalunya lo propuso para el Premio Nobel de Literatura.
4. Javier Patricio Pérez Álvarez (Buenos Aires, 1951-Caldes de Montbui, Barcelona, 1990). Conocido artísticamente como Gato Pérez, fue un músico de origen argentino afincado en Cataluña que destacó especialmente en el género musical de la rumba catalana.

defunción. Significa el viaje que uno emprende después del desenlace vital y, podríamos decir, es el éxito definitivo. En catalán existe la expresión «*sortir-se'n*», que significa salirse de un problema; es decir, ser capaz de afrontar y resolver una dificultad, lo que, a su vez, es sinónimo de tener éxito. Pero ese éxito, si recurrimos a su sentido etimológico, también significa salirse de la vida.

Si la muerte es el éxito definitivo, sin duda es preferible vivir felizmente. La vida feliz apela a los valores de convivencia, mientras que la muerte exitosa remite al valor competitivo.

Cuando priorizas esa muerte exitosa, sacrificas toda una vida para lograr cosas que, a fin de cuentas, tenían una importancia relativa. Sin duda, es mejor vivir felizmente. Si emprendes el viaje de la felicidad en función del destino, sacrificas la posibilidad de ser feliz. Oriol Maspons,[5] fotógrafo de la *Gauche Divine* barcelonesa lo expresó así de claro: «Antes morir, que perder la vida».

## El fracaso y la madurez

En contra de quienes rehúyen el fracaso, pienso que éste es fundamental en el proceso de maduración de una persona. Alguien que sólo acumule éxitos corre el peligro de convertirse en vanidoso, incluso un poco ridículo. Según mi experiencia, éste es un pecado típico de la juventud, cuando somos capaces de morir noblemente por una causa. Ante esta actitud, reivindico el éxito que supone fracasar. El fracaso te permite comprender mejor quién eres y te da la humildad de vivir por una causa. Como decía san Agustín, no es bueno sufrir, pero es bueno haber sufrido.

---

5. Oriol Maspons (1928-2013). Fotógrafo catalán. Inmortalizó los años de la *Gauche Divine* y el Somorrostro de Barcelona. Contribuyó de forma decisiva a la renovación del lenguaje fotográfico en España durante la década de los sesenta.

En cuanto a la maduración, es cierto que requiere haber digerido el paisaje y haber convivido con la gente. Algo parecido decía Rousseau:[6] «Los territorios son los que alimentan a los hombres y son estos hombres los que construyen los países». Pienso que los productos básicos de la cultura mediterránea –el aceite, el vino y el trigo– han permitido una economía y una cultura basada en la convivencia. Ahora estamos perdiendo estos valores ancestrales a causa de la competitividad que traen otras culturas. Sin embargo, para entender el mundo necesitamos más convivencia y menos competición.

El mundo del deporte se está colando en nuestra sociedad y tendemos a dividir las cosas en dos categorías: los ganadores y los perdedores, sin otros matices. En cambio, es absurdo hablar del mejor pintor del mundo, el mejor escritor del mundo e, incluso, del mejor cocinero del mundo. Así, olvidamos todos los matices que no entran en la categoría del mejor... Una frase que siempre me ha gustado es ésa que dice que el problema de ser muy pobre es que te ocupa mucho tiempo, pero es el mismo problema que tiene el que es muy rico. Hay una teoría del escritor Julio Camba[7] que me encanta: «De lo buono, poco, ma questo poco... abbondante».

## Entusiasmo para los jóvenes

Uno de mis libros favoritos de Francisco Casavella, un intelectual del barrio de la Rivera, es *Elegancia, elevación y entusiasmo*. Estas tres «es» son importantes para cualquier cosa que hagamos en la vida, incluso las más

6. Jean-Jacques Rousseau, también mencionado como Juan Jacobo Rousseau (1712-1778). Sabio suizo francófono y a la vez escritor, pedagogo, filósofo, músico, botánico y naturalista. Fue definido como un ilustrado, pero es considerado uno de los primeros escritores del prerromanticismo. Entre sus obras destacamos: *El contrato social*, *Discurso sobre el origen y los fundamentos de la desigualdad entre los hombres* y *Discurso sobre las ciencias y las artes*.

7. Julio Camba fue un escritor nacido en Villanueva de Arosa (Pontevedra) el 16 de diciembre de 1882 y que tuvo una estrecha relación con Josep Pla y Eugeni Xammar. Fue autor de diferentes libros sobre cocina, de los que destacan *La casa del Lúculo o el arte de comer*, *La rana viajera* o *La ciudad automática*.

sencillas. Siempre debemos aspirar a la elegancia y a la elevación, pero sobre todo al entusiasmo. Este entusiasmo está conectado con algo divino: el entusiasta está tocado por Dios. Por lo tanto, les diría a los jóvenes que hagan las cosas con entusiasmo, haciéndolo lo mejor que sepan y disfrutando al máximo.

# Pep Bou

Era una tarde de noviembre del año 2009 y entramos con Maria Carme en la sala gótica de la biblioteca del Campus Barri Vell de la Universitat de Girona. En un entorno imponente que nos transportaba al siglo XIX, apareció en el escenario Pep Bou con una enorme burbuja de jabón que representaba la Tierra. A continuación, fue su gran amigo, Jorge Wagensberg, quien lo hizo, para presentar entre los dos una genial y extraordinaria obra sobre la formación del sistema solar. El espectáculo se llamaba «Bereshit – La historia más bella del cosmos».

Era una representación única y genuina donde confluían y se fundían el arte, la física y la cultura. La destreza con que Pep jugaba con la Tierra y la agrupaba con el Sol y los planetas, complementado con las explicaciones rigurosas de Jorge sobre las leyes de la física que sostienen nuestro universo, convertían el espectáculo en la máxima expresión de creatividad, atrevimiento y acercamiento del arte y la ciencia a la gente del pueblo. ¡Magnífica obra!

De repente, y allí mismo, recorrí mentalmente la muy larga relación que me unía con Pep, como si se tratara de un largo viaje a través del tiempo. En mi adolescencia, Pep Bou, unos años mayor que yo, era para muchos de nosotros un joven admirado y muy avanzado. Me despertaba un sentimiento de admiración y a la vez de sana envidia porque era atrevido, alegre y siempre optimista. Y además, sabía cantar, tocaba la guitarra, bailaba como nadie y, encima, gustaba a las chicas.

Una mañana, cuando yo tendría dieciséis o diecisiete años, me presenté en la oficina de arquitectura de la empresa donde trabajaba, en Granollers, simplemente para saludarlo. Recuerdo que quedó gratamente sorprendido y creo que a partir de ese momento, la relación se hizo más cercana y auténtica.

A lo largo de mi juventud, siempre mantuvimos una relación, me atrevería a decir, de mutua admiración y curiosidad por los proyectos de vida tan diferentes que habíamos emprendido cada uno. Pero teníamos la sensación recíproca de que ambos vivíamos una vida intensa y fascinante, cada uno en su mundo. El arte y la creatividad, el suyo; las finanzas globales y la banca internacional, el mío.

Antes de que yo me fuera a vivir a Estados Unidos, había cenado algunas veces en casa de Pep, en El Masnou, en una bonita casa mediterránea de pescadores. Tenía un patio interior, con un pozo al lado y con las típicas baldosas azuladas con cenefas blancas en el contorno. En aquellos momentos, nuestras vidas aún estaban poco definidas, aunque él ya estaba inmerso en el espectáculo y yo en la banca. A pesar de los universos tan diferentes en los que nos movíamos, se desprendía de nuestros encuentros el optimismo y el entusiasmo por lo que hacíamos.

Unos años después, cuando yo vivía en Nueva York, Pep ya estaba muy puesto en su espectáculo con las burbujas de jabón y llevaba a cabo una intensa labor de experimentación para lograr nuevas creaciones artísticas alrededor de las burbujas. Fue entonces cuando supo que una determinada marca de jabón, que sólo se vendía en Estados Unidos, tenía unas propiedades que facilitaban de manera especial la producción de grandes burbujas. Además, las burbujas generadas eran más resistentes y se mantenían durante más tiempo en el aire. Recuerdo cómo en diferentes ocasiones yo había comprado garrafas de cinco litros y me las llevaba conmigo cuando viajaba a Barcelona desde Nueva York. En el aeropuerto JF Kennedy, cuando iba al mostrador para facturar los recipientes de jabón, las reacciones eran de lo más diverso: desde avisar al responsable de seguridad, porque que no se acababan de creer que fuera jabón, hasta ponerse a reír a carcajadas, preguntándome si es que en Barcelona no teníamos jabón.

De los diferentes encuentros esporádicos que hemos ido teniendo en los últimos años, también me viene a la memoria una tarde de sábado, en la casa de Pep, en un magnífico entorno natural, rodeada de bosque y con unas bonitas vistas al Montseny. Esta reunión, como tantos otros encuentros, se caracterizó por la alegría y el entusiasmo en que Pep siempre recibe a los invitados, así como la espontaneidad y la energía positiva que transmite a su alrededor. Entre sus amigos, que nos encontramos para ver el Barça y disfrutar de una entrañable cena, no podía faltar Jorge Wagensberg. Al igual que en sus actuaciones conjuntas, qué privilegio y qué placer poder conversar tranquilamente con Pep y Jorge, desde las cosas más triviales hasta, por ejemplo, la relación entre las matemáticas, la filosofía y el arte.

Cuando en uno de nuestros encuentros le propuse a Pep si quería participar en este libro, aparte de expresar su gratitud por haber pensado en él, lo primero que hizo fue hablarme de sus padres con profundo cariño y enorme estimación. Me explicó que sus padres se criaron en el campo, pero después de casarse, se instalaron en Granollers.

«Mi padre trabajaba en una fábrica textil y mi madre limpiaba casas. En aquel entonces se explicaban pocas cosas, pero mis padres me transmitieron valores importantes "a través de la piel", es decir, aprendiendo de su manera de ser. Guardo muy buenos recuerdos de mi infancia. Me sentía protegido por mis padres y todavía no conocía las exigencias de esta vida moderna en que vivimos ahora».

Otro elemento importante en su infancia fue su barrio, habitado por todo tipo de artesanos: canteros, ebanistas, tejeros...

«A la vuelta de la esquina, había una tejería que trabajaba en todo tipo de encargos: capiteles, lápidas, lo que fuera. A menudo me sentaba allí, con las gafas que me daban para protegerme los ojos, y veía cómo trabajaban.

Recuerdo que el ruido del martillo y la escarpa tenía un ritmo y una música que me cautivaban. La destreza de aquellos artesanos me enseñó lo que representaba un oficio: alguien que tiene los gestos tan automatizados y trabajados que los lleva a cabo sin pensar y con toda precisión. Eso me admiraba, y años más tarde pude trasladarlo a mi espectáculo de burbujas de jabón. Cuando hago pompas frente al público, me siento como un artesano, con un cuerpo que sabe de memoria los gestos que tiene que hacer. Por tanto, puedo decir que con mi espectáculo recupero algo de mi infancia».

Sin embargo, la carrera profesional de Pep Bou en sus inicios no estuvo centrada en su espectáculo con pompas de jabón, ni siquiera tenía nada que ver con el mundo del espectáculo. Me explicó que cuando terminó la escuela secundaria, a los trece años, empezó a trabajar como ayudante de un aparejador y, por las noches, iba a clases de formación profesional para obtener el título de delineante.

«Una vez lo tuve, pude empezar a trabajar como delineante para arquitectos y aproveché el poco tiempo libre que tenía para conseguir el título de maestría industrial que me permitió el acceso a la Universidad de Arquitectura Técnica de Barcelona. En aquel momento, mis padres insistieron en que estudiara para optar a una plaza en «la Caixa», y aunque no me sentía nada cómodo con asignaturas como derecho mercantil y contabilidad, decidí hacer el esfuerzo. Tuve mucha suerte de la influencia que entonces ejerció sobre mí el reconocido ceramista, Antoni Cumella,[1] un ceramista, ya fallecido, que goza de un gran prestigio no sólo en nuestro país, sino en todo el mundo. Después de pasar la mañana trabajando en la oficina de «la Caixa» de Vilassar de Mar, iba al estudio de Cumella en Granollers y le ayudaba a hacer dibujos. Algunos de los que hoy se pueden ver en la Casa Sandoz, en la Gran Vía de

1. Antoni Cumella (1913-1985). Ceramista nacido en Granollers. Con quince años participó en su primera exposición colectiva en los locales de la Unión Liberal de Granollers. La exposición universal de Barcelona de 1929 le permitió conocer el trabajo escultórico de Mies van der Rohe y las obras de Manolo Hugué. En la Escuela del Trabajo de Barcelona conoció la obra de Gaudí. En esta época también conoció a Pau Casals, con quien mantuvo la amistad a lo largo de los años. Recibió múltiples premios y reconocimientos, como la Creu de Sant Jordi de la Generalitat de Catalunya, la Medalla de Oro de la Trienal de Milán en diferentes años y el Premio Nacional de las Artes Plásticas. Fue nombrado hijo predilecto de la ciudad de Granollers.

Barcelona, los hice yo, sin que él ni siquiera los rectificara. Desde el primer momento, Cumella me decía que veía en mí cosas interesantes y trataba de sacarme la idea de trabajar en un banco. «¿Qué hará alguien como tú en un banco? ¡Te sentirás como encarcelado!». Lo más curioso es que los hechos acabaron dándole la razón... En un primer momento, me dijeron que había suspendido el examen de ingreso en «la Caixa» y, como había estudiado duramente, pedí una revisión. Entonces descubrí que todo había sido un malentendido y que, en realidad, sí había pasado la prueba. Me ofrecieron repetir el año de interinidad y volverme a examinar, pero decidí declinar la oferta, para disgusto de mis padres, y empecé a buscar mi propio camino».

Y fue a partir de ese momento cuando empezó de verdad su andadura artística.

«En ese momento no tenía demasiado bagaje. Había participado como actor en la Asociación Cultural de Granollers y realizado un curso de mimo con el maestro Pawel Rouba.[2] Me atreví a montar un espectáculo de mimo, con canciones populares catalanas y, curiosamente, fui seleccionado por la Fundació «la Caixa» para la campaña de teatro en las escuelas. Así que no trabajé en las oficinas de «la Caixa», pero gracias a su Fundación pude viajar por toda Cataluña presentando mi espectáculo. Más adelante, dejé la guitarra e hice sólo espectáculos de mimo, experimentando con un elemento elástico tan simple como un globo. Entonces ya empezaba a sacar provecho de la parte artesanal encima del escenario; es decir, trataba de crear un lenguaje con un material dúctil y que pudiera malearse y transformarse. A partir de ese momento, decidí dar más teatralidad a mis futuros espectáculos, fundando, con Manel Barceló,[3] la compañía *Pa de Ral*. Con esta compañía, inicié una nueva trayectoria dentro de los circuitos de teatro profesional que tuvo una excelente acogida.

---

2. Pawel Rouba (1939-2007). Actor y maestro de teatro y mimo. Figura capital en la historia del teatro de gesto. Desde el Instituto del Teatro de Barcelona, jugó un papel importante dentro del panorama teatral europeo, tanto en el ámbito artístico como en la formación de actores. Se ha convertido en referente internacional en la modalidad del mimo y el teatro gestual.

3. Manel Barceló (1953). Actor y escritor que actúa en películas y series televisivas. Destaca su participación en películas como *Vicky Cristina Barcelona* (2008), *Laberinto de pasiones* (2006) y *Capitán Alatriste* (2013).

»Esto me abrió algunas puertas y tuve la oportunidad de hacer la prueba de ingreso en *Els Joglars* y en *El Teatre La Claca*, pero en ninguno de los dos me eligieron. Aquello supuso una decepción importante y, una vez la encajé, me encerré en casa y me pregunté: «¿Qué puedo hacer encima de un escenario?». Buscaba un nuevo lenguaje experimental con un material que pudiera manipular y que me permitiera crear nuevas realidades en el mismo escenario. Se me ocurrió probar con las pompas de jabón. Vi que la pompa tenía una capacidad de fascinación absoluta, porque se encontraba entre la realidad y el sueño: se va, se acerca, se desvanece… Descubrí la belleza que contenía y decidí tratar de "domarla" para crear un espectáculo poético visual».

Y hoy, Pep Bou es reconocido como un artista único, recibe ofertas de todo el mundo y se plantea cómo dar continuidad a la paciente labor que ha venido realizando durante décadas.

En una soleada tarde de sábado, nos reunimos con Pep Bou en una de las salas de la Fonda Europa de Granollers, al lado del despacho donde Josep Pla solía escribir durante sus estancias en este mismo lugar. De la larga y viva charla que mantuvimos, a continuación transcribo sus palabras y pensamientos, expresados en primera persona, sobre el éxito y el fracaso en su sentido más amplio.

## No tengo consciencia de haber tenido éxito

A veces, se hace difícil definir el éxito. Por ejemplo, ¿un campesino, con su vida sencilla, puede ser un hombre de éxito, puede haber tenido éxito en su vida? A mi modo de ver, sí, por supuesto, y de hecho conozco a muchos de ellos. Es éxito anónimo, pero éxito al fin y al cabo. Ahora bien, alguien imbuido del mundo urbano tal vez valore cosas que para ese campesino o quizás para mí no tengan ningún interés, como la riqueza en sí misma, el bienestar acomodaticio, las puras apariencias… Es más, con frecuencia vemos a muchas personas que hablan de éxito, pero uno descubre que en el fondo son infelices. Algunos son hombres y mujeres que han dedicado mucho tiempo al trabajo diario, pero que no han desarrollado otras vertientes. Quizás esto no sería éxito, sino la puerta de salida: *exit*. Por tanto, para mí es importante vincular el éxito con la satisfacción personal. Cuando haces cosas en las que crees, las disfrutas y te alimentas de ellas, eres feliz porque haces lo que te pide el corazón, el alma y el cuerpo. Para muchas personas, yo podría ser una persona de éxito, porque soy conocido y he conseguido encontrar mi propio género. Muchos actores y actrices, que suelen pasar temporadas esperando la llamada de un director, me perciben como una persona de éxito porque ven que he sabido crear mi propio estilo teatral, gozo de mucha independencia y, con mis espectáculos, he podido viajar por todo el mundo... En cambio, yo no tengo consciencia de ser alguien con éxito, sino de haber hecho lo que me ha gustado. Eso sí, a lo largo de mi carrera, he sido honesto cada vez que he subido a un escenario, porque con todas las dificultades de lo imprevisible, he intentado siempre ofrecer al público un trabajo escénico digno y bien elaborado. Si no le hubiera visto el interés y la razón de ser, lo habría dejado. No me sirve de nada el éxito de cara a los demás; lo que me importa es hacer lo que me gusta, poder vivir de lo que hago y sentirme realizado y satisfecho de mis creaciones.

## Analizar las consecuencias

El mío es un trabajo condicionado por factores a veces imprevisibles, como la falta de humedad en el ambiente o las corrientes de aire que existen en los escenarios. Estas particularidades condicionan el resultado del espectáculo, y cuando eso ocurre, a veces he tenido la sensación de haber «fracasado». Sin embargo, he aprendido a analizar lo ocurrido, buscar soluciones e integrarlas en futuras representaciones, por ejemplo crear las pompas más rápido y combinarlas en secuencias más cortas. Estos casos nos muestran, por tanto, que el fracaso forma parte del aprendizaje porque es un enfrentamiento con la realidad. Así ocurre con tantos otros aspectos de la vida. Cuando tratas de sacar adelante un proyecto –un espectáculo, un negocio, incluso una relación– y no sale bien, debes asumirlo y analizar las consecuencias. En ocasiones estos errores son mínimos y tienen que ver con un aspecto en concreto, pero otras veces son más globales y te obligan a empezar de cero. Así ocurrió cuando empecé a trabajar como aparejador y también cuando estuve estudiando para entrar en un banco. Se podría pensar que ésos fueron fracasos profesionales, pero gracias a ellos encontré mi propio camino. Cuando un fracaso es rotundo, te obliga a reflexionar profundamente y a decidir si vuelves a intentarlo o prefieres dar un giro que te permita encontrar un camino más singular en tu vida. Para mí, el que «fracasa» es quien no consigue salir adelante con su vida; sin embargo, no creo demasiado en estos fracasos, más allá de casos extremos.

## He aprendido a jugar con el riesgo

Otra cosa que he aprendido ha sido a «jugar» con el riesgo, porque el riesgo es mucho más interesante. Considero que arriesgarse es una manera de acercarse a la realización profesional, pero al mismo tiempo estás más cerca del fracaso. En cualquier caso, es una necesidad, y cuando algo va mal, tienes que buscar la manera de solucionarlo o de hacerlo jugar a tu favor. Por ejemplo, si tienes un accidente y te rompes una pierna, tendrás tiempo para hacer cosas que antes no podías hacer.[4]

## Dar continuidad

Como compañía, siempre nos hemos caracterizado por ofrecer un nivel técnico-artístico muy esmerado y esta circunstancia exige, a su vez, un equipo con un alto nivel profesional en todas las vertientes: artística, téc-

4. Es en este punto de la conversación cuando surge, como anécdota, la caída que yo acababa de tener bajando por el glaciar de Aneto, sólo unos meses antes. A consecuencia de ese accidente, tuve una fractura de peroné, lo que me obligó a desplazarme con muletas durante todo el verano. Fue precisamente este accidente el que motivó que me pusiera a trabajar intensamente en este libro con la voluntad de terminarlo en unos meses. *(N. del A.)*

nica y de gestión. Aprovecho para manifestar que todo éxito es siempre el resultado del trabajo colectivo del equipo.

No podemos olvidar que los que hacemos teatro, corremos con un riesgo permanente para asegurar la sostenibilidad económica de nuestra actividad. Pasamos muchos momentos en los que la demanda es baja y no podemos dejar de buscar nuevas oportunidades para garantizar nuestra continuidad.

Desde hace un tiempo, he creado y dirijo unos espectáculos con actores a quienes he enseñado a hacer pompas. He descubierto que, sin salir al escenario, me siento realizado viendo cómo interpretan y cómo transcurre la obra, aplicando a fondo la experiencia ganada con los años de trabajo y poniendo lo mejor de mí mismo y de todo el equipo.

Para seguir trabajando, uno tiene que continuar siempre con la búsqueda de nuevos espacios y creaciones, porque eso significa que sigues disfrutando, que te esfuerzas en hacer aquello que te satisface y que te sientes vivo. Cuando tienes una edad, buscas darle continuidad a tu proyecto con los actores que te acompañan. Por eso, a mí me gustaría que este universo que he creado con las pompas de jabón tenga continuidad en el futuro y pueda transmitir la experiencia de alguien que cogió agua y jabón y los convirtió en un oficio, el de emocionar a la gente con una gota de agua en forma de esfera, con un poco de principio activo.

## Crear un lenguaje propio

No creo en dar consejos, pero sí creo que todo el mundo tiene que hacer lo que le entusiasme y tirar adelante, a pesar de las muchas incertidumbres y dificultades. Encontrar lo que a uno le satisface es algo que cuesta descubrir. De joven hice muchas cosas diferentes, pero todas me sirvieron, sobre todo para emprender después lo que quería hacer. En este proceso no vale querer ser como otra persona, sino que debes buscar dentro de ti y hallar lo que más te motiva o que incluso te entusiasma. Ese proceso que te lleva a descubrir lo que te gusta de verdad te servirá para decir: «Estoy contento. Me alegra que mi imaginación y creatividad estén activados e incluso diría hirviendo». Y esto es algo fundamental para vivir con ganas y con la ilusión por crear nuevos proyectos.

Una vez actué en un *show* nocturno de la televisión italiana, la RAI, que tuvo lugar durante el receso de una entrevista a Marcello Mastroianni[5] y Jack Lemmon.[6] Éste último se encontraba en Nueva York y se conectó por videoconferencia. Todo fue muy bien y, al terminar, Marcello me llamó a su camerino. Me invitó a un vino espumoso y estuvimos charlando de esto y de lo otro. De pronto, llamó a la puerta un grupo de jóvenes que estudiaban para ser actores y actrices, y le pidieron un consejo para su futura vida artística, a lo que Marcello les contestó: «¿Veis a este hombre? Él ha creado su propio lenguaje. La vida consiste en eso». Fue un honor, claro, y eso es precisamente lo que les diría a los jóvenes, que busquen su propia manera de ser y de contribuir al mundo.

## No hay fracaso

A los jóvenes también les diría que no hay fracaso, porque éste es un concepto un poco injusto. Siempre puede aparecer el azar que contiene todos los colores, pero de vez en cuando sólo se manifiestan los colores claros, mientras que en otras circunstancias aparecen los colores oscuros. Aunque pienso que todo sirve. Equivocarse forma parte de una experiencia que te llega y que a menudo no sabes ni entiendes por qué. Como no lo sabes, apuestas por aquellos caminos en los que crees que encontrarás

5. Marcello Vincenzo Domenico Mastrojanni, conocido como Marcello Mastroianni (1924-1996). Actor italiano. Dentro de sus películas más destacadas, se incluyen *La Dolce Vita*, *Divorcio a la italiana*, *Ayer, hoy y mañana* y *Matrimonio a la italiana*. Recibió el Premio de la Academia de Cine Británico, el Premio al Mejor Actor en el Festival de Cine de Cannes y dos Premios Globo de Oro.

6. John Uhler Lemmon III, conocido como Jack Lemmon (1925-2001). Actor estadounidense que participó en más de sesenta películas. Ganó un Premio Óscar en 1955 por la película *Mister Roberts* y estuvo nominado en múltiples ocasiones. También es recordado por papeles cómicos en películas como *El apartamento* o *Con faldas y a lo loco*.

una mayor plenitud. Y si no lo consigues, debes pensar que, a pesar de todo, ese recorrido también ha tenido valor, fundamentalmente porque te ha llevado a una vida estimulante al haber apostado en lo que crees. Puedes pensar que la vida es una montaña rusa, donde te sientes arriba y abajo, pero tienes que saber que estar vivo consiste precisamente en eso. El éxito puede ser tan perjudicial como el fracaso, porque cuando te crees que estás en lo más alto, ya estás fracasando, te estás equivocando. Vivir del éxito no sirve para nada.

# Shlomo Ben Ami

Pocas veces en mi vida he desarrollado en tan poco tiempo una tan asombrosa afinidad y empatía como la que mantengo con Shlomo.

La primera vez que coincidí con Shlomo fue en una mesa redonda sobre Oriente Medio, en Madrid hace unos años. Después siguieron otros encuentros puntuales como consecuencia de conferencias y ponencias impartidas por él. No obstante, el detonante en nuestra relación tuvo lugar en Tokio en la conferencia que organizó el Instituto Mundial de Bancos Minoristas y Cajas de Ahorros, en junio de 2019, con motivo de las Reuniones del G20 celebradas en Japón. En esta ocasión, Shlomo impartió una conferencia magistral sobre el estado del mundo desde el punto de vista geopolítico y económico. El hecho de coincidir en ese mismo evento, me dio la oportunidad de mantener una larga conversación con Shlomo sobre muchos temas; hablamos sobre la vida, la familia y los hijos. También conversamos sobre los temas de actualidad económica y política del momento, entre otros, el papel de Estados Unidos en el mundo, Oriente Medio, Israel, Europa, España, Cataluña…

Fue en nuestro encuentro en Tokio, por tanto, en donde constaté ya de una manera irrefutable la calidad y el valor de la persona de Sholomo Ben Ami. Ya lo había descubierto con anterioridad, pero fue en ese entorno japonés en donde se produjo un salto cualitativo en mi admiración y respeto hacia él. Quedé fascinado por la amplitud y la profundidad de sus conocimientos de geopolítica, historia y humanidades. Ya desde el primer momento, me cautivó su enorme calidad humana, su sencillez y su afabilidad que se fundían, con toda armonía, con el peso de un gigante, como Shlomo, por sus conocimientos y su extraordinaria experiencia política e histórica. Qué privilegio el mío poder compartir tiempo y reflexiones con él. Fue en ese momento cuando le propuse a Shlomo formar parte de este libro, a lo cual respondió con todo entusiasmo.

A nuestro encuentro en Tokio siguió otro no menos sensacional. Fue en Washington DC, en octubre del mismo año, con motivo de las Reuniones Anuales del Fondo Monetario Internacional. En esta ocasión fue cuando procedimos a gravar nuestra larga conversación que transcribiré más adelante.

No voy a hacer una descripción exhaustiva de la vida de Shlomo; para eso sólo bastaría acudir a Google y consultar su currículum, pero sí que me referiré a algunos aspectos de su larga trayectoria personal y profesional.

Shlomo nació en Tánger y a la edad de doce años se trasladó a Israel con su familia. Cursó estudios universitarios de Historia y Literatura hebrea en la Universidad de Tel Aviv y se doctoró en Historia en la Universidad de Oxford. Después pasó a ser el director del Departamento de Historia de la Universidad de Tel Aviv. Ha publicado más de quince libros en inglés, francés, castellano y hebreo.

Ha sido embajador de Israel en España y miembro de la delegación israelí en la Conferencia de Paz de Madrid. En 1993, fue nombrado por Yitzhak Rabin como jefe de la delegación israelí en las negociaciones multilaterales sobre refugiados en Oriente Próximo. En 1996 fue elegido miembro del Parlamento israelí (Knesset) y de su comisión de defensa y política exterior. En el gobierno laborista de Ehud Barak, ocupó las carteras de Ministro de Seguridad Interior y de Asuntos Exteriores. Fue el negociador principal y tuvo un papel decisivo en la cumbre de Camp David con Bill Clinton y el líder palestino Yasser Arafat. Más tarde dirigió las negociaciones en Taba, el último intento serio de llegar a una paz israelí-palestina.

En 2012, Shlomo fue nombrado asesor especial del presidente de Colombia, Juan Manuel Santos, para participar en las negociaciones de paz con la guerrilla colombiana FARC. En todo el proceso negociador, Shlomo, al ser interlocutor directo con las FARC, tuvo un papel esencial durante más de dos años y hasta concluir con la firma de los acuerdos de paz en septiembre de 2016.

Asimismo, ocupa o ha ocupado múltiples puestos en organismos internacionales, tales como el Grupo para la Resolución de Crisis (*International Crisis Group*), el Comité Asesor de la Comisión Internacional para la No Proliferación Nuclear y el Desarme, el Centro Internacional para la Paz de Toledo y la organización Global Zero, cuya finalidad es la promoción del desarme nuclear a nivel global. Ha ocupado cátedras en las universidades de Múnich, Columbia (Nueva York) y UCLA (Los Ángeles), y fue también profesor invitado en el St. Antony's College de Oxford y en el Woodrow Wilson International Centre for Scholars (Washington DC).

A continuación siguen las reflexiones de Shlomo en primera persona sobre el éxito, el fracaso y otros atributos en la vida de las personas.

## Mi infancia en Tánger y en el kibutz y ministro en Tel Aviv

Mi carácter tiene la impronta que me dejaron mis años de infancia en Tánger. Muchas de las cosas que me ocurrieron después, en especial las malas, fueron atenuadas por la formación que recibí en la ciudad donde pasé los doce primeros años de mi vida. De mi casa a la Alianza Francesa, donde estudié la primaria, apenas existían quinientos metros, pero en esa distancia, que recorría a pie, atravesaba tres o cuatro etnias distintas: musulmanes, españoles exiliados de la Guerra Civil, franceses... Años más tarde, cuando ya era mayor, indagué en aquella Tánger de mi infancia y comprendí que aquel ambiente cosmopolita me dio una mirada abierta hacia las distintas culturas, algo que me gusta llamar «mediterraneidad».

Al mismo tiempo, fue fundamental mi formación en la escuela francesa, que es muy ordenada, y que, más allá de los conocimientos, te inculca una disciplina académica que fue extraordinariamente importante más tarde.

Cuando llegué a Israel, en los años cincuenta, me encontré con un país en construcción por parte de gentes sin raíces, llegadas de Oriente y de Europa, y fui a vivir sin mis padres en un kibutz, donde pasábamos medio día trabajando bajo el sol abrasador del valle del Jordán. Aunque fueran campesinos, los habitantes del kibutz eran la élite de la sociedad, contaban con bibliotecas personales importantes (con libros de Chéjov o Tolstoi)[1, 2] y sus hijos eran los «hijos de Dios». Por lo tanto, a diferencia de nosotros, que éramos inmigrantes, ellos estudiaban todo el día. Hay un libro sobre la infancia en los kibutz, escrito por Bruno Bettelheim,[3] *Children of the Dream*, que explica cómo eran esos jóvenes que se sentían los «hijos de Dios». Eran los hijos de la élite del país: generales del ejército, ministros, importantes empresarios... Todos estos muchachos salían de esa extraordinaria utopía socialista que fue el kibutz. Estos jóvenes privilegiados miraban con arrogancia a los demás chicos llegados del norte de África. Así fueron las cosas hasta que un día, de pronto, «explotó una bomba atómica», algo nunca visto en esa sociedad. Como vieron que yo tenía posibilidades, me pusieron a estudiar con esos niños escogidos aunque yo procedía de la calle.

---

1. Antón Pávlovich Chéjov (1860-1904). Escritor y médico ruso. Considerado un representante del realismo y el naturalismo. Escribió muchos relatos cortos y es uno de los autores más importantes de dicho género en la historia de la literatura. Algunos de los mejores relatos de Chéjov se incluyen en el libro publicado póstumamente *Los veraneantes y otros cuentos* (1910).
2. Lev Nikoláievich Tolstoi, también conocido como León Tolstoi (1828-1910). Novelista ruso, considerado uno de los escritores más importantes de la literatura mundial. Sus dos obras más famosas, *Guerra y paz* y *Anna Karénina*, están consideradas como el máximo exponente del realismo. Recibió múltiples nominaciones para el Premio Nobel de Literatura y el Premio Nobel de la Paz.
3. Bruno Bettelheim (1903-1990). Psicoanalista y psicólogo austríaco, posteriormente nacionalizado estadounidense. Durante los años de su formación estuvo en contacto con la primera generación de discípulos de Freud, pero se apartó de los planteamientos ortodoxos del psicoanálisis. Escribió sobre la influencia que podían ejercer los cuentos en los niños. Se exilió en Estados Unidos, donde fue profesor en la Universidad de Chicago. Tiene una larga lista de publicaciones sobre psicología, psicoanálisis y antropología.

Conseguí salir adelante en estas dificultades, en buena parte, gracias a la disciplina que había aprendido en el colegio francés y que me diferenció de otros jóvenes de mi generación llegados a Israel desde el norte de África. En Israel existe la percepción de que el sistema no fue justo con ellos, así que se convirtieron en rebeldes, algo que yo nunca fui. Creo que la diferencia tiene que ver con esa moderación mediterránea, junto a la disciplina francesa, que me permitieron integrarme con bastante facilidad en la sociedad israelí. De hecho, sentí que renacía de nuevo y que casi me inventaba una nueva infancia. En cualquier caso evité mirar hacia atrás con excesiva nostalgia y ver el presente con un sentimiento de rabia, a diferencia de lo que hicieron muchos de mi generación. La derecha israelí llegó al poder por primera vez en 1977 y lo hizo gracias a los jóvenes de mi generación nacidos en el norte de África. En cambio, yo fui a un partido creado por los padres fundadores e integrado en el sistema, el Partido Laborista. Cuando entré a formar parte del Partido Laborista, un periodista me preguntó: «¿Cómo es posible que seas miembro de este partido, si os discriminaron?». A lo que respondí: «¿Porque me discriminaron, tengo ahora que anexionar los territorios ocupados? ¿Qué tiene que ver una cosa con la otra? Es lo que los americanos llaman "cortarte la nariz para castigar a tu cara"». Creo que esa amplitud de miras es gracias a Tánger, a esos años de infancia que me formaron y me dieron ese aire mediterráneo, que se aleja de extremismos, ni de la derecha ni de la izquierda.

Esta integración en el país me llevó, primero, a convertirme en embajador en España y, más adelante, en ministro. El último mes de embajador en Madrid se llevó a cabo la Conferencia de Paz de Madrid y yo era miembro de la delegación israelí. Hasta ese momento no se me pasó por la cabeza la idea de entrar en política, sino que tenía la intención de volver a la vida académica. Sin embargo, me vi envuelto de mandatarios de la altura de Gorvachev o Bush padre, y me dije que eso era más importante que escribir un libro. Aquella conferencia me dio una gran popularidad en mi país y, aunque no volví a Israel de inmediato, pues me tomé un año sabático y fui al Woodrow Wilson International Centre for Scholars de Washington DC,

Isaac Rabin[4] vino a buscarme para dirigir su campaña electoral a primer ministro. Yo estaba dispuesto a hacerlo, pero al final me llamó para decirme que se había inclinado por otra persona. Un tiempo más tarde, cuando volví a Tel Aviv, el asesinato de Rabin fue lo que me dio el último empuje para tomar la decisión de entrar en política. Decidí presentarme a unas primarias en las que competía contra los ministros más populares del gobierno de Rabin, mientras que yo era casi un desconocido. No obtuve un mal resultado, pero por los mecanismos internos que condicionaron la lista final, llegaron a relegarme al final de la cola. Así que, a pesar de los más de 100 000 votos que conseguí, el partido colocó más arriba que yo a otros candidatos que llegaron a sólo 2000 o 3000 votos. Pero eso tenía poca importancia, ya que desde el momento que entré en el Parlamento, mi carrera política empezó a despegar. Lo importante fue que en esas elecciones generales, nuestro líder en ese momento perdió las elecciones contra Benjamin Netanyahu,[5] y todos, el primero de la lista al igual que el último, pasamos a la oposición. Shimon Peres[6] se vio obligado a dimitir como presidente del partido, y yo, el último de la lista, me tomé la osadía de presentarme como candidato a liderar el partido. Esta vez me enfrentaba a Ehud Barak,[7] el general más condecorado en la historia del país, y a otros dos candidatos. Obtuve un gran resultado, considerando de dónde llegaba yo en ese momento, más de un 17 % de los votos, y me sirvió para presentar

4. Isaac Rabin (1922-1995) fue un militar y político israelí. Fue el séptimo jefe del Estado Mayor del Ejército de Israel (Tzahal), desde 1964 hasta 1967, y el quinto primer ministro, de 1974 a 1977, y nuevamente entre 1992 y 1995, cuando fue asesinado por un estudiante judío extremista. En 1994 recibió el Premio Nobel de la Paz. También fue galardonado con el Premio Príncipe de Asturias de Cooperación Internacional.

5. Benjamin Netanyahu (1949). Actual primer ministro de Israel. También es miembro del parlamento de Israel (Knesset) y presidente del partido Likud.

6. Shimon Peres (1923-2016). Político, parlamentario, estadista y escritor israelí. Fue dos veces primer ministro de Israel. También fue presidente del Estado de Israel desde 2007 hasta 2014. Fue galardonado con el Premio Nobel de la Paz, conjuntamente con Isaac Rabin y Yasser Arafat, en 1994.

7. Ehud Barak (1942). General y político israelí que ejerció como el décimo primer ministro de 1999 a 2001. Fue líder del Partido Laborista hasta enero de 2011. Anteriormente ocupó los cargos de ministro de Defensa y vice primer ministro bajo Ehud Olmert y en el segundo gobierno de Benjamin Netanyahu, de 2007 a 2013.

mis aspiraciones. Nunca pensé que iba a ganar; lo hice para posicionarme públicamente ante la cúpula del partido y la opinión pública en general.

Estuve trabajando tres años en la oposición y, en las siguientes primarias del año 1999, conseguí ganar con casi el 100 % de los votos. De ser el número 34 en la lista, salí elegido como el número 1. En aquel momento, gozaba de una gran popularidad y creo que la clave fueron mis conocimientos sobre los temas de la agenda nacional, el diálogo que supe entablar con la opinión pública y el hecho de que nunca quise alejarme de mis raíces humildes. Incluso en las comidas oficiales, siempre entraba en la cocina en un momento o en otro, del mismo modo que lo hubiera hecho mi padre, para saludar a los cocineros y al personal, y para darles las gracias. Para mí eso no era un gesto populista; era como ir a dar un abrazo a mi madre. Después, sin embargo, como ministro, cometí errores. El primero fue desligarme de la base, porque me concentré en solucionar los problemas (siempre graves, a menudo urgentes) que tenía sobre la mesa. En esa época, trabajaba tanto que ni siquiera me acuerdo de si, efectivamente, dormía en casa o en los hoteles en Jerusalén, donde estaba la sede del Gobierno; si veía a mis hijos o no... Era una entrega hasta un extremo que uno no se puede ni imaginar. Un gobierno en Israel vive en una crisis permanente, siempre al borde de una guerra. Llegaba al consejo de ministros el domingo por la mañana y al mediodía me dirigía hacia el ministerio. Entonces, me llamaba el primer ministro porque, por ejemplo, surgía un conflicto en el Líbano y tenía que tomar nuevas decisiones. Volvía de nuevo sobre mis pasos... En la época de las negociaciones de paz visitaba tres países en dos días para negociar... En la cumbre con el presidente Clinton, estalló una intifada y Clinton nos dijo al primer ministro Ehud Barak y a mí: «Os admiro. Ni siquiera sé cómo sobrevivís a esta situación». Siempre me acordaba de los ministros en España que, a veces, me parecían tener todo el tiempo necesario para invitarte a almorzar sin que el teléfono les interrumpiera constantemente... Y aquí estaba yo de ministro, comiendo odiables bocadillos, o almuerzos que se interrumpían por series interminables de conflictos. Recuerdo noches sin dormir, con un primer ministro que te llamaba a las tres de la madrugada, como la cosa más natural del mundo, y sin pedir disculpas. Ser ministro fue un desafío, el más importante de mi vida. Agradezco este privilegio, pero un placer no lo fue, desde luego.

## La frustración del éxito

La persona que ha tenido éxito es, en mi opinión, alguien que ha logrado sus objetivos, pero siempre tiene la sensación de que no ha conseguido suficiente. La gente que habla con esa persona, que tiene un trato incluso íntimo, como su pareja, la ven bien, pero esa persona siente un cierto grado de frustración, porque todavía quiere conseguir más. La analogía que yo daría es la figura del capitalista. Según Max Weber,[8] el capitalista es un señor que, a pesar de haber acumulado una gran riqueza, sigue intentando acumular aún más. Es decir, es un perpetuo móvil. Algo parecido me ocurre a mí con el éxito. A lo largo de mi vida, he tenido distintos éxitos. He obtenido un doctorado por Oxford, he publicado libros en la editorial más prestigiosa del mundo anglosajón, he sido ministro de Israel, me he acercado más que cualquier otro nombre de nuestra historia a conseguir la paz, pero siempre he sentido que me faltaba algo, y que lo conseguido no eran más que victorias incompletas. Incluso ahora, veo que la jubilación no se adapta a mi carácter, porque necesito trabajar buscando un objetivo.

La frustración forma parte de mí. Hasta mi último día, llevaré siempre conmigo la frustración de haber estado tan cerca de conseguir la paz. Lo llegué a tocar con la punta de los dedos, pero al final no logré solucionar esta tragedia israelí-palestina, que sigue y seguirá por muchos años.

A pesar de que he hecho bien algunas cosas en la vida (algunos dicen que muy bien), siempre llevaré el peso de este fracaso, porque traté, con toda mi fuerza y todos mis recursos, de resolver el conflicto. Si me preguntan qué

8. Max Weber (1864-1929). Filósofo, economista, jurista, historiador, politólogo y sociólogo alemán, y uno de los fundadores del estudio moderno de la sociología. Considerado como una de las grandes figuras intelectuales de los siglos XIX y XX. Mantuvo una incesante curiosidad por diversas disciplinas, como el derecho, la economía y la historia. Su trayectoria académica e intelectual le ha situado como uno de los padres de la sociología.

dejaré a mis nietos, será este intento de dejar un país en paz. En la segunda conferencia en Camp David, en julio de 2000, donde tuve un papel relevante, hice todo lo que pude para que las cosas funcionaran. En las memorias del presidente Clinton y de otros participantes americanos, se dice que yo fui quien más empujó y buscó salidas imaginativas: hice todo lo posible para llegar a un compromiso que facilitara de verdad la paz, pero no pudo ser.

## Los orígenes y el éxito

Otro elemento importante para valorar el éxito es la distancia entre el lugar del que partes y el lugar al que llegas. Si has nacido donde usan cucharitas de plata para comer el yogur, ¿cómo defines luego el éxito? En cambio, en las familias humildes, existe la consciencia de tener que hacer bien el trabajo para lograr determinados éxitos. Eso es algo que he sabido transmitir a mis tres hijos, que hoy tienen más éxito del que yo tuve. El mayor, hoy un científico de renombre internacional y jefe del Departamento de Enfermedades Infecciosas del Hospital Central de Tel Aviv, cumplió años no hace mucho, y le escribí un mensaje donde le explicaba que cuando era un niño, él decía: «Éste es mi padre», y ahora soy yo quien anda por ahí diciendo: «Éste es mi hijo».

## La felicidad es demasiado absoluta

La palabra 'felicidad' es demasiado absoluta. Ser feliz significa ser feliz del todo, sin hueco para cierta frustración. A veces pienso que la palabra 'felicidad' sirve más para los culebrones televisivos que para la realidad, porque todos tenemos días mejores y otros no tanto, y, en cambio, esta palabra designa una situación continua. Decir que voy a ser feliz hasta el final de mis días es algo muy difícil: un día te sientes feliz, otro día te sientes frustrado y siempre quieres conseguir más de lo que tienes. Eso sí, si la referencia es la infelicidad, diría que soy más feliz que infeliz. Como no soy infeliz, puedo decir que soy feliz, pero, aun así, es demasiado absoluto, porque uno siempre anda con sus frustraciones, sus vacíos…, aunque no soy infeliz, desde luego.

## Factores del éxito

Hay gente que, como los héroes de los culebrones, se centran esencialmente en el amor y el desamor. No te equivoques, a mí también me gustan algunos culebrones, y el amor y desamor me importan no menos que a sus héroes. Pero mi estado de ánimo depende de muchas otras categorías impersonales y de las circunstancias que nos rodean. Así, trato de ir más allá de mi estrecho yo, y vivo la crisis climática, el caos global, los altibajos de la macroeconomía, como algo que me concierne. Para mí, es importante hacer un seguimiento de la historia del presente de manera consciente y ver los problemas del mundo que van más allá de tus problemas sentimentales dentro de tu esfera personal. A las personas para las que el mundo también forma parte de su vida íntima, los cambios nos acompañan constantemente y también condicionan nuestra sensación de si somos o no felices. Siempre hay adjetivos en la felicidad y el adjetivo es precisamente eso: preocuparse por aquello que trasciende nuestra esfera personal, como la crisis de nuestras democracias, los líderes corruptos, el bloqueo de ciertas políticas… Todo esto influye en nuestro mundo, a nuestros hijos y a nuestros nietos, y me lleva a preguntarme qué puedo hacer para que esto no sea así. Este tipo de condicionamientos están siempre en la mente… Si algo me preocupa hoy, casi de manera existencial, es la crisis del clima, el holocausto que se nos acerca y la indiferencia de aquellos líderes de quienes depende la salvación del planeta; hay quien dice que ya es demasiado tarde.

## La fuerza de voluntad

Yo no tenía condiciones objetivas para el éxito cuando nací, porque vengo de una familia muy humilde: mi padre era un obrero del puerto de

Tánger y mi madre un ama de casa. Ésas no son en principio condiciones objetivas para el éxito. Entonces, ¿cuál ha sido el secreto? Siempre me lo he preguntado y no tengo la respuesta. Había algo en mi madre, un potencial que no pudo realizar en su infancia, pero que yo, de alguna manera, siento que lo heredé y lo pude desarrollar. Para mí sigue siendo algo difícil de explicar, pero siempre he tenido una voluntad férrea a hacer cosas difíciles y saber que si resistes un poco más y das otro paso más, lo podrás conseguir. Eso siempre lo he tenido en mente y quizás ha sido la clave de haber podido salir adelante, a pesar de las dificultades que he ido encontrando ya desde la infancia.

Recuerdo que en los pupitres de la escuela tenían unos vasitos con tinta y, como en casa no disponíamos de tinta, recorría los 500 metros entre la escuela y mi casa caminando por la calle con ese vasito en la mano. Así podía hacer los deberes en casa. Y mi pasión era el fútbol, pero nunca salía a jugar sin haber terminado antes los deberes. Nadie me lo enseñó, pero había algo en mí que me decía que debía salir de esa inercia, y eso era lo que me empujaba a recorrer esos 500 metros de más.

Años más tarde, cuando terminé mis estudios en el kibutz, me trasladé con mis padres a una aldea en el norte del país, en la frontera con el Líbano. A diferencia de mis compañeros de estudios en el kibutz, yo no estaba exento de hacer el examen final de bachillerato. En lugar de alistarme directamente en el ejército, todas las tardes iba a las puertas del colegio en esa aldea. Allí pedía a los chicos que me pasaran los deberes y me iba a casa a prepararme el examen. Así conseguí mi bachillerato, por pura voluntad.

## La persistencia y la *hybris*

Sin el fracaso no puedes aprender a hacerlo mejor, así que el fracaso es una experiencia constructiva. Al analizar el éxito de las empresas de Israel en sectores como la *high-tech* o las *start-ups*, descubres que la mayoría de ellas, hasta en un porcentaje del 90 %, fracasan, pero son esos mismos empresarios los que luego, si no se rinden, consiguen un éxito. Otra cosa es cuando el éxito te hace perder una visión equilibrada de la realidad. Si el éxito te convierte en alguien arrogante y te crees mejor que los otros, seguro que cometerás errores que te llevarán al fracaso. Sobre esto, los griegos antiguos hablaban del gran pecado que es la *hybris* (la arrogancia de quien se cree incluso superior a Dios), ya que te lleva a la némesis, que es tu destrucción.

## Un mundo más complejo para las nuevas generaciones

A los jóvenes les aconsejaría que se pongan metas y tengan un sentido de la dirección, porque no deben esperar que un accidente les dé el empujón, sino que deben ser responsables de sí mismos. Sin duda, un accidente puede ayudarte, pero también te puede hacer descarrilar. Por eso, es fundamental saber lo que quieres hacer. Por otro lado, hay que admitir que las nuevas generaciones viven en un mundo más complejo que el que nos tocó vivir a nosotros, así que deben estar más preparados. Nuestra generación tuvo que enfrentarse a elecciones más simples, porque no existían tantas opciones. Cuando ibas a la universidad, si no sabías matemáticas, ibas a filosofía y letras, y eso era todo. Hoy estos jóvenes tendrán vidas con tres, cuatro, cinco o seis etapas, y en cada una de ellas tendrán que actualizar y adaptar sus estudios para estar a la altura de las nuevas tecnologías y de la competencia. También tendrán que acostumbrarse a ver que, con cuarenta años, su jefe tendrá veinticinco porque estará mejor preparado para las innovaciones tecnológicas. Tal vez el premio que alcancen será mejor, pero su vida también será más difícil. Podemos decir que el éxito en nuestros tiempos también era más lineal, enmarcado en una vida sin grandes sobresaltos, pero hoy sí que existen estos vaivenes y, por lo tanto, los jóvenes deben tener más carácter y estudiar, esforzarse y trabajar más para enfrentarse a un mundo que cambia a una velocidad vertiginosa.

# Núria Roca Pasqual

Desde hace unos años, caminando por delante de la iglesia de Santa Gema en Barcelona, los domingos por la mañana veía a una señora sentada en una silla de esparto, a un lado de la entrada principal del templo, que recibía limosna de las personas que acudían a las misas de los domingos. Ella estaba ahí afuera siempre, todos los domingos y fiestas de precepto, en los meses de duro invierno y también durante los veranos de sofocante calor. Se caracterizaba por una gran empatía con quienes pasaban a su lado. Nunca solicitaba nada a nadie, sólo miraba con mucha ternura a los devotos que entraban en la iglesia y conversaba con algunos de ellos con amabilidad. En los días de crudo invierno, cuando la veía tapada con una manta, era como si por un momento sintiera en mis propias carnes la dura situación que vivía aquella señora desconocida, ya mayor y que, en lugar de estar en casa viviendo una tercera edad tranquila, se pasaba los domingos en el portal de una parroquia, esperando recibir una caridad que necesitaba para poderse mantener.

En una de estas frías jornadas, al pasar enfrente de ella, me pregunté: «¿Cómo habrá sido la vida de esta mujer?, ¿qué circunstancias le habrán llevado hasta aquí, cuando, por su edad, debería gozar de una mínima estabilidad económica y personal?». Estuve a punto de pararme y hablar un rato con ella, pero finalmente la prisa por llegar a mi destino pudo más y lo dejé para otro día. Cierto es que con anterioridad nos habíamos intercambiado algunas palabras, aunque fueron más que nada saludos cordiales sin entablar una conversación. Pero ya en esas primeras reuniones puntuales, me sorprendió muy gratamente el cariño con el que se dirigía hacia mí. «Qué señora tan entrañable», pensé en mis primeros encuentros con ella.

Durante las Navidades de 2018, empezamos a forjar una relación mucho más genuina, hasta el punto de que más adelante le propuse ser parte de este libro. El mismo día de Navidad de ese año, por la mañana, caminaba enfrente de la iglesia y ella, como era de esperar, estaba en el lugar de costumbre. Al verla ahí, sentí que, dadas las fechas en que nos encontrábamos, se merecía una cesta navideña, al igual que otros muchos ciudadanos también la tendrían durante esos días. Con toda celeridad, fui a un pequeño supermercado, cercano y abierto todos los días del año, y adquirí para ella desde turrones y dulces propios de las fiestas navideñas hasta otros artículos que pensé que le serían útiles para la vida diaria, como crema hidratante para las manos y otros productos para el cuidado personal. Lo coloqué todo en una bolsa de papel para regalo y fui a entregarle su cesta de Navidad. Me dio las gracias con mucho cariño y con toda naturalidad sacó de su bolso una tarjeta navideña, como si ya me estuviera esperando y la tuviera preparada para entregármela. En la tarjeta había escrito que me deseaba mucha felicidad y un próspero año nuevo. Al leer su escrito y ver su firma, fue cuando supe que se llamaba Núria. Esta felicitación inesperada me proporcionó tal alegría que me quedé a charlar con ella unos minutos y recordé, como en tantas otras ocasiones, lo afortunado que era por todo lo que tenía.

A partir de ese día, inicié una relación más cercana con Núria y algunos domingos me acercaba expresamente a saludarla y hablar un rato con ella.

Un año más tarde, en una de estas paradas, vi que Núria estaba sentada en una silla de ruedas. Aproveché para preguntarle qué le había ocurrido y me explicó que sus problemas con las rodillas ya le impedían caminar y que a partir de ese momento, tendría que recurrir a una silla para inválidos.

Durante los meses sucesivos, cuando me paraba a conversar con ella, me sorprendía su entereza y la bondad que desprendía en sus palabras. En una de estas conversaciones, descubrí en ella una generosidad firme, a pesar de las dificultades a que tenía que hacer frente y del trato hostil que recibía a veces por parte de algunas de las personas que se cruzaban con ella. En seguida me planteé: «¿Y qué debe pensar ella del éxito y del fracaso en la vida?, ¿cómo ha sido su vida hasta el momento presente?, ¿qué es lo que más la ha determinado en sus años de juventud y después en su vida adulta?». De inmediato sentí que su testimonio también podría formar parte de mi proyecto. Decidí reflexionarlo algo más antes de proponérselo. Yo aún tenía que añadir algunos nombres más al libro y me encontraba con el dilema de quién escoger. Pero la reflexión fue muy rápida. Al día siguiente sentí que Núria Roca tenía que ser uno de esos nombres que me faltaban incorporar porque escuchar en primera persona su experiencia de la vida sería de gran valor.

Sin más, fui a verla el siguiente domingo y le propuse participar en el proyecto. Su sorpresa fue tan grande como la alegría que le generó estar en este grupo de «personas insignes», según ella. Le respondí que el honor era mío, y que todos éramos igual de insignes y vulnerables. Y ahí mismo sellamos nuestro acuerdo.

Núria nació en El Escorial. Su padre era magistrado en la Audiencia de Madrid y murió antes de que ella pudiera conservar ningún recuerdo con él. Su madre volvió a casarse con un hombre que tenía dos hijas mayores. A los dos años, la nueva familia se trasladó a Badalona, donde Núria vivió hasta los 23 años, pero no fue este traslado lo que marcó su infancia, sino la muerte de su madre cuando ella sólo tenía cinco años. «Mi relación con mi padrastro y mis dos hermanastras nunca fue buena. A él yo sólo le importaba cuando íbamos a El Escorial para las fiestas de julio; entonces me lucía delante de familiares y amigos. Incluso me compraba vestidos y zapatos, pero el resto del tiempo se despreocupaba de mí por completo. Y aunque no solía pegarme, sí permitía que mis hermanastras lo hicieran: la mayor usaba la zapatilla y la otra el palo de la escoba, que no era de caña sino de madera».

A pesar del ambiente difícil de casa, Núria pudo estudiar hasta que a los catorce años decidieron llevarla a un correccional. «Una tarde salí a dar una vuelta con un chico y mi padrastro no me encontraba. Cuando llegué a casa, me pegó una monumental paliza y decidió mandarme al Colegio de las Adoratrices de Badalona, que era un correccional. Allí nos enseñaban a leer y escribir, y a hacer ganchillo, a coser y hacer media; pero la verdad es que lo pasé muy mal: la comida era horrible y nos pegaban bofetadas... Harta de aquellos tratos, cuando tenía dieciséis años me escapé junto a una amiga. Ella se fue a casa de unos tíos y yo me escondí en la playa, debajo de una barca, donde me encontró una pareja de la Guardia Civil. Cuando mi padrastro vino a buscarme, le dejé muy claro que jamás volvería a aquella escuela y él decidió que me quedara en casa. A mi lado, Cenicienta era una afortunada. Según mis hermanas, todo lo hacía mal, pero al mismo tiempo tenía que hacer todas las tareas del hogar: fregar, coser, hacer la compra, planchar...».

Aunque Núria se las apañaba para seguir estudiando gracias a los apuntes que le proporcionaba una amiga, lo cierto es que el ambiente familiar era cada vez más difícil y a los diecisiete años se escapó hasta Madrid. Todo empezó con una discusión por una tontería, pero Núria y su hermana mayor no sólo acabaron a grandes gritos, sino que llegaron a lanzarse un mortero. Tratando de escapar de aquella situación, saltó por la ventana de casa y se dirigió hacia la vía del tren. «Primero pensé en ir a buscar a mi padrastro a la estación de la RENFE –él trabajaba como precintador de vagones de mercancías–, pero luego me di cuenta de que si le decía que yo también había pegado a mi hermanastra, me daría dos tortas. Así que decidí hacer autostop y llegué hasta Madrid».

Núria recuerda muy vivamente aquel viaje que hizo con sólo diecisiete años y sin otro equipaje que el vestido blanco y el suéter perlé que llevaba en el momento de escapar de casa. «El primer camionero me recogió en Bogatell y prometió llevarme hasta Zaragoza, pero descubrí que no era un buen hombre. Al anochecer, paró en una explanada, donde había un restaurante, y me dejó encerrada en la cabina. Tuve que dormir allí, con la ventanilla abierta porque era el mes de julio y hacía mucho calor. No había comido nada desde el día anterior y sólo me ofreció una garrafa de vino para beber. Cuando estaba arrancando el camión, me puso la mano encima y se me hizo un nudo en el estómago. «Si me vuelve a poner la mano encima, ¡salto del camión!». «No tendrás valor», me dijo él. Y aprovechando una parada, abrí la puertezuela y salté». En ese viaje Núria también conoció a buenas personas, como la mujer que le dio de comer o el segundo camionero, que la llevó hasta Madrid. «Me vio hecha un desastre, y me preguntó si me había escapado de casa. Le conté parte de la historia y le dije que iba a ver a una sobrina de mi padrastro, que vivía en Madrid. Ese hombre me hizo subir en su camión y por la noche, cuando llegamos a un hostal, arregló las cosas para que pudiera ducharme y lavarme la ropa. También me dio de cenar: un filete con patatas fritas... Aquella noche dormí como una bendita en una habitación para mí sola y al día siguiente me dejó en Campamentos, una carretera cerca de Madrid con casas de militares a ambos lados. Siempre me he preguntado quién era ese hombre y qué habrá sido de él. Se portó muy bien conmigo».

Esa aventura terminó en casa de la sobrina de su padrastro. «El marido de esta chica era policía secreta y, nada más verme, me soltó dos bofetones y llamó a Badalona. Mi hermanastra mayor vino a buscarme y, como yo no quería regresar, en el tren de vuelta nos acompañaron dos policías. Al llegar a casa, mi hermanastra quería que pidiera perdón, pero no lo hice. Al contrario, les advertí que si volvían a ponerme la mano encima, me marcharía y no sabrían más de mí».

Núria siguió con su vida. Pudo sacarse los estudios que le permitían ejercer de enfermera auxiliar y empezó a cuidar a personas mayores en casas particulares, trabajo que ejercería hasta pasada la cincuentena. A los veintidós años, se había independizado de la casa de su padrastro y conoció a un chico que trabajaba de contratista con el que empezó una relación seria, pero las cosas no acabaron bien. «Aunque era de esos hombres a los que les gustaba que siempre se hiciera lo que ellos decían, yo estaba locamente enamorada y decidimos casarnos. Habíamos montado un piso en la Barceloneta, muy cerca de donde yo vivía entonces, y quince días antes de la boda descubrí que clase de persona era. El día 13 de junio es San Antonio, patrón de los albañiles, y él quería que me tomara el día libre para acabar de arreglar la cocina, pero yo tenía mis obligaciones laborales. Discutimos un poco, pero en seguida se calmó y quedamos en que yo iría al piso sobre las siete, al salir del trabajo. Por esas casualidades de la vida, aquel día no me encontré bien y la dueña de la casa, que se dio cuenta de que me sentía mal, me dijo que ya estaba bien por ese día y que regresara a mi hogar, de modo que volví a casa antes de lo previsto. Estaba tan contenta que se me ocurrió comprar una botella de cava y me fui al que iba a ser nuestro piso. Después de cerrar la puerta, me descalcé, como siempre hago, y al entrar en la vivienda, oí unas voces... Al principio no comprendí qué ocurría, pero en seguida descubrí que aquel hombre estaba estrenando mi cama de matrimonio con una amiga mía. Me marché con la botella de cava hasta el rompeolas y estuve llorando tan desconsoladamente que unos trabajadores del astillero llamaron a la Guardia Urbana. Uno de los guardias, de unos cincuenta años y con bigote, me acompañó hasta mi casa y, para consolarme, no se le ocurrió otra cosa que decirme que era mejor que lo hubiera descubierto ahora que éramos novios que cuando hubiéramos estado casados. Aquella noche no pude dormir llorando de rabia».

Después de aquel episodio, Núria no se volvió a casar y mantuvo una vida dedicada a un trabajo de auxiliar de enfermería que le gustaba y que le permitió conocer a mucha buena gente. Hace algo más diez años tuvo que dejar su trabajo a causa de problemas en sus rodillas. «En mi último trabajo cuidaba a un señor que vivía en la calle Girona, tocando con Aragón, y para acceder a la vivienda, tenía que subir unos ochenta peldaños. Era demasiado para mí y cuando esta persona falleció, decidí dejar el trabajo porque mis rodillas ya no me lo permitían».

La pensión que le ha quedado es mínima y no es suficiente para sufragar sus gastos ordinarios y, como ya he explicado, los domingos por la mañana se desplaza a la iglesia de Santa Gema en el barrio barcelonés de Sarrià, donde percibe limosnas de los feligreses que van a misa. Núria ha estado viviendo en diferentes residencias municipales y sus problemas de movilidad la han llevado a tener que utilizar una silla de ruedas para poder desplazarse. En los últimos años ha estado pendiente para ser operada de las rodillas, pero por distintas razones no ha sido posible.

En un domingo del mes de julio, después de la celebración de la última misa, fui a recoger a Núria y nos desplazamos hasta un restaurante cercano. Nos sentamos en una mesa situada en un rincón tranquilo y algo aislado del comedor. Antes de almorzar, entablamos una larga conversación en la que me explicó la parte de su historia y experiencia vital que se reproduce seguidamente en primera persona.

## El éxito es sentir el cariño de la gente

Para mí el éxito hubiera sido estudiar lo que siempre me ha gustado, que son las matemáticas. Nunca tuve la oportunidad porque en casa no me lo permitieron. Según mi padrastro, la mujer tenía que estar detrás de los fogones... Sin embargo, a mí siempre me han gustado los números y, aún hoy, hago el sudoku todos los días. Y si no lo resuelvo, lo repito hasta que consigo terminarlo. Me hubiera encantado estudiar para realizarme como persona y encontrar un trabajo que me gustara. Recuerdo que una de mis primas, que murió hace muchos años, era secretaria de un banquero y a mí me daba mucha envidia. Me decía a mí misma: «¡Ojalá yo pudiera trabajar en un banco, con lo bien que se me dan los números!».

Si los estudios han sido el fracaso de mi vida, mi éxito ha sido cuidar a las personas mayores. Desde los veinticinco años hasta los cincuenta y tantos, trabajé en casas particulares cuidando a personas mayores y siempre los traté como si fueran de los míos. Los quise y siempre los cuidé con mucho amor. Incluso trabajé en la casa de unos condes. Una amiga mía trabajaba ahí como asistenta en labores domésticas y, cuando se quedó embarazada, me propuso que yo la cubriera durante la baja. Como en aquel momento no tenía trabajo, no me importó hacerlo porque siempre me he ganado la vida por mí misma.

En éste y en otros trabajos siempre he tenido la oportunidad de encontrar compañeros y amigos que me han comprendido y apoyado, y que me ha ofrecido ese cariño que no me pudieron dar mis padres. Eso para mí es el éxito y tengo la suerte de seguir disfrutándolo. En la residencia donde vivo, comparto la mesa del comedor con cinco señoras que no pueden pasar sin mí. Les he explicado que estoy esperando que me operen las rodillas y que cuando esté operada deberé cambiar de residencia y ninguna de ellas quiere que me vaya. Mi compañera de habitación, Margarita, ve que salgo los domingos, pero no sabe que voy a la iglesia a pedir caridad, y me dice: «Núri, acuérdate de traernos galletas».

## La felicidad es comprenderse y cuidarse

He podido observar que, aunque hay matrimonios que tienen todo lo que cualquiera pueda desear –salud y dinero–, no se respetan entre sí. Un día, estando en la puerta de la iglesia, vino un chico de unos treinta y cinco años y, aunque yo nunca le pedía nada, me dio algo de dinero. Vi que tenía la mirada ofuscada y le pregunté qué le pasaba. «Problemas...», me dijo. «No me entiendo con mi mujer». Entonces le aconsejé que se pusiera con su mujer uno frente al otro con una mesa de por medio y que hablaran de sus problemas, alegrías y desengaños... Le sugerí que, una vez lo hubieran puesto todo encima de la mesa, debían comprenderse el uno al otro y que, sobre todo, tenían que pensar antes que nada en sus hijos. De lo contrario, serían los niños, que no tenían culpa de nada, quienes acabarían pagando el pato y eso haría infelices a la pareja. El chico me miró y, después de darme un beso en la frente, me dijo que lo iba a hacer. Al cabo de un tiempo, volví a verlo en la iglesia y le pregunté cómo iba todo. Él se mostró muy agradecido y me preguntó si me había pasado lo mismo con mi marido. Le expliqué que nunca había estado casada pero que siento con fervor que antes de formar un escándalo y perderse el respeto, las dos partes siempre tienen que hablarse. De lo contrario, es imposible llegar a nada y todos pierden, nadie gana.

Otra cosa importante que he aprendido es que, a pesar de que el dinero facilita mucho la vida, hay gente que no tiene ni un céntimo, pero es feliz. Hace algunos años, en frente de mi casa, vivía un matrimonio mayor que yo siempre veía cogidos de la mano, y yo los admiraba. Un día me enteré de que la señora estaba enferma y fui a ayudarla con la casa. Como veía que me necesitaban, iba todos los días y les preparaba algo de comer. No tenían dinero para pagarme, claro, pero en Navidad me regalaban un bote de mermelada y yo me sentía feliz y recompensada. No eran ricos, pero eran felices. Aquí en la iglesia hay un hombre que tampoco tiene mucho dinero y en una ocasión me dijo: «Hoy no le puedo dar nada, pero ya se lo compensaré la semana que viene». A la siguiente semana tampoco pudo darme nada, pero me trajo un cortado y me dijo: «A cambio de lo que le debo, tómese este café caliente». Le aclaré que él no me debía nada, pero me sentí muy agradecida. Eso es la felicidad, ver a gente capaz de ayudar a los demás a cambio de nada.

## Los jóvenes deben ser honrados

A la gente joven les recomiendo que estudien para convertirse en personas honradas y preparadas en lo que les guste. Deben evitar meterse en líos y apartarse de aquellas personas que se declaran ser nuestros amigos, pero que, en el fondo, sólo quieren influirnos para su propio beneficio. También me he dado cuenta de que algunos de nuestros jóvenes se han acomodado y están perdiendo el sentido de la moral. Hace poco coincidí en el metro con unas chicas de no más de diecisiete años; una de ellas llamaba a su madre para decirle que estaba en casa de «Fulanita» y que llegaría más tarde a su casa. La muchacha estaba mintiendo a su madre porque estaban de camino a la discoteca. Cuando colgó, le hice ver que estaba muy mal mentir a su madre. «¿Sabes lo que sufrirían tus padres si te pasara algo en la calle mientras ellos creen que estás en casa de tu amiga?». Y eso por no hablar de los que prefieren robar a ponerse a trabajar... A mí me parece que no sería mala idea volver a poner el servicio militar o algún servicio social parecido para enseñar a los jóvenes disciplina y valores. Les diría, por tanto, que nunca vayan por el camino fácil, porque todas las cosas que tienen valor y que les llevarán al éxito exigirán muchos sacrificios y gran esfuerzo.

# Josep Lluís Rovira

Desde el primer momento que coincidí con Josep Lluís Rovira, con motivo de las actividades del Grupo Catalán del Club de Roma en 2008, me cautivó su energía y su espíritu emprendedor.

Tanto fue así que pronto le propuse encontrarnos y así llegar a conocerle mejor y pedirle su parecer sobre temas empresariales. El encuentro consistió en un almuerzo en el hotel Princesa Sofía. Entre otras muchas cosas, me explicó la estrategia de invertir hasta un determinado porcentaje máximo en diversidad de empresas, pero sin llegar a tener nunca una participación relevante o de control. Ésta ha sido una estrategia que siempre le ha ido muy bien.

Otro de sus rasgos característicos es su formidable capacidad para afrontar dificultades insuperables y ser capaz de gestionar situaciones que yo definiría como trágicas e inhumanas, como fue la muerte de un hijo de treinta y siete años. Durante nuestra conversación, me dijo: «Ante esta tragedia, y después de encerrarme en casa durante un día, sentí que sólo tenía dos opciones, que se enmarcaban en decidir si merecía la pena seguir viviendo o tomar la decisión de seguir adelante. Se me planteaba, pues, o seguir encerrado en mí mismo y hundirme para siempre, o volver a la vida normal y a la lucha por alguna de las muchas causas que me empujaban a vivir, especialmente, mi esposa, mis hijos y mis nietos».

Por otra parte, Josep Lluís es un emprendedor nato, con una trayectoria en sectores como la biotecnología, las finanzas, el comercio exterior y los seguros, entre otros. Además de los numerosos cargos profesionales y honoríficos, tiene condecoraciones y premios del más alto nivel, como la Cruz de Sant Jordi, la Medalla de la Generalidad Presidente Macià al Mérito del Trabajo, la Gran Cruz de Terra Mariana de la República de Estonia o la Condecoración del Ministerio de Asuntos Exteriores también de la República de Estonia.

Ha sido o es miembro de Consejos Asesores o de Administración de entidades y empresas como la Cámara de Comercio de Barcelona, Capgemini, Fomento del Trabajo, Avalis, Fundación Barça Veteranos y otros. También ha sido candidato a diputado en el Congreso de los Diputados y en las elecciones a la presidencia del FC Barcelona.

Y antes de terminar estos párrafos introductorios, quisiera referirme a otro hecho que demuestra la vitalidad y el carácter innovador y altruista de Josep Lluís.

Una de sus nietas fue diagnosticada de la enfermedad fibrosis quística. A partir de esta situación, Josep Lluís ha contribuido firmemente en dar a conocer esta enfermedad y prestar apoyo a los enfermos y a sus familiares. Ha creado en Twitter una publicación diaria de aforismos que él mismo ha ido elaborando desde hace más de cuarenta años. Lo explicará más adelante. Una señal más de optimismo y de su pasión por una vida con sentido.

Es el propio Josep Lluís quien, a partir de ahora, expresa sus reflexiones en primera persona.

## Mi trayectoria académica y profesional

Mi carrera académica es absolutamente convencional. Antes de entrar en la universidad, los jesuitas me hicieron un test de vocación y me aconsejaron que me dedicara al sector empresarial. Como entonces no existía la carrera de Administración y Dirección de Empresas, decidí matricularme primero en Económicas y, al año siguiente, en Derecho. Al segundo año de estudios, me matriculé en Graduado Social, una carrera de tres años que hice en uno, porque entonces era necesario estar libre del servicio militar para poder trabajar. Aquel mismo verano pasé tres meses en el campamento de Castillejos y pude empezar a trabajar mientras acababa las otras dos carreras. Empecé a colaborar en una gestoría administrativa y luego pasé a una compañía de seguros, donde con veintisiete años me convertí en adjunto de la Dirección General. En aquel momento me llegó la propuesta de trabajar como consejero delegado de un grupo de empresas que estaban conectadas con un accionista y consejero del Banco de Madrid y del Banco Catalán de Desarrollo, en donde permanecí ocho años. Consistía en desarrollar un trabajo de expansión y consolidación que abarcaba desde empresas de accesorios de maquinaria textil, pasando por empresas de seguridad y telefonía electrónica y acabando con otras de producción de películas. Durante este tiempo, además de seguir diferentes cursos, me diplomé en el IESE y a partir de una oferta de trabajo a través suyo, me incorporé como presidente ejecutivo a una multinacional alemana que comprendía sectores como aceites lubricantes, accesorios del sector automovilístico, plásticos, textiles y productos de limpieza doméstica, con cinco fábricas en el territorio catalán.

En ese trabajo estuve ocho años y tuve que gestionar situaciones de gran complejidad, como las huelgas que hubo en el año 1977, en plena transición. A pesar de que era un trabajo apasionante y con el que me ganaba muy bien la vida, me di cuenta de que aquello no era lo que quería hacer el resto de mi vida. Tenía un buen sueldo, que no se puede comparar con lo que cobran hoy en día los CEOs, pero veía que de esta manera no conseguiría hacerme un patrimonio propio. Además, siempre he sido una persona inquieta y quería llevar a cabo mis propios proyectos. Sabiendo esto, tampoco podía lanzarme al vacío, porque entonces ya tenía cuatro hijos, de manera que pensé una estrategia para salir adelante. Decidí empezar a colaborar en proyectos que surgieran de mí o de mis amigos y conocidos, siempre que no hubiera conflicto de intereses con la multinacional alemana, porque un éxito con deslealtad siempre es un fracaso. Para que funcionara, establecí dos parámetros que han sido el eje profesional de mi vida: 1) no tener labor ejecutiva en ninguna de las empresas que iba creando o participando; y 2) nunca tener una participación superior al 50 %. De este modo, conseguí generar una red para poder dar el salto que estaba esperando y, poco antes de cumplir mi segundo contrato de cuatro años con la multinacional alemana, anuncié que renunciaba a mi cargo y empecé a trabajar por mi cuenta.

En estas circunstancias, pude gestionar mi tiempo dedicando lo necesario a todas las empresas que iban funcionando, pero dejando un espacio para participar en otras actividades sociales e institucionales. Fui presidente entre 1982 y 1989 de la patronal catalana de las Pequeñas y Medianas Empresas (PIMEC) y vicepresidente de la patronal europea. Desde 1982 participé en la Cámara de Comercio de Barcelona, de su pleno y de su Comité Ejecutivo, durante unos veinticinco años con alguna interrupción, y presidí Comités de la misma, así como comisiones de la Cámara de Comercio Internacional. Tuve tiempo de involucrarme en política y me presenté como candidato al Congreso de Diputados en las primeras elecciones democráticas que tuvieron lugar en junio de 1977. También tuve la oportunidad, por aquellas fechas, de optar al Ayuntamiento de Barcelona, pero un personaje muy importante de la política catalana y española me dijo una frase que me obligó a decidir cuál sería mi futuro; concretamente me dijo: «Esto de hacer política de 7 a 9 de la tarde se ha acabado». Por supuesto, decidí continuar con mi trayectoria empresarial.

Por otra parte, y dada mi pasión de toda la vida por el Barça, me presenté a las elecciones presidenciales del Club en el año 1989, he colaborado en multitud de proyectos y por supuesto también he formado parte de su Junta Directiva.

Finalmente, y como consecuencia de que en 1988 Gorbachov concedió a las tres Repúblicas Bálticas la posibilidad de asistir a los Juegos Olímpicos de Barcelona con su propia bandera, aunque no tenían ni un duro, se pusieron en contacto con el Comité Olímpico Catalán para Barcelona 92, con el que yo colaboraba, y establecimos contacto con políticos y empresarios para buscar una solución. En 1991, estas Repúblicas consiguieron su independencia y se mostraron muy agradecidos. Por nuestra parte, ya desde una visión empresarial, veíamos cercano que la URSS iba a desintegrarse y que, por tanto, se abrirían grandes posibilidades de nuevos negocios. Siempre ha habido dos estrategias para atacar un nuevo mercado: o bien empezar por la capital o por la periferia. El centro ofrece más oportunidades pero también más competencia; en cambio, las periferias están más despejadas. Aprovechando pues nuestros contactos, empezamos a hacer negocios en los tres países bálticos, que luego expansionamos a Bielorrusia y Ucrania. Negocios que consistieron primero en representaciones, luego en *joint ventures* y también en inversiones inmobiliarias. Fruto de todos estos contactos, la República de Estonia me ofreció la posibilidad de ser su cónsul general honorario, cargo que acepté en 1999 y que sigo ostentando en la actualidad.

Ésta ha sido brevemente mi trayectoria, en la que afortunadamente he podido hacer lo que realmente quería y con la que me he visto perfectamente realizado.

## Fracaso, fama y prestigio

Soy una persona optimista y las personas optimistas somos más felices, pero he sido capaz de generar mi propia suerte. Empecé mi carrera siendo un empresario, que es alguien que se vuelca en la empresa las veinticuatro horas del día, pero ése no era mi carácter. En realidad, yo siempre he sido un emprendedor, es decir, alguien que pone las cosas en marcha. Para mí es fundamental comprender que el fracaso es el primer paso hacia el éxito, porque fracasar es aceptable, pero no intentarlo es inaceptable. El fracaso, por lo tanto, va implícito en el éxito.

De todos modos, hay que separar tres palabras que con frecuencia confundimos: éxito, fama y prestigio. El éxito es un factor relativo y subjetivo, porque uno puede considerar que un proyecto es un éxito, sin que esta apreciación sea compartida por los demás. En cambio, la fama puede ser banal y vemos en los medios de comunicación personas que adquieren fama sin tener ningún mérito. Por último, el prestigio es para siempre, porque te lo llevarás contigo a la tumba. El éxito es algo que desaparece de un día a otro. Por lo tanto, tienes que aprender a distinguir estos conceptos y saber si quieres basarte en la fama, el éxito o el prestigio.

## La felicidad

El éxito no va ligado a la felicidad. Uno puede tener éxito en un aspecto de su vida, pero ser un fracasado en los otros. De hecho, si uno hace un repaso a su vida, es imposible que sienta que ha tenido éxito en todos sus aspectos. No puedes ser presidente de la Generalitat, haber ganado una medalla de oro en los Juegos Olímpicos y haber creado una empresa que cotice en el Ibex 35... Además, un éxito puede comportar la infelicidad, porque puede tener consecuencias negativas en otros aspectos de tu vida. A veces, el hecho de volcarte en una sola actividad le lleva a uno a fracasar en el ámbito familiar. La mujer o el marido quieren separarse porque no se sienten atendidos y los hijos le echan en cara haberles dejado de lado. Entonces uno es desgraciado e infeliz. Por lo tanto, la relación entre éxito y felicidad es muy relativa. La felicidad consiste más bien en la ausencia de problemas importantes y una ilusión por realizar proyectos que te ilusionen.

Esta felicidad, sin embargo, puede verse rota por factores externos. El golpe más fuerte que he tenido en mi vida ha sido la muerte de mi hijo Aldo, con treinta y siete años. Por más éxitos y más felicidad que tengas, todo se va al traste y tienes que volver a empezar y reinventarte.

Mi hijo murió un miércoles en un accidente de moto en la Diagonal de Barcelona y lo enterramos el viernes. Al día siguiente, sábado, me encerré en mí despacho en casa y pedí que no me molestasen. El vacío que te deja una muerte antinatural como la de un hijo es absolutamente atroz. Era un chico de treinta siete años con una mujer encantadora, tres hijos maravillosos y un próspero negocio en albergues juveniles.

En aquellos momentos se te acumulan pensamientos de todo tipo y hay que replantearse totalmente la situación para ver cómo debe ser el futuro. Está claro que es un árbol de decisiones. La primera que debes tomar es sobre si merece o no la pena seguir viviendo, y una vez aceptado que debes seguir, se abre otra alternativa entre hacerlo viviendo vacío, amargado y desconsolado y, por tanto, transmitiendo estos sentimientos a toda tu familia y colaboradores, o reinventarte y tratar de solucionar los problemas que te van a ir surgiendo. Otra de las decisiones claras que tomé fue la de no olvidar para nada y en ningún momento a mi hijo, e inclusive forzar todos sus recuerdos hasta el punto de que la convivencia fuera normal y absoluta. Un ejemplo de esto es que durante bastante tiempo pasé todos los días por el lugar de la Diagonal donde ocurrió el accidente que se llevó la vida de Aldo. Es más, llegué a establecer las causas del accidente y me dirigí al Ayuntamiento de Barcelona para corregir las frecuencias de los semáforos.

En cualquier caso, la pregunta clave es si uno es feliz. Y si no lo es, uno debe hacer lo posible por cambiar. Para hacer estos cambios, tienes que tener capacidad de análisis, pero sobre todo confianza en ti mismo. Al fin y al cabo, tú decides qué quieres hacer con tu vida y si quieres ser feliz o no.

## Aforismos

No recuerdo cuando empecé a escribir pensamientos y aforismos. Debía de tener unos treinta y tantos años y empecé a anotarlos en papeles aquí y allá. Cuando vi que ya llevaba unos años escribiéndolos, decidí pasarlos a limpio y, como soy una persona muy ordenada, desde entonces los he ido archivando. Ahora tengo más de dos mil y me ayudan a pensar y a dar consejos a la gente de mí alrededor.

Una de mis nietas tiene fibrosis quística, una enfermedad genética crónica, y en una reunión con la Asociación Catalana de Fibrosis Quística, pensamos que debíamos dar a conocer esta enfermedad, pero no se nos ocurría de qué manera. No sé cómo, surgieron mis aforismos y decidimos publicarlos en Twitter (https://twiter.com/1KPensamientos) e Instagram (8@Milpensamientos2016). Ahora publicamos dos cada día laborable y, gracias a la colaboración de instituciones patrocinadoras, convertimos los *likes* y *retweets* en dinero para la Asociación.

A continuación respondo a las preguntas que se me han hecho de los distintos encabezamientos, justamente con mis pensamientos o aforismos:

## *Éxito y fracaso. Éxito parcial*

- El éxito es relativo y subjetivo.
- Hay que diferenciar entre éxito, fama y prestigio.
- El éxito es la suma de talento y esfuerzo.
- No basta con ser competente; tienes que ser competitivo pero también cooperativo.
- Fracasar es aceptable. No intentarlo es inaceptable.
- Que el éxito no te haga fracasar.
- Después del éxito, es muy difícil convivir con el fracaso.

## *Relación de éxito y felicidad. Fracaso e infelicidad*

- Éxito y felicidad no tienen por qué estar relacionados.
- La felicidad es ausencia de problemas importantes, con una ilusión por realizar.
- La felicidad, más que de la realidad, depende de la interpretación que hagas de ella.
- El camino más directo a la felicidad es el optimismo.
- Las personas optimistas son más felices, más productivas, viven más tiempo, se recuperan antes de las enfermedades y ayudan a crear entusiasmo y bienestar.

- El secreto de la felicidad es dejar de buscarla.
- Para ser feliz, has de saber renunciar a algunas cosas.
- Las cosas más extraordinarias de la vida son las cosas ordinarias.
- Di siempre lo que sientes y haz lo que piensas.
- La felicidad es hacer lo que quieres y querer lo que haces.

## *El éxito puede acabar en fracaso y el fracaso, en éxito*

- El fracaso siempre forma parte del éxito.
- A veces el éxito no es fruto de la excelencia.
- Un éxito con trampa, deslealtad o deshonor es un fracaso.
- El sistema y la idiosincrasia española no toleran el éxito.
- El fracaso en un negocio tiene que ser considerado como el primer paso hacia el éxito.

## *¿El éxito depende de uno mismo?*

- El éxito depende de uno mismo, pero relativamente.
- Hay que confiar en uno mismo.
- Para tener éxito, hay que hacer las cosas de forma distinta.
- No sólo hay que tener talento, sino también talante.
- La frase «Lo que funciona no tiene que tocarse» no es el mejor punto de partida. Todo siempre se puede mejorar.
- La rutina es el peor enemigo de la innovación y la creatividad y, por lo tanto, del éxito.
- El único lugar en el que el éxito está antes que el trabajo es en el diccionario.

## *Consejos a los jóvenes*

- Tienes que tener ilusión, motivación, curiosidad, entusiasmo, ganas de arriesgar sin miedo a equivocarte y atreverte a atreverte.

- También constancia. Es tan importante que hace que el agua pulverice las rocas.
- Finalmente envuélvelo todo con amabilidad.
- Tú eres el diseñador de tu vida.
- La suerte se provoca, no llega sola.
- Sonriendo, los problemas se superan con mayor facilidad.
- Siempre es bueno tener claras las cosas que haces bien de forma innata, las que haces bien después de aprender y las que nunca harás bien.
- Hay que tener una visión elevada sin perderse en las nubes y los pies en el suelo sin enfangarse.
- No pierdas el tiempo mirando si el vaso está medio lleno o medio vacío. Coge agua y acaba de llenarlo.
- Para conseguir una cosa, hay que trabajar duro. Cuando estés agotado, sigue trabajando duro, y cuando creas que ya no se puede más, sigue trabajando duro.
- Con los problemas, es bueno seguir la ley de las cuatro 'des': definir, diagnosticar, diseñar y decidir.
- En esta vida, hay que ser, hacer y tener. No tener, hacer y ser.
- Hay que ser orgulloso en el hacer y sencillo en el ser.
- Tres verbos fundamentales para ir por la vida: amar, agradecer y perdonar.
- En la vida, hay que dialogar, seducir y convencer en lugar de imponer, reprimir o prohibir.
- No busques la popularidad, busca el prestigio.
- El éxito está en el equilibrio entre prudencia y valentía.
- Intenta dejar el mundo un poco mejor de cómo lo has encontrado.

## Gunter Pauli

Gunter Pauli es la máxima expresión de la iniciativa, el ingenio y la capacidad imparable de acometer nuevos proyectos y hacer crecer los ya existentes con la máxima eficiencia de los recursos empleados. Gunter sigue los modelos de conservación y transformación energética que nos enseña la naturaleza, tal y como queda reflejado en muchos de sus libros y, en especial, en su *best seller*, *La economía azul.*

Mi relación con Gunter data ya de muchos años atrás. Descubrí, por primera vez, su elocuencia y su arrolladora personalidad en sus intervenciones en las reuniones y conferencias del Club de Roma y, posteriormente, en múltiples conferencias y presentaciones que ha realizado en diferentes lugares del mundo.

Gunter Pauli ha sido definido por el Huffington Post como «el Steve Jobs de la sostenibilidad» y, entre otros cargos, es presidente de la Fundación Zeri, asesor de las Naciones Unidas y miembro del Comité Ejecutivo del Club de Roma Internacional.

La revolución que propone este empresario, así como su capacidad de influencia, se expone en los más de veinte libros que ha escrito hasta la fecha y de los que se han vendido más de diecisiete millones de copias en doce idiomas. Su obra más emblemática es probablemente *La economía azul*, donde explica más de cien innovaciones basadas en métodos sostenibles de producir bienes y servicios. Según Gunter, la naturaleza nos muestra maneras mucho más eficaces de las que usamos los humanos para «innovar, fabricar, usar y reciclar –una y otra vez –». Por lo tanto, propone una economía que deje atrás la lógica financiera centrada sólo en la maximización de los beneficios, la cual está hipotecando los recursos de nuestro planeta. Plantea, en definitiva, usar el conocimiento acumulado por la naturaleza durante millones de años para ser más eficaces y respetar el medio ambiente.

La apuesta por una economía azul le ha permitido hacer grandes cosas desde muy pronto en su carrera. Con sólo veinticinco años empezó como un pequeño empresario en Japón y, posteriormente, volvió a su país de nacimiento, Bélgica, donde creó otras doce empresas. Es admirable que de esas doce empresas, únicamente dos fracasaran, y lo que ha sido capaz de hacer con ellas. En 1990 se dedicó a relanzar una de estas empresas, ECOVER, dedicada a la fabricación de detergentes, y consiguió que fuera reconocida por las Naciones Unidas como la empresa más ecológica del mundo. Esta manera de entender la economía también lo llevó a participar, con el apoyo del Gobierno japonés, en el Protocolo de Kyoto, y a colaborar con las Naciones Unidas y con 2600 empresas en el diseño de modelos empresariales innovadores y sostenibles.

Actualmente, preside la Fundación Zeri y cuenta con una red de 3000 investigadores dedicados a profundizar en la sostenibilidad. Uno de los ejemplos de los muchos proyectos que lidera Pauli es la isla de El Hierro, reconocida desde 2000 como Reserva de la Biosfera. El asesoramiento y la participación de Pauli han permitido que esta isla obtenga por sí misma el 80 % de las necesidades energéticas y ahorre el equivalente a 40 000 barriles de petróleo al año. Esta misma capacidad de compromiso e innovación es la que aplica en la *ecorrefinería* italiana Novamont, capaz de crear *biorrefinerías* integradas en los entornos locales garantizando el reciclaje y el uso eficiente de los recursos en todo su ciclo de vida.

La carrera de Gunter Pauli ha estado ligada a la defensa del medioambiente, pero también a la educación de los niños, ya que es muy consciente de que el futuro del planeta depende de las nuevas generaciones. En este sentido, ha recibido el encargo de los Ministerios chinos de Protección del Medioambiente y de Educación de adaptar más de trescientas de sus fábulas para formar a los niños en sostenibilidad. De este modo, contribuye a enseñar los principios básicos sobre ecología a centenares de miles de niños en todo el país. Por esta labor, Gunter recibió en China en 2019 el Premio a la Mejor Educación sobre la Naturaleza (*National Award for the Best Nature Education*). Y ese mismo año, fue la primera persona de nacionalidad no china en recibir la distinción de formar parte del grupo de los «diez mejores profesores de ciencias en China».

En 2017, le expliqué a Gunter el proyecto de compartir pensamientos y consideraciones sobre el éxito y el fracaso, lo que le pareció una excelente idea. Y a continuación transcribo las reflexiones que Gunter me transmitió en primera persona.

## Identificar la ola

Nadie puede decir que haya alcanzado el éxito, porque las personas somos insignificantes. Dicho esto, hay algo seguro. Si observamos a las personas que los medios de comunicación señalan como exitosas, veremos que todas han tenido la capacidad de identificar las olas que existen en nuestra sociedad. Una persona con éxito es, a fin de cuentas, como un surfista. Más allá de contadas excepciones –como Steve Jobs,[1] por ejemplo–, las personas con éxito no son capaces de generar olas, sino que las encuentran y deciden subirse a ellas. Ésta no siempre es una decisión fácil,

1. Steven Paul Jobs, conocido como Steve Jobs (1955-2011). Empresario visionario del sector de la informática y la industria de los ordenadores. Fundó Apple en 1976 junto con un amigo de la adolescencia, Steve Wozniak, y con ayuda del excompañero de Jobs en Atari, Ronald Wayne, en el garaje de su casa. Debido al éxito de la Apple II, Jobs obtuvo una gran relevancia pública, siendo portada de la revista *Time* en 1982. Tenía veintiséis años y ya era millonario gracias a la salida a bolsa de Apple el año anterior.

porque, como saben los surfistas, cada ola implica riesgos importantes y un simple resbalón puede resultar mortal. En la consecución del éxito, por lo tanto, es importante estar preparado, pero sobre todo es fundamental ser conscientes de que somos insignificantes frente a las olas, que son lo verdaderamente importante. Una vez aceptada esta realidad, debemos identificar las olas y observar sus características para poder surfearlas.

Para lograr surfear las olas, resulta fundamental contar con un equipo completamente fiable, porque detrás de cada persona que el éxito hace visible, hay muchas otras que nadie conoce. Como somos la sociedad del ego, estamos obligados a personificar el éxito en un solo individuo. De este modo, perdemos de vista las personas que están detrás de cualquier proyecto, y que son fundamentales. Por eso, creo que es más importante un equipo que te apoye que tener una técnica muy depurada. En mi caso, tengo la oportunidad de montar proyectos muy diversos, y algunos de gran complejidad técnica, sólo porque cuento con un equipo de científicos que siempre me apoyan. Yo no tengo que preocuparme por cómo consigo gas de un alga, porque mi equipo ya sabe cómo hacerlo. Como dijo el filósofo y físico austriaco Fritjof Capra,[2] es fundamental la telaraña de la vida que construyes a tu alrededor. Necesitas esta telaraña, formada por tus conexiones con mucha gente y muchos territorios, porque te permite llegar a dónde tú solo nunca llegarías.

## El éxito debe ser integral

Sólo podemos hablar de éxito cuando éste se traduce en felicidad. ¿De qué sirve obtener un éxito en el ámbito profesional si consideras que has fracasado con tu familia? Por eso, es fundamental pensar en un éxito inte-

2. Fritjof Capra (1939). Físico austríaco. Ha trabajado como investigador en física subatómica en la Universidad de París, en la Universidad de California (UC) en Santa Cruz, en el Acelerador Lineal de Londres y en el Laboratorio Lawrence Berkeley. Además de sus actividades de investigación y enseñanza, Capra también ha estudiado las consecuencias filosóficas y sociales de la ciencia moderna.

gral y no olvidar que el gran don del éxito es la oportunidad de compartirlo con otras personas. Hay que pensar en el éxito como una luz que puedes compartir con los otros hasta el punto de que, aunque tú te quedes sin luz, los otros puedan disfrutarla. Y eso, por extraño que parezca, te da felicidad. La clave es comprender que la condición previa para el éxito es el amor. No existe éxito alguno sin amor. El amor es muy amplio, y puede ser a tu fe, a tu mujer, a tus hijos..., pero, en cualquier caso, lo afectivo es fundamental, porque el éxito no puede compartimentarse en departamentos estancos. Ha de ser integral y debe compartirse.

Por otro lado, hay que ser exigente. Me encuentro con personas que me dicen que es un éxito increíble el hecho de que 5000 empresas estén haciendo hongos con los restos del café, pero, en cambio, para mí es un fracaso. ¡Deberían ser un millón! No hay que olvidar el objetivo de nuestro proyecto ni olvidarse de cuantificarlo. Alguien puede considerar un éxito un número como 5000, pero tú sabes que apenas estás empezando a tener un impacto en la sociedad y, por lo tanto, no puedes darte por satisfecho. En este caso, el éxito no es el proyecto que hemos realizado con café y hongos, sino el camino que te lleva a que haya un millón de empresas que lo usen. Sólo cuando puedes ver, gracias a las estadísticas, que existe un impacto en la sociedad, puedes hablar de éxito.

Otro de los problemas es que nuestra sociedad ha simplificado el éxito y confundimos los pasos intermedios que damos a lo largo del camino con la meta final, que sí es el éxito. Somos demasiado generosos y hemos devaluado el concepto del éxito. Un paso adelante no es ningún éxito, sino sólo una prueba de perseverancia, pero debes tener la claridad necesaria para saber a dónde puedes llegar. La claridad no es emocional, sino cuantificable. Si existe un potencial de un millón de empresas, no puedo estar contento con 5000. Por eso, tengo claro que hay que ir más allá. Esto puede ser más duro y, por eso, no llegarás si vas solo, sino que debes contar con un equipo.

## El éxito consiste en dejar espacio

Cuando obtengamos el éxito y lleguemos al millón, espero que el mundo me haya olvidado, porque ése es el verdadero éxito. La deflación de la luz, hasta el punto de quedarte sin luz, es muy importante, porque implica que todo el mundo sigue la ola que tú has identificado. El éxito es la ola y olvidar eso implica no ser generoso, sino egoísta. Y es que no busco el éxito, sino la felicidad, y sé que para tener un alto nivel de felicidad, los otros también deben tenerla.

Para otros, el éxito es la visibilidad que te da aparecer en la revista *Time*, pero de los 204 proyectos que he realizado en ninguno aparece mi nombre, porque hago todo lo posible para no figurar. Es muy importante dejar espacio a los otros. Sé que soy una persona con un carácter muy fuerte, muy claro, y si me presento yo, no dejo a los otros espacio para crecer. Y si esto ocurre, no consigo ni la felicidad ni el éxito. Esto forma parte de la lógica de incorporar a más gente en la ola. No se trata de ser el campeón mundial de surf, sino de identificar la ola y asegurarse de que todos adquieran la capacidad de surfear.

En nuestra sociedad, pensamos que las personas que ocupan mucho espacio son muy exitosas, pero es al contrario. Si ocupas mucho espacio no dejas crecer a los otros. Así que, cuando me piden aparecer, les explico que es necesario que yo sea invisible. Quienes tienen que saberlo ya lo saben y para mí es suficiente. Así, generamos gente capaz de liderar proyectos y es más fácil cambiar el mundo. Eso es lo que me hace feliz.

## El fracaso

He visto a mucha gente que convierte el éxito en ego y, en ese momento, ya están fracasando. Todos conocemos casos de personas que tenían un ego demasiado grande después de haber logrado un éxito y perdieron la felicidad. En su búsqueda equivocada por reencontrar esa felicidad, la buscaron en falsas alternativas, con objetivos engañosos, como la droga, la codicia, la lujuria, el dinero por el dinero, y con ello se alejaron cada vez más del sentido de plenitud y propia realización y, en definitiva, de la felicidad. Por eso es tan importante que aprendamos desde jóvenes cómo trascender el éxito y no convertirlo en un ego que te va hacer infeliz el resto de tu vida. Veo a mucha gente a quienes el éxito les ha llevado a un ego autodestructivo y también he conocido a muchos otros a quienes el éxito del otro les ha llevado a generar celos y envidias que les han convertido en sujetos atormentados, dependientes de los demás, siempre angustiados y muy infelices. Esto es lo más estúpido que te puede pasar, porque entonces esa persona pierde todas sus capacidades, todos sus dones. Por el contrario, agradezco a los colaboradores que cuestionan mis acciones, o que incluso se sienten celosos de ellas, porque así me motivan a mantener el perfil más bajo posible, puesto que no quiero que los otros se sientan mal o limitados por mis acciones. Es importante dejar espacio al otro para que se encuentre a sí mismo y no trate de copiarte, porque cada uno debe encontrar su manera de ser. Si dejas espacio, además, amplías tu mundo y tu capacidad de crecer.

Para mí, el verdadero fracaso es cuando te niegas a aprender las razones por las que un determinado proyecto no ha funcionado. Entonces, no es que tengas un fracaso, sino que tú mismo te has convertido en un fracaso. Porque el único fracaso es negarse a aprender. Por eso, cuando alguien me pregunta cuáles han sido mis mayores fracasos, siempre contesto que no he tenido ninguno. Si algo no ha funcionado, pienso que estoy en el camino de rectificar y conseguirlo, porque todavía estoy aprendiendo. Por ejemplo, no hubiera tenido tanto éxito sin el gran fracaso que supuso la Exposición Mundial del año 2000 en Alemania. Generó un coste importante de varios millones de euros y tuve que recuperarlo con mi trabajo, pero eso no fue un fracaso, sino un problema. En Alemania pasaron 6,4 millones de personas por mi pabellón, pero no conseguí ningún proyecto en ese país. De modo que supe que no podía hacer lo que había hecho hasta entonces, sino que debía identificar las «nuevas olas», porque mi error había sido el no reconocer que mi organización necesitaba un cambio de estructura y de forma de operar. En ese momento, comprendí que no podíamos seguir trabajando de la misma manera y decidí cambiar la estrategia. Dejamos de ser una organización centralizada en Ginebra y construimos unas oficinas muy descentralizadas, hasta el punto de que actualmente mantenemos treinta y ocho *Organizaciones de Economía Azul*, y no figuro en ningún consejo. No estoy por encima de los líderes de estas organizaciones, sino que son ellos quienes lideran los proyectos. Dejo espacio.

## Clave del éxito. Los mentores

A los jóvenes les diría que lo fundamental es conseguir mentores. Ésta es una figura que hemos dejado perder y debemos recuperar, porque en el crecimiento de cualquier persona, es fundamental tener a alguien que te oriente y te ayude, pero sobre todo que sea capaz de criticarte. Alguien que te diga: «¿Piensas que esto es un éxito? Esto no es nada. Te conozco y sé que tu potencial es mucho mayor». Cuando tienes a una persona que te hace sentir así y que te transmite esa confianza, la perseverancia llega por sí misma. Podríamos decir que todo nace con el amor de una madre hacia su hijo. Si uno no ha tenido este tipo de amor, tendrá más dificultades en la vida, pero las podrá superar si consigue mentores. En mi caso, he tenido la suerte de tener dos mentores excepcionales, como fueron Eli Wiesel[3] y Aurelio Peccei.[4]

Superviviente de Auschwitz, Eli fue premio Nobel de la Paz y autor del libro *La trilogía de la noche*. Estuvimos veinte años juntos y organicé la traducción de su obra al chino y al japonés, así como las grandes conferencias que hizo por todo el mundo. Entonces yo tenía otros intereses,

3. Elie Wiesel (1928-2016). Escritor húngaro, nacionalizado estadounidense, superviviente de los campos de concentración de Auschwitz y Buchenwald. Dedicó toda su vida a escribir y a hablar sobre los horrores del Holocausto. Recibió el Premio Nobel de la Paz en 1986.

4. Aurelio Peccei (1908-1984). Emprendedor italiano. Fue gerente de Fiat y participó en la Resistencia italiana. En 1968 fue cofundador del Club de Roma, junto con Alexander King. Estuvo personalmente involucrado en el proceso de reconstrucción de Italia. En 1949 se trasladó a América Latina en representación de Fiat. A lo largo de su vida, dedicó grandes esfuerzos a favor de la sostenibilidad medioambiental y social del mundo, y publicó varios libros sobre este tema.

pero él me hizo ver la importancia de la ética y me introdujo en conceptos y realidades como la pobreza, la interdependencia de los sistemas económicos, políticos y sociales a nivel internacional y la interconexión del mundo como un todo integrado. Ahora entiendo la importancia de la ética y de la fe, pero no lo tuve claro hasta los treinta y siete o treinta y ocho años. Yo me había formado en los Jesuitas, pero no fue hasta que conocí a Eli Wiesel cuando se me abrió ese nuevo mundo de obligada solidaridad con los demás y con la Madre Tierra y de interconexión entre todos los que poblamos el planeta azul.

La otra persona fundamental en mi vida ha sido Aurelio Peccei, emprendedor, humanista, empresario, filántropo y cofundador del Club de Roma, junto con Alexander King.[5] En mi juventud, cuando fui escogido como líder de los estudiantes, me dijo que ése no era mi lugar porque lo tenía todo para ser un gran emprendedor. No sólo me dio esa confianza interior, sino que además me ayudó en muchos aspectos prácticos. Cuando en 1980, con sólo veinticuatro años, hice mi primer viaje a Japón, Aurelio no me dijo que me ayudaría a hacer negocios en ese país, pero hoy en día sé que su presencia fue fundamental para ganarme una credibilidad sin la cual no hubiera conseguido mis primeros contratos en el país del sol naciente. Esa modestia de quién te ayuda sin decir que lo ha hecho era propia de Aurelio. También me ayudó cuando en 1980 viajé a Moscú, coincidiendo con el boicot americano a la Unión Soviética. Como no comprendía bien la postura del presidente Reagan, quise ir al país, como líder estudiantil, y ver por mí mismo cómo era la Unión Soviética. Sin decirme nada, también en esta ocasión, Aurelio remitió algunos mensajes a Moscú e hizo varias gestiones, de manera que cuando llegué al aeropuerto, fui recibido por un coche que me llevó al hotel y, a través de conocidos de Aurelio, pude

5. Alexander King (1909-2007). Químico escocés. Cofundador del Club de Roma en 1968 junto con Aurelio Peccei. Fue pionero del movimiento de desarrollo sostenible y expresó sus preocupaciones sobre la sostenibilidad de un crecimiento económico sin limitaciones. Fue director general de Asuntos Científicos de la Organización para la Cooperación y el Desarrollo Económico (OCDE).

entrevistarme con el científico ruso Jermen Gvishiani[6] y con el entonces embajador español en Moscú, Juan Antonio Samaranch. Años después supe que Aurelio facilitó esas y otras muchas relaciones que desarrollé en Rusia y en otros países.

A modo de resumen, pues, para mí el éxito exige la confluencia de varias causas, como son el saber identificar las olas que moverán al mundo, la exigencia con uno mismo, la generosidad de dejar espacio para los demás, la renuncia al ego autodestructivo, el haber sido capaz de tejer una red de mentores con quienes compartir tus aspiraciones y estar abierto a aprender cada día y en todo lo que haces.

---

6. Jermen Gvishiani (1928-2003). Científico y académico ruso. Miembro del Comité Asesor de las Naciones Unidas sobre la Aplicación de la Ciencia y la Tecnología en el Desarrollo y presidente del Consejo Científico sobre Problemas de la Revolución Científica y Tecnológica de Rusia.

# Antonio Valero

Al pensar en Antonio Valero, me vienen a la mente atributos como éstos: honestidad, valentía y esperanza. Antonio es todo eso y mucho más. Cuando le conocí por primera vez, en una de sus incontables conferencias, quedé fascinado por su espectacular conocimiento y la claridad con que explicaba conceptos de física básica y las leyes de la termodinámica. En esa conferencia, Antonio resumió la extraordinaria obra que había escrito con su hija Alicia, titulada *Thanatia: El destino de los recursos minerales de la Tierra*. Qué orgullo y que satisfacción para un padre haber culminado una obra de referencia internacional tan impresionante como dicho libro.

Antonio explicaba que, según su extenso estudio, la sostenibilidad futura del planeta estaba fundamentada en las leyes de la termodinámica y en la aplicación del segundo principio, según el cual, la evidencia nos dice que todo irá a peor y que el crecimiento de la entropía constata que no hace más que aumentar la degradación de nuestro planeta.

Alicia y Antonio no hacen sino advertir que quizás sólo podamos reducir esa degradación de los recursos naturales pero no pararla, de manera que podríamos llegar a la muerte de nuestra civilización en la Tierra, en términos termodinámicos. Y ese nuestro planeta muerto es el que lo denominan Thanatia.

Además, Antonio me llamó mucho la atención, puesto que fue la primera persona a quien le oí vincular la economía y la termodinámica con todo el rigor analítico-científico que caracterizan a los hombres de ciencias físicas y cuyo lenguaje de trabajo son las matemáticas. En su conferencia, también analizó la crisis iniciada en 2007, con la quiebra de Lehman Brothers, y la llegó a tipificar como una crisis de civilización más que estrictamente económica.

A pesar de su certero análisis de la gravedad del momento que parece abocarnos hacia Thanatia, Antonio es un hombre con una sólida confianza en las personas y en los jóvenes en especial, lo que le lleva a formular propuestas económicas alternativas, como la economía espiral, más allá de la hoy llamada economía circular. Estas alternativas, siendo consistentes con el principio de que todo se degrada tarde o temprano, centran el desarrollo social y la esperanza del futuro del planeta en reciclar muchas veces los materiales de la creación para evitar su sobreexplotación, la contaminación y la destrucción de la biodiversidad. Lamentablemente, según Antonio, «hoy no nos autosatisfacemos, a pesar de que hayamos empezado a reciclar nuestros residuos. La gran obra de la humanidad, que apenas hemos iniciado, será el diseño y la producción de todos los equipos que utilizamos para que duren y sean reciclables muchas veces. En un planeta finito, algún día el ser humano deberá vivir de sus residuos en vez de malvivir en ellos».

Pero Antonio es un hombre lleno de vida y repleto de esperanza que también cree que podemos enderezar la economía, la política y la sociedad para aprender de la naturaleza, reciclando los recursos no renovables y viviendo cuidadosamente sobre la faz de la Tierra, de manera que nuestros descendientes sigan gozando de *Gaia* o un planeta vivo y que se opone a su propia destrucción.[1]

Antonio Valero es catedrático de ingeniería energética, es autor o coautor de más de 20 libros y más de 180 artículos sobre el agotamiento de materiales, la conservación de la energía, las leyes de la termodinámica y sus implicaciones para la sostenibilidad, el valor del capital material, la reconversión de procesos industriales, el reciclaje de los materiales raros, etc. Entre sus realizaciones más destacadas cabe señalar la creación en 1994 de la Fundación CIRCE (Centro de Investigación de Recursos y Consumos Energéticos), que con 150 ingenieros y científicos, se ocupa de investigar el futuro de la energía escrutando oportunidades y amenazas, y desarrollando conocimientos útiles a los problemas sociales y a la sostenibilidad ambiental. Desde 2009 es director del Instituto Mixto de Investigación CIRCE entre la Universidad de Zaragoza y la Fundación CIRCE. En la web del Instituto, Antonio señala:

«Vivimos en un planeta finito con deseos infinitos. Estamos abocados al colapso si seguimos así. La ética es tan importante como la tecnología. Trabajar para la sostenibilidad de esta pequeña nave espacial que llamamos planeta Tierra no es una moda sino una necesidad urgente».

Por esta razón, CIRCE no sólo se preocupa de investigar, sino también de promover valores.

Antonio Valero, como miembro muy activo del Club de Roma Internacional, también juega un papel fundamental, aportando ciencia, inteligencia, rigor y visión de futuro. Y todo ello, combinado con unos profundos valores arraigados a su personalidad amable y generosa.

En los últimos años he coincido con Antonio en múltiples reuniones y conferencias en diferentes ciudades como Zaragoza, Barcelona, Madrid, Winterthur, Berlín o Viena. En muchos de estos encuentros, he tenido el placer de almorzar o cenar con él, e incluso, en ocasiones, como en Viena,

1. Terminología utilizada por los autores James Lovelock y Lyn Margulis. Gaia es el nombre que le dieron James Lovelock y Lynn Margulis a este planeta que se comporta como un organismo vivo alejado del colapso gracias a la interacción milenaria de los seres vivos entre sí y con su entorno, logrando preservar lo que hoy es la Tierra. Si el ser humano destruye esa gran obra colectiva, devendrá en Thanatia o destrucción de la Tierra.

hemos llevado a cabo largas caminatas por la ciudad, disfrutando del lugar y del momento.

Conociendo, por tanto, a Antonio Valero y habiendo compartido con él experiencias tan enriquecedoras y proyectos tan relevantes como los que lleva a cabo, no es de extrañar que le considere una persona ejemplar y una referencia para todos, motivo por el cual le invité a participar en este libro. Es Antonio, pues, quien a continuación expresa en primera persona sus pensamientos y reflexiones fruto de nuestras conversaciones.

## El placer de crear

A los treinta y cuatro años era ya catedrático en la Universidad de Zaragoza y un año más tarde me fui a los Estados Unidos para hablar de mi teoría general del ahorro de energía. En aquel año, 1986, los norteamericanos eran reacios a poner interruptores de luz en muchas oficinas, porque consideraban que la luz era seguridad y, por lo tanto, no había que apagarlas nunca. Cuando presenté mi teoría, me otorgaron el primer Premio Edward F. Obert de la Asociación Americana de Ingenieros Mecánicos. A mí me sorprendió mucho, porque no era nadie, pero aproveché aquella oportunidad. A mi regreso a España, pude hablar con el presidente de Endesa y exponerle mi idea de crear un centro de investigación que implicara tanto a la empresa como a la universidad y también al Gobierno de Aragón. Para mí era fundamental que estos tres ámbitos colaboraran porque los investigadores tenemos una profunda responsabilidad con la sociedad y no podemos vivir apartados de nuestro mundo. Tuve la suerte de poder montar este centro. Además de mi contribución a lo que se conoce como termoeconomía y que une las disciplinas de la termodinámica y la economía, desarrollé la unión entre el segundo principio de la termodinámica (esencialmente dice que todo evoluciona hasta que alcanza la máxima degradación compatible con su entorno) con la ecología y el cuidado del planeta. Se trata de ver nuestro planeta como un pequeño asteroide de una galaxia que es insignificante en el conjunto del universo y dar el mensaje de que debemos cuidarlo. La física nos dice que tarde o temprano la Tierra agotará sus recursos y, llegado ese momento, no será posible la vida humana. Por eso, debemos cuidar los recursos y otorgarles un valor que, desgraciadamente, la economía no les da. Tengo la impresión de que no he hecho otra cosa que trabajar, pero me lo he pasado muy bien, porque todo lo que he hecho ha sido por el placer de crear.

## Nunca he buscado el éxito

El éxito ha venido solo, porque desde luego yo no lo he buscado. Simplemente he escrito sobre aquellas cosas que consideraba importantes y sobre las que quería reflexionar tratando de ser útil a la humanidad. Las reflexiones que uno hace le llevan a estudiar, contrastar y aprender de los demás, y eso le da a uno un conocimiento que le lleva a preguntarse qué debe hacer para mejorar la sociedad. Si la respuesta a esta pregunta es formar a la gente (para mí lo es, desde luego), entonces hay que crear sistemas de estudio y conocimiento que organicen la mente de las personas. Para ello son necesarios institutos de investigación. Eso es lo que pude hacer con CIRCE. Desde esta institución, he tenido la oportunidad de contribuir a que mis alumnos crezcan y los he ayudado con ideas, con empujones mentales que los iluminan. Nunca he separado la creación científica de la docencia y la investigación.

Además de mi labor docente, he creado dos teorías que han tenido un impacto en la sociedad y están ayudando a la gente: la teoría del ahorro de energía, o termoeconomía, y la teoría Thanatia, siempre con mis colaboradores. Esto me da una enorme satisfacción, pero no he sido una persona ambiciosa ni nunca me he puesto delante de nadie. Para mí, lo fundamental son las ideas, vengan de quien vengan. Sí es cierto que aunque yo me veo como una persona normal y corriente que se ha dedicado a estudiar y a reflexionar, hay gente que me ve como una persona de éxito. Ante esto, sólo puedo decir que he tenido una fuerza interior que me ha permitido que estas ideas no se quedaran sólo en palabras escritas, sino que se han traducido en aplicaciones prácticas.

Una de las consecuencias de este poner en práctica mis ideas son los alumnos que he tenido y que ahora forman la comunidad CIRCE, que se extiende en más de cincuenta y cinco países. Entre ellos, hay varios ministros, directores generales de empresas multinacionales o rectores de universidades. Esto me hace especial ilusión, porque soy profesor de profesores. Sin haberlo buscado, a estas personas les toqué el alma y luego se han acordado de mí y me han invitado a ir a dar conferencias, me citan o me recomiendan para que asesore a Gobiernos. Durante el primer Gobierno de José Luis Rodríguez Zapatero, en 2004, por ejemplo, me propusieron ser el director del primer Instituto de Cambio Climático de España, que había de hacerse para la Expo de Zaragoza en 2008 y que no llegó a término por razones puramente políticas. No le doy más importancia al éxito que supone que cuenten contigo, como tampoco lo vivo como un fracaso si luego el proyecto no se materializa por causas que no dependen de mí. Para mí, algo tiene todo el valor si simplemente me ayuda a mejorar. También representé a España en el 7.º Programa Marco de la Comunidad Europea en temas de energía desde 2005 hasta 2009 y lo viví como la oportunidad de echar una mano a mí país. Sin embargo, no considero que forme parte de mi CV, en el cual sólo incluyo aquello que está en relación con mi creación científica e intelectual, como, por ejemplo, CIRCE.

## Escribo para generaciones futuras

No he escrito nunca buscando que alguien me reconozca, sino que escribo para que mi trabajo sobreviva al futuro. Escribo para las generaciones futuras, no para que la gente lo entienda de inmediato. Si no me entienden ahora, ¡ya me entenderán en el futuro! Cuando escribo –así como cuando comparto ideas y formulaciones con mis colegas–, se difuminan las fronteras entre disciplinas y puedo explorar la relación de la termodinámica con la economía, la sociología o la ética. Para mí es fundamental mantener una posición ética, porque, como científico, llegas a determinados límites del conocimiento y tienes que ir más allá. Hace poco hablábamos de la idea de la economía circular, que yo he descartado por insuficiente, porque la economía, según el segundo principio de la termodinámica, no puede cerrar ciclos. Por eso, entiendo que la economía debe ser espiral, pero también *inspiral*, puesto que tiene que inspirar a científicos y empresarios. Nuestra sociedad debe fundamentarse en una economía en la que los materiales de la naturaleza sean los más valorados y los reutilicemos, porque tenemos que cuidar este planeta que pensamos que es enorme, pero en realidad es muy pequeño.

## Profesional del fracaso

Un científico está acostumbrado a fracasar. Somos profesionales del fracaso, de hecho, porque continuamente vemos nuestros sueños frustrados. La mayor parte de nuestros intentos se asocian a un fracaso, pero, de vez en cuando, las cosas salen bien. Si trabajas mucho, parece que hayas acertado más, pero sólo lo has intentado más veces. Cuando llega un fracaso, no puedes hacer otra cosa que levantarte y seguir, porque la próxima vez quizás saldrá bien. Las decepciones no vienen de esta dinámica, sino de personas en las que habías creído y que no han estado a tu altura. A veces he pensado que podía exigirles a los demás lo mismo que me exijo a mí mismo, pero he descubierto que no es así.

Hay otro tema relacionado con el éxito y el fracaso. En física decimos que en un sistema viscoso, cuanta más velocidad alcanzas, más te frena el sistema. Desgraciadamente, cuando te dedicas a la creación científica, o a cualquier otro tipo de actividad creativa, despiertas envidias en individuos que te ponen zancadillas y que, en ocasiones, si tuvieran la oportunidad, te destruirían. Cuando pasa esto, tienes que buscar una alternativa y seguir adelante. Por desgracia, la envidia, uno de los pecados capitales, es especialmente perniciosa en España. Me doy cuenta de que la mediocridad está en todas partes y tienes que luchar contra este sistema viscoso que cuanto más avanzas, con más fuerza se te opone. Afortunadamente, sin embargo, he obtenido un reconocimiento importante y me he tomado esas zancadillas como parte del camino. Como tituló Pablo Neruda[2] en sus memorias, yo también *confieso que he vivido*.

Me acuerdo de quienes me han ayudado y me olvido de quienes me han perjudicado. He tenido la suerte de contar con grandes profesores, a quienes tengo por maestros. Cuando he tenido que tomar decisiones en la vida, me he preguntado qué hubieran hecho mis maestros, y siempre me han ayudado mucho. Cuando ya era catedrático, iba a visitar a mi maestro, Rafael Usón, y me sentía como Sancho yendo a Quijote para que le diera consejos para gobernar la isla de Barataria. Sus consejos fueron tan importantes que los tengo enmarcados en mi despacho. Muchas veces los he utilizado para ayudar a mis alumnos o a mis amigos.

Mis maestros también me aconsejaron tratar de conseguir una plaza o una beca, porque sabían que era interesante para mí. Y ésa ha sido mi suerte. Hoy en día, hay gente joven muy válida a la que no le estamos dando la oportunidad para dar lo mucho que tienen. Por el contrario, yo tuve la oportunidad de desarrollarme y es algo que agradezco muchísimo a las muchas personas que me han ayudado a encontrar y forjar un camino de realización y progreso personal y profesional. No olvido a las personas que me dieron este tipo de oportunidades. Si la cátedra que yo ocupé con treinta y cuatro años no hubiera quedado libre, ¿qué hubiera sido de mi vida? No lo sé. Sé que en la vida hay oportunidades que hay que coger y, más que la suerte, la inspiración ha de encontrarte trabajando. La suerte, por lo tanto, ha de pillarte siempre muy ocupado.

---

2. Pablo Neruda (1904-1973). Poeta y político chileno. Está considerado entre los escritores más influyentes del siglo XX y se le otorgó el Premio Nobel de Literatura en 1971. Además, fue senador de la república chilena, miembro del Comité Central del Partido Comunista, precandidato a la presidencia de su país y embajador en Francia.

## Una familia transparente

En mi carrera ha sido fundamental el papel de mi familia. Una familia estable es transparente. Como no te generan problemas, casi te olvidas de que existen, pero cuando uno reflexiona sobre ello, se da cuenta de que gracias a la familia que ha tenido, ha podido ser quien es. Si no hubiera tenido una mujer como la que he tenido, que me ha dado libertad para dedicarme al trabajo domingos, festivos y vacaciones, no hubiera podido conseguir todo lo que he logrado. Además, he tenido la suerte de trabajar con mi hija, con quienes hoy somos colegas y nos entendemos muy bien. Somos capaces de intercambiar ideas con la tranquilidad de saber que no hay otro interés que el de crear ciencia. No hay intereses económicos ni búsqueda de protagonismo, sino que ambos pensamos que cuando uno crea ciencia, no lo hace buscando el aplauso. El trabajo que he hecho, solo o en colaboración con mi hija u otras personas, siempre ha buscado el objetivo de la verdad, independientemente de qué opina cada persona según sus propios intereses o puntos de vista.

También he de decir que esta dedicación al trabajo la aprendí de mi padre, de manera que para mí siempre ha sido algo natural. Cuando tenía unos doce años, la empresa de mi padre quebró y, como empresario, se quedó en el paro. Entonces tenía seis hijos y mi madre estaba en cama por una enfermedad de corazón muy seria. No tenía ingresos de ningún tipo y, gracias a la ayuda de sus hermanos, pudo salir adelante en los primeros momentos. En esas circunstancias, sus hermanos le dijeron que yo debía ponerme a trabajar, pero mi padre decidió que debía seguir estudiando. Cuando eres un niño quizás no te das cuenta de una decisión como ésta, pero cuando pasan los años, descubres que te ha marcado y que se ha convertido en una referencia en tu vida. Mi padre siempre me decía que siguiera mi estrella lejana y nunca he dejado de hacerlo. Cuando les pregunto a mis alumnos qué quieren ser cuando sean mayores, me contestan que no lo saben, y yo les confieso que yo tampoco. Me queda toda mi vida por delante y no dejo de mirar hacia el horizonte, a mi estrella lejana.

## Jóvenes globales e integrales

A lo jóvenes les recomiendo que tengan un pensamiento no sólo global, sino también integral. Todos somos seres humanos y el mayor recurso de este planeta es el cerebro humano, que tiene una complejidad como no existe en el universo. Cuando alguien me pregunta si estoy a favor del aborto, por ejemplo, de una señora con cinco hijos y un marido borracho, mi respuesta siempre es: «¿Usted hubiera matado a Beethoven?». A pesar de ello, respeto a quien opine o matice otros puntos de vista. Todo ser humano es un recurso natural de una extraordinaria potencia, al que le debemos ofrecer educación y formación. A su vez, hay que tener en cuenta que esta educación lo ha de convertir en un ciudadano del mundo y no en un especialista. Cualquier problema es multifacético y uno debe aprender a localizar y relacionar el conocimiento propio con el de los demás para crear una visión más completa de la sociedad y el futuro. Uno tiene que trabajar, porque la economía es necesaria, pero insuficiente; también hay que pensar en la sociedad actual y del futuro, en el planeta actual y del futuro. Y estas tres cosas (economía, sociedad y planeta) no se pueden separar.

Los jóvenes deben desarrollarse íntegramente para dar todo lo que puedan. Ojalá todo los jóvenes tuvieran una formación y una ética suficientemente elevadas para hacer lo posible y lo imposible para salvar este planeta. Ésta es mi idea, mi idea lejana. Y éste es el mensaje que he transmitido a mis alumnos. Ver las cosas desde una perspectiva amplia y ser ciudadanos del mundo. Cuando vas a cualquier lugar, te das cuenta de que las personas somos todos iguales. ¡Qué suerte! Es una suerte que todos seamos *Homo sapiens* (si no, ya habríamos esclavizado a los neandertales, hábilis, denisovanos, etc.), pero tenemos que poner todos los cerebros a pensar. Hay que dar oportunidades a la gente joven y, más que oportunidades, pensamientos positivos, pensamientos de creación, tratar de ser útiles a la humanidad, porque si no, destruiremos nuestro planeta azul en muy poco tiempo.

## La amenaza del segundo principio de la termodinámica

La única forma de resolver los problemas es que trabajemos duro, pero hay momentos en que me siento pesimista y, sobre todo, no me considero tecnooptimista. Las personas que se dedican a la economía sólo se acercan a la tecnología del lado de los éxitos y tienden a pensar que los modelos y las formulaciones económicas lo resolverán todo. Cuando uno está desarrollando la tecnología, en cambio, percibe los límites de la tecnología y de sus recursos. La única manera de que los recursos no sean limitantes es desarrollar nuevas tecnologías que, desgraciadamente, todavía no se están implantando. Mi pesimismo, por lo tanto, proviene del hecho de que tenemos que formar personas y responsabilizarlas para que lideren el planeta, pero las fuerzas negativas de los intereses, las envidias y los pequeños egoísmos pueden destruirnos. Empédocles,[3] que fue un filósofo en Agrigento (Sicilia), decía que hay dos fuerzas: la concordia y la discordia. Desgraciadamente, pienso que a largo plazo, la discordia es el segundo principio de la termodinámica. Cada vez vamos a ir a peor. La única manera de evitar que vayamos a peor es tratar hacer que los ciudadanos, los gobernantes, los políticos, los empresarios y todas las personas aumenten su ética, que vean el planeta como algo suyo y que tenemos que preservar entre todos, que desaparezcan las fronteras, los pequeños intereses, que las cosas se integren en lugar de fragmentarse. Creo en esos valores, pero no estoy seguro de ser optimista, al menos en el sentido de los políticos y economistas. Tengo que agitar el árbol de la ciencia para la gente joven y eso es lo que intento hacer todos los días. A veces resulta difícil, pero si no lo hago, ¿qué pasara? No puedo transmitirles pesimismo, sino esperanza, pero me temo que a largo plazo, estamos luchando contra el segundo principio de la termodinámica, es decir, contra la irreversibilidad y la entropía.

---

3. Empédocles (siglo v a. C.). Filósofo y político griego. Se interesó por el pensamiento de Parménides. Creía que nada puede originarse de la «nada», que lo que existe no puede desaparecer y que la realidad era una e inmóvil. Formuló su propia *Divito* (Sphairos), en la que todo estaba mezclado en armonía.

# Javier González Fraga

A finales de 2017, llegué a Buenos Aires para encontrarme por primera vez con Javier González Fraga. Algo en aquella tarde de verano austral me indicaba que estaba a punto de conocer a una persona muy excepcional.

Antes de oscurecer, salí de mi hotel para pasear por la conocida calle Florida. Rebosante de vida, repleta de tiendas con mucho colorido y vitalidad, y con vendedores sagaces en cada esquina, e incluso con una pareja de bailadores de tango regalando un glorioso baile a los transeúntes que se paraban a disfrutar del espectáculo. La calle Florida era una delicia para los sentidos. Para mí, además, esta ruta me traía recuerdos muy especiales. Mientras admiraba las fachadas de los edificios que flanqueaban la concurrida calle, intenté identificar el hotel donde nos habíamos hospedado hacía veinticinco años con Josep Lluís, Carles y demás amigos de Granollers, en nuestra primera parada de la aventura que nos llevaría a ascender al techo de los Andes, el Monte Aconcagua. El día 3 de enero de 1989 quedaría grabado en nuestras memorias para siempre. Fueron aquellos momentos en que, acompañados por nuestro guía argentino Gabriel, pisamos la cima de la montaña más alta del hemisferio sur. No pude dejar de revivir aquellos años de radiante juventud con mis estimados amigos, con quienes a menudo decidíamos embarcarnos en aventuras, a veces incluso un tanto temerarias.

Tras recorrer la calle entera buscando aquel hotel, me di por vencido. En ese lugar ya no había ningún edificio que se pareciera al inmueble donde nos habíamos alojado tantos años atrás. En vez de provocarme melancolía, sin embargo, sentí una gran satisfacción con la transformación que había experimentado este boulevard, al igual que había sucedido con mi vida. Seguí caminando lentamente, llenándome de la realidad del momento, y mi pensamiento recorrió a la velocidad de la luz todos estos años transcurridos. Cuando viajé por primera vez a Argentina, yo vivía en Queens, Nueva York. Mi hija Núria justo tenía tres años y Elisabet aún no había nacido; de hecho, Maria Carme daría a luz seis meses después de mi viaje. En Nueva York, me preparaba para el ascenso al Aconcagua saliendo muy temprano por las mañanas a correr por las calles de Jackson Heights. Paraba en un parque cerca de casa y aprovechaba para realizar ejercicios de fuerza mientras admiraba el perfil de Manhattan. Desde niño había soñado con ver el famoso *skyline* y ahora que lo tenía delante, a escasos kilómetros de casa, me sentía profundamente feliz.

Y veinticinco años más tarde, me encontraba en la radiante ciudad de Buenos Aires, pensando en cómo Núria y Elisabet, ya mayores y viviendo en Nueva York y San Francisco respectivamente, y empezando a formar sus propias familias, eran la expresión del mayor orgullo y satisfacción que pueden tener unos padres.

Así fue que en ese caminar por el centro de Buenos Aires, me invadió una sensación de felicidad tranquila por ser tan afortunado de poder estar ahí, recordando y valorando capítulos de una vida apasionante que me ha permitido viajar a países lejanos y a conocer a personas extraordinarias, como Javier González Fraga, con quien estaba a punto de reunirme por primera vez.

A la mañana siguiente acudí a la sede del Banco de la Nación Argentina, en la plaza de Mayo, a escasos metros de la Casa Rosada. Con gran amabilidad, fui acompañado al despacho de Javier, integrado en un emblemático edificio con carácter imperial, pero de igual forma regio y sereno. Esta ubicación está llena de historia. Ahí se inauguró en 1857 la primera sede del teatro Colón, que luego se incendió parcialmente, y en 1891 se convirtió en la sede del Banco de la Nación. Durante las décadas de los años cuarenta y cincuenta se construyó el majestuoso edificio actual, de estilo neoclásico y que ocupa toda la manzana.

Me encontré con Javier en su despacho e iniciamos una cordial conversación que nos permitió adquirir un primer conocimiento mutuo. Poco después de iniciar nuestro diálogo, ya sentí cómo desarrollábamos una fuerte empatía. Me atrajo su cercanía y amabilidad, unida a un sólido conocimiento de economía y a una firme voluntad de mantener siempre al banco que presidía al servicio de las personas y las empresas de su país, en especial los emprendedores y las micro y pequeñas empresas. Me sentí además muy halagado por su generosidad, tanto a nivel personal como institucional. Gracias a esta buena relación que ya nació ese mismo día, unos meses más tarde, en marzo de 2018, con ocasión de que Argentina presidía el G20, organizamos una magnífica conferencia internacional del Instituto Mundial de Cajas de Ahorros y Bancos Minoristas en la sede del banco sobre el papel de la banca local y la sostenibilidad de la sociedad.

A partir de esta primera reunión, se repitieron los encuentros en diferentes capitales del mundo con numerosas paradas de Javier en Barcelona. En diciembre de 2019, viajó a la Ciudad Condal y fue cuando le propuse ser uno de los personajes de este libro. Sin pensárselo ni un momento, me expresó su satisfacción por la propuesta. Lo celebramos con una suculenta paella en el restaurante Senyor Parellada. A la comida también se unió Ramón, propietario del restaurante. Javier y Ramón no se conocían y era la primera vez que se encontraban. Tenían en común, sin embargo, que ambos son dos de los protagonistas de este libro.

Javier ha tenido y tiene una vida rica, llena de ilusión por crear, investigar, dirigir personas, reflexionar, caminar... Es un empresario, académico, banquero, humanista y pensador motivado por la economía social. Ha escrito libros y múltiples artículos sobre la banca ética, la pobreza y la vivienda, el desafío medioambiental, la función social de la propiedad privada, la importancia de las pymes y, como no puede ser de otra manera, también sobre la situación económica en Argentina. Fundó La Salamandra, una conocida empresa de productos lácteos; ha sido presidente del Banco Central de Argentina en dos ocasiones y candidato a la vicepresidencia del país acompañando a Raúl Ricardo Alfonsín.[1] Ha ostentado varias cátedras en la Universidad Católica Argentina, como las de Historia del Pensamiento Económico, Fluctuaciones Económicas y Política Económica. Como economista y académico ha sido invitado por el profesor Jeffrey Sachs a impartir conferencias en el Center for International Studies de Harvard University.

Y no quisiera acabar esta introducción sin destacar el profundo humanismo y respeto que profesa Javier hacia las personas con quienes se relaciona, sin importarle cuál sea su condición social o rango institucional o político. Su calidad humana se halla en total armonía con sus grandes conocimientos de economía y su vasta cultura humanista.

A raíz de las reuniones del Fondo Monetario Internacional en octubre de 2019, decidimos que aprovecharíamos este evento en Washington DC para vernos ahí y mantener la larga conversación contenida en este apartado. Sin embargo, la crisis financiera argentina impidió a Javier salir del país y tuvimos que sustituir el encuentro previsto por una larga conversación telefónica unas semanas más tarde.

Sólo comenzar nuestra charla, él ya destacó la importancia que tuvieron sus padres en su formación. Su padre era un endocrinólogo de gran éxito y con una gran vocación por la sanidad pública, que dedicó muchos años a combatir las enfermedades en el empobrecido norte de Argentina. «Acabó teniendo un gran reconocimiento en Buenos Aires, pero siempre añoró esos años de dedicación a la salud pública».

1. Raúl Ricardo Alfonsín (1927-2009). Abogado argentino, político, estadista y promotor de los derechos humanos. Fue concejal, diputado provincial, diputado nacional, senador nacional y presidente de Argentina (1983-1989).

Por otra parte, su madre fue profesora de matemáticas, alumna de Julio Rey Pastor[2] y de ideas progresistas. Su madre tuvo que abandonar su carrera profesional a los cuarenta años para dedicarse a sus cuatro hijos. De ella, Javier no sólo heredó la vocación por los números, sino también sus ideales progresistas. «Llegó a militar en el partido socialista y tenía ideas que hoy llamaríamos feministas».

El entorno familiar inculcó a Javier la exigencia en el conocimiento, pero también la vocación por el bien público. «Mis padres fueron gente educada en la idea de que Argentina era un país rico, con tantos recursos, que estaba predestinado a competir con Estados Unidos en el destino del mundo. Así que nos educaron para comandar una «potencia mundial». Teníamos el privilegio de tener una buena educación y debíamos ponerla al servicio del país. Con mis hermanos discutíamos de política durante horas. Mi padre era un gran admirador de los conservadores creadores de la patria Argentina, como el general Roca.[3] Mi madre, al contrario, era gran admiradora de Sarmiento,[4] que instauró la educación pública en Argentina y que llegó a tener un nivel equiparable a las europeas. En casa, el debate político estaba bien visto y mis padres me transmitieron el valor de la solidaridad».

Una anécdota explica estos valores. A los veintidós años, González Fraga fue elegido como mejor alumno para hacer un *training* en Citibank. Aunque era un premio a sus esfuerzos académicos, a su madre no le gustó nada y le dijo: «Yo no te eduqué para que trabajes en un banco extranjero». De modo que Javier sólo estuvo noventa días y, desde entonces, no ha trabajado para ninguna otra entidad extranjera.

---

2. Julio Rey Pastor fue un matemático español nacido en Logroño en 1888 y que falleció en Buenos Aires en 1962. Para muchos académicos y especialistas en ciencias exactas, Rey Pastor está considerado uno de los matemáticos españoles más influyentes a nivel internacional. Fue uno de los fundadores de la Sociedad Matemática Española en 1911, miembro de la Real Academia Española de la Lengua y profesor de la Universidad de Buenos Aires durante muchos años.

3. El general Alejo Julio Argentino Roca fue un político, militar y estadista argentino, nacido en 1843 en San Miguel de Tucumán y fallecido en Buenos Aires en 1914. Fue presidente de Argentina en dos ocasiones y máximo representante de la generación del ochenta en dicho país.

4. En 1868 llegó a la presidencia de Argentina Domingo Faustino Sarmiento, la figura más representativa de la educación en el país. Durante su mandato, hasta 1874, llevó educadores norteamericanos y europeos al país y construyó escuelas y bibliotecas por todo su territorio.

También habla con fervor de los consejos que le dio su padre. «Yo era el hermano menor y, como ninguno de mis hermanos había seguido la tradición de mi padre, tenía una enorme presión para estudiar medicina y heredar la consulta. Cuando llegó el momento de tomar una decisión, le expliqué a mi padre que quería dedicarme a la política y, como yo consideraba que la política estaba íntimamente relacionada con la economía, había decidido estudiar economía, que entonces estaba considerada como una ciencia nueva. Mi padre, lejos de sentirse mal, me alentó. Él hablaba mucho del médico Gregorio Marañón,[5] a quien había podido conocer. Marañón tenía una máxima: "No existen enfermedades, sino enfermos". Es decir, cada caso es particular. Esa idea ha marcado mi carrera económica, porque me niego a decir que hay recetas económicas, ya que cada situación es única».

A partir de aquí, transcribo las explicaciones de Javier González Fraga en primera persona.

## El uso de los talentos

¿Qué duda cabe que Maradona ha tenido un gran éxito como futbolista? Ahora, ¿eso lleva a que Maradona sea exitoso en la vida? Creo que hay éxitos puntuales que, sin embargo, no pueden sumarse aritméticamente para decir que uno es exitoso. Hay gente que ha acumulado fortunas o ha desarrollado tecnologías muy importantes, pero esos éxitos parciales no suman un éxito en la vida. No creo que un hombre exitoso o una mujer exitosa sea la suma de una serie de éxitos parciales: deportivos, políticos, económicos o educativos... El verdadero éxito está en otras cosas. No está asociado a cosas materiales, sino que tiene que ver con la felicidad, y la felicidad está íntimamente vinculada con dar sentido a la vida. Como dice una escuela psicoanalista, el sentido de la vida no se busca, sino que

5. Gregorio Marañón Posadillo (1887-1960). Médico internista, científico, historiador, escritor y pensador español. Sus obras en los ámbitos científico e histórico tuvieron una gran relevancia internacional. Está considerado un protagonista clave en el nacimiento de la endocrinología española.

se da. Y cada cual debe hacerlo de acuerdo a sus talentos y capacidades. No se le puede pedir lo mismo a todo el mundo. A lo mejor, el éxito en la vida tiene que ver con el uso que has hecho de tus talentos. Ésa es una de las claves de la felicidad.

## La fe deseada

La felicidad también tiene que ver con la fe. No soy alguien a quien le guste calificar a la gente por la fe, sino que soy muy keynesiano en esto. Keynes[6] era ateo y racionalista, pero quiso que en su lápida escribieran una frase de San Bernardo de Cluny, un monje del siglo XI: «Benditos aquellos que ven luces blancas en las tinieblas». Eso es algo que a mí también me hubiera gustado más: poseer una mayor fe. Envidio a las gentes que tienen una gran fe, pero más admiro a los que dudan y luchan por tenerla, porque ésa es una clave de la felicidad. Quizás es mi manera de tener fe: una fe atrapada en el racionalismo.

Ayer me acordé de esta anécdota porque vi *The Crown*, la serie dedicada a Isabel II. En el capítulo se habla de Felipe de Edimburgo. De joven llevó una vida sin cuestionamientos religiosos, pero hacia los cincuenta años, tuvo una crisis de fe y se refugió en un monasterio en Buckingham, St. Georges. Con toda la humildad, fue a hablar con pastores sobre su crisis de fe y les pidió ayuda. Eso me impactó mucho. Envidio a los que pueden tener una fe profunda y sentida, porque esa fe te da sentido a la vida y la felicidad se encuentra justamente ahí. Pero también pienso que la búsqueda de la fe puede ser un milagro. Algunos tendrán la suerte de tener fe desde pequeños y otros tienen que trabajarla e ir a buscarla.

6. John Maynard Keynes (1883-1946). Economista británico considerado como uno de los más influyentes del siglo XX. Sus ideas han tenido una fuerte repercusión en las teorías y políticas económicas. Está considerado también como uno de los fundadores de la macroeconomía.

## La búsqueda es la clave

Mi relación con la fe también me hace ver otro aspecto importante de la felicidad. Ésta se encuentra más en el camino que en la meta. En una ocasión, Isidro Fainé, presidente de la Fundación «la Caixa» me abrazó y me dijo: «No te retires nunca». La búsqueda está más allá de la edad de jubilación. La jubilación es una trampa que nos tiende la vida. En cambio, la búsqueda del éxito es una bendición. Por esta razón, asocio éxito con búsqueda, no con logro. Los logros hacen el éxito parcial. El gol de Maradona, haber aterrizado en la luna, una vacuna infantil... son logros, pero eso no es el éxito en la vida. Esa búsqueda se emparenta mucho con el verdadero éxito, con la felicidad.

Hay muchas cosas que no dependen de nosotros y, por eso, los éxitos son siempre subjetivos y relativos. Hay gente que seguramente está satisfecha con su lucha, dentro del contexto que le ha venido dado por factores ajenos a su persona –por ejemplo, haber nacido y haberse criado en una familia con privaciones– y, no obstante, al final de su vida, está contento por cómo lo ha peleado y se siente satisfecho de lo que ha hecho. Tal vez frente a otros haya hecho un papel mediocre, pero cada uno hace su propio balance. Por eso es tan importante el concepto de búsqueda.

## Un fracaso nunca es definitivo

Creo que los fracasos nos enseñan tanto como los éxitos, sino más. Si definimos la felicidad como una búsqueda más que como un logro, entonces el fracaso también es parte integrante de la búsqueda. El fracaso, pues, constituye una de las caras de la búsqueda. Esforzarse por encontrar lo que a uno le llena y satisface no es un camino asfaltado, donde se avanza siempre hacia adelante. A veces, tienes que retroceder y aprendes que por acá no es. Como dice el papa Francisco: «No es cuantas veces te caes, sino cuantas veces te levantas». No debemos echarnos para atrás por culpa de una caída. Prefiero hablar de caída que de fracaso, porque creo que debemos sacarles la parte positiva a estas pequeñas derrotas. Saber que la vía que hemos intentado no era la correcta e intentar otra. No lo vivo como si jugara una partida de golf, en el que de repente estás afuera, sino como el tenis, donde no pierdes hasta que has jugado el último punto. La vida tiene eso maravilloso: un fracaso nunca es definitivo.

Argentina es un país joven y seguimos en la adolescencia. Recuerdo a un antiguo maestro, Carlos Moyano Llerena, que decía que no debíamos pensar que la Argentina de los años veinte era la séptima economía del mundo, porque se trataba de una burbuja. Cincuenta años antes, Buenos Aires era una aldea pobre, mientras Río de Janeiro era la capital del imperio lusitano. Con los ferrocarriles que trajeron los ingleses y el auge de la carne y los granos, se produjo una burbuja, pero no teníamos los fundamentos para estar entre las principales economías del mundo. Por lo tanto, estamos en una adolescencia, todavía, de la que debemos aprender. Siempre tengo esta actitud.

## El agradecimiento del éxito

Diego Armando Maradona ha escrito un libro, *El Diego*, donde dice una frase muy sabia: «Yo estaba en Villa Fiorito, un lugar muy humilde; me dieron una patada en el culo y aparecí comiendo con Alain Delon en París. ¿Cómo no quieres que me maree?». Cuando llega el éxito sin la preparación adecuada, ¿cómo no va a marear? Muchas veces criticamos a otras personas y no tenemos este factor en cuenta. La comunicación éxito-fracaso es muy rápida. Quizás esas personas tienen que representar a un hombre de éxito sin la educación necesaria y no pueden manejar ese éxito con serenidad. No me refiero sólo al éxito económico, sino también a otras vertientes de la vida, como, por ejemplo, la educación de los hijos cuando lo tienen todo al alcance de la mano. Eso explica las empresas que fracasan en la segunda o tercera generación: de padres trabajadores nacen hijos cansados. Es difícil hacerles comprender los esfuerzos llevados a cabo antes de que las cosas fueran bien. Eso lo ha hecho muy bien mi mujer, Bárbara, quien ha enseñado a nuestros hijos a agradecer cada comida. Cuando invito a mis hijos a almorzar, ellos dan las gracias. Parece una simpleza, pero agradecer les hace tomar consciencia de las cosas. Eso es importante. El ser agradecido es una parte de la felicidad y tiene mucho que ver con la fe. Es impensable la fe sin agradecimiento. Sólo desde la humildad de quien tiene fe, uno puede dar las gracias. Si tienes éxito pero no agradeces, estás condenado a ser infeliz.

Una anécdota que me parece importante. En Argentina, apoyo la iniciativa llamada Los Espartanos, que combina deporte e inclusión social. La Fundación Los Espartanos enseña a jugar al rugby en las cárceles como una forma muy exitosa de facilitar la reinserción social y reducir significativamente la reincidencia delictiva. Los reclusos quieren participar en este proyecto porque les permite salir el sábado y ver a sus hijos, no detrás de una reja, sino jugando al rugby.

La exigencia para poder formar parte del equipo es doble. La primera es estudiar un oficio y la segunda rezar el rosario una mañana por semana; cuatro horas de rezo espiritual. Si no es el rosario, puede ser otra plegaria u oración. En cada misterio, sale un preso y habla. Todos empiezan diciendo: «Doy gracias por estar vivo y por este nuevo día». Algunos de esos presos han sido sentenciados por asesinatos, robos y delitos graves y tienen muchos años de cárcel por delante. Y a pesar de ello, dan las gracias por ese nuevo día y por tener la oportunidad de jugar al rugby con sus compañeros. Uno cree que va a estos lugares a dar y, en cambio, regresas a casa con una gran deuda.

## Político, empresario y docente

He tenido tanto la vocación política como la empresarial y la académica, pero no me he dedicado al cien por cien a ninguna de ellas, y eso quizás haya sido un error. En nuestro cerebro hay una memoria de raza. Hay cosas sobre las cuales no somos conscientes, pero que nos dan satisfacción, porque durante cientos de años el mundo ha premiado ciertas actividades y eso permanece en nuestro ADN. Considero que dos de esas actividades que nos proporcionan satisfacción, más allá de la estricta gratificación económica, son producir alimentos y construir casas. Son dos actividades que las diferentes civilizaciones en el mundo han promovido desde hace tres mil años. He tenido mucha suerte y estoy muy agradecido porque durante muchos años he sido productor agropecuario dedicado a la cría y ordeñe de búfalas. Fundé La Salamandra, empresa láctea productora de *mozzarella* de búfala y dulce de leche. Haberme dedicado, pues, a la producción de alimentos durante muchos años es algo de lo que me siento muy orgulloso y me hace feliz.

En cuanto a la política, debo decir que mi mujer ha sido fundamental. Una vez, en mayo de 2011, volvía a casa después de tomar un café con dos políticos muy importantes y Bárbara me preguntó a qué respondía aquella invitación. Dije que era una «pavada», una tontería sin más, pero ella no dio por buena esa respuesta. «No puede ser una pavada si te han invitado a tomar café estos dos políticos». Y tenía razón. Querían que fuera candidato a la Vicepresidencia de la Nación, acompañando a Ricardo Alfonsín para la Unión Cívica Radical, y la respuesta de Bárbara fue: «¿Y qué tienes mejor que hacer que eso?». Accedí y fue una gran experiencia, como otras, por ejemplo, la presidencia del Banco de la Nación Argentina. Y en todas ellas siempre he tenido su apoyo.

Años antes, en cambio, las cosas fueros diferentes. El 23 de abril de 2002, me tantearon para ser ministro de Economía. Sabía que si decía que sí, iba a ser un ministro exitoso porque la tarea más ardua ya estaba hecha, pero tuve que decir que no porque estaba en el proceso de venta de mi empresa. Mi responsabilidad y mis principios me pedían que hiciera bien esa tarea para asegurar los puestos de trabajo y la continuidad de una compañía que yo había fundado.

Actualmente me gustaría dedicarme a la docencia y terminar mi doctorado. Cuando hago balance de mi vida, pienso que he privilegiado en cierta manera mi faceta hedonista, porque me encanta probar cosas distintas, pero eso no ha sido gratis. Al final vendí mi empresa, todavía no tengo mi título de doctor, aunque está muy cerca, y tampoco me he dedicado en cuerpo y alma a la política. Eso sí, he disfrutado y compartido una vida plena y feliz con la familia y los amigos.

## Leal a uno mismo

A los jóvenes les recomiendo que sean leales a sí mismos. No creo que haya soluciones fuera de uno, sino que cada quien debe hacer una introspección: saber qué siente y qué quiere, y ser leal a eso. Eso les digo a mis hijos: «Busca dentro de vos mismo aquello que te pueda hacer feliz, sabe que estás cumpliendo tu misión y siente que estás siempre buscando tu lugar». Es importante que no sean los amigos y las redes sociales los que impongan esa misión, sino que cada uno debe encontrarla con una actividad introspectiva. Pensar nunca es perder el tiempo.

Me preocupan las redes sociales, porque ligan éxito con seguidores. Soy de una generación distinta, pero veo con preocupación a los jóvenes que miden el éxito con la cantidad de seguidores. Parece que vale cualquier cosa para conseguir seguidores. Siempre digo que no se trata de eso. Vemos hechos nefastos y actitudes terribles que sólo persiguen llamar la atención. Lo que importa es lo que haces y cómo lo usas. Pero no tengo veinte años y no sé si lo sabría manejar. Veo a muchos jóvenes y adolescentes que usan el teléfono móvil durante tanto tiempo y que sus esfuerzos van encaminados ante todo a descubrir qué pueden hacer para ser originales. Creo que esas conductas pueden ser un pasaporte para la frustración, las drogas y otros dramas. Al ponernos a todos en el mismo escenario, las redes sociales nos proporcionan horizontalidad y ofrecen la posibilidad de generar «éxito viral», pero también mucha frustración. A los jóvenes les diría: «Despreocúpate de los seguidores. Ésa no puede ser tu búsqueda principal».

A veces me alejo del teléfono móvil para tener tiempo y no permitir que sea él quien dicte lo que tengo que hacer. Alejémonos del móvil, alejémonos de las cosas que nos distraen y dediquemos tiempo a pensar. Los viajes y los momentos en que uno no hace nada permiten una introspección que da un sentido a la vida. Puede ser compartir tiempo con amigos, jugar al futbol, leer, escribir, escuchar música o tocar un instrumento musical..., lo que cada cual decida que llena su vida. Pero ese bienestar espiritual debe surgir de una introspección íntima y no estar inducida por la publicidad o la marca de una cerveza asociada con «felices» caras de jóvenes de buen ver que conducen un deportivo. Esta imagen no es otra cosa que un ejemplo de esos falsos valores presentes en las redes sociales.

Quizás esa vocación que describo no nos lleve a ser ricos o famosos, pero nos permitirá construir una vida plena y feliz, y con la posibilidad de crear, además, una familia basada en el amor, la libertad y la comprensión. Y para muchos, con la fortuna añadida de contar con unos hijos que comparten y diseminan los valores que han aprendido de sus padres.

Sea lo que sea, uno debe saber qué le hace feliz y tratar de lograrlo. Uno puede decir que no lo logró, pero no puede decir que no lo intentó.

# Leandre Mateu Rocher

Leandre es un ejemplo de barcelonés auténtico. Nacido en Barcelona, creció en el barrio de Sarrià. Su madre también era de Barcelona y nació en una de las últimas masías que quedaron en el distrito de Sants-Montjuïc, no muy lejos del mar. Su padre nació en un molino harinero en la sierra de Àger, en Lleida, y de joven se fue a vivir a Barcelona para dedicarse a la restauración.

Si alguien quiere conocer a una persona entrañable, que vaya al Dole Cafè de Sarrià y que pregunte por Leandre, mientras saborea un bocadillo de tortilla de alguna de las especialidades típicas que ofrece esta conocida cafetería. Y así fue como le conocí, yendo a desayunar al Dole.

Leandre cursó los estudios primarios en Sarrià y, con tan sólo quince años, inauguró el Dole Cafè, una cafetería que se ha vuelto emblemática en la ciudad. Este local pequeño, pero siempre repleto de tertulianos, ha sido reconocido en varios artículos de diarios como uno de los lugares de referencia de la ciudad. Allí se encuentra gente, tanto del vecindario como de otros lugares de Barcelona, para degustar sus especialidades: el Popeye, el Maravillas, el Súper con cebolla caramelizada, el Rojo y Amarillo, el Vegetariano, etc. El Dole destaca por tener un gran círculo social que organiza diferentes actividades y salidas a lo largo de todo el año: desde una *calçotada* hasta torneos de golf, pasando por cenas concierto o cantos de Navidad.

A Leandre le encanta pasear por la ciudad, empezando por las calles de su barrio y pudiendo terminar en cualquier lugar de Barcelona, porque hay días que incluso anda cuatro y cinco horas. Debido a esta circunstancia, empezamos a encontrarnos en alguna calle o en la plaza de Sarrià, donde nos deteníamos y hablábamos un rato de cualquier tema de nuestra actualidad. En una de estas conversaciones, me contó que hacía quince años que había escrito un cuento y que, para la celebración del 30.º aniversario del Dole, reunió a un numeroso grupo de amigos en la misma cafetería y les leyó el cuento. La historia tenía una relación muy estrecha con el Dole y quiso darla a conocer para celebrar su aniversario.

Le dije que me gustaría conocer el cuento. A continuación, me lo mandó, lo leí y me gustó mucho por su simplicidad y por el mensaje que transmitía de amor y generosidad. Por mi parte, le expliqué el proyecto en el que yo estaba trabajando sobre el éxito y el fracaso, y me sorprendieron muy gratamente sus ganas de ayudarme y de contribuir en el texto.

Poco a poco, la relación con Leandre se hizo más estrecha y muy pronto descubrí las virtudes que hay detrás de este emprendedor inquieto. Su cordialidad cuadra perfectamente con su capacidad de trabajo. Es firme y constante en sus convicciones y sus decisiones. También es alegre y optimista, y sabe ser feliz con lo que tiene en cada momento. Por esta razón, vi que sería una persona que ciertamente enriquecería la lista de participantes de este libro por sus virtudes y por su planteamiento fácil de la vida. Además, dado que el cuento que escribió es un reflejo claro de este modelo de vida serena y llena que él transmite con su ejemplo, ¿por qué no incorporar una versión resumida del cuento en su apartado del libro? Y esta fue la propuesta que hice a Leandre, que aceptó de inmediato y que le hizo sentir todavía más comprometido con la idea. A partir de ahora, por lo tanto, reproduzco una versión resumida del cuento y de sus reflexiones en primera persona.

## El cuento del santo y el niño

Había una vez un niño a quien de muy pequeño le gustaba mucho trabajar. Ese niño anhelaba poder ayudar a su padre en el trabajo, pero él le había dicho que hasta los catorce años tenía que estudiar. Así pues, estudiaba y los domingos iba a ayudarle. En verano, durante las vacaciones de la escuela, también le ayudaba.

La familia tenía un restaurante y una charcutería con platos cocinados y cafetería. Lo que más le gustaba al niño era hacer cafés. Teniendo en cuenta que era muy jovencito y no llegaba a la cafetera, su padre le ponía un cajón de madera para poder llegar a ella y así hacer los cafés. Cuanto más trabajo había, el niño más disfrutaba.

Después de aprobar con unas buenas notas el bachillerato elemental, el niño se puso definitivamente a trabajar con su padre, pero mantenía un gran interés por aprender cosas nuevas. Le apasionaba la historia, la geografía, la física, la química, las lenguas y, sobre todo, los temas espirituales y religiosos. Siempre que podía leía, leía y leía.

Junto a su padre, ese niño aprendió muchas cosas nuevas: desde ayudar en la cocina –entonces de carbón– y despachar en la charcutería –cortando con unos cuchillos considerables– hasta deshuesar jamones. Eso sí, siempre haciendo muchos cafés.

A pesar de que era muy jovencito, su padre creyó que ya estaba preparado para poder llevar él solo un pequeño negocio de hostelería, de modo que le procuró un local cerca de donde vivían, para abrir allí un pequeño café que gestionaría él solo. El niño miraba todo esto ilusionado y, a la vez, asustado.

Puesto que el local que encontraron era muy pequeño, ningún decorador encontraba una distribución que complaciera a todo el mundo, incluido el niño. Así que él mismo dibujó los planos del local y nadie se creía que aquello hubiera sido obra suya.

Ese niño tenía una tía que lo quería mucho y, cuando faltaban pocos días para la inauguración del café, quería regalarle una figurita de san Pancracio para que la pusiera en el café. Según ella, ese santo siempre daba mucha suerte a quien lo tenía presente en el trabajo. El niño acompañó a la tía a comprar el santo a una tienda de imágenes y estatuillas. Había de todo tipo de modelos y tamaños. De san Pancracio era ciertamente uno de los que más había. Aunque ese santo no acababa de complacer al niño. San Pancracio tenía un brazo estirado, como si hiciera el gesto de dirigir el trabajo, de hacer trabajar a los demás, de señalar lo que tenían que hacer. En el otro brazo tenía algunos rollos de papeles, como pergaminos enrollados. El niño percibió en el santo una fuerte actitud de mandar y de dirigir. Y esto no era ni de lejos lo que él pensaba. Su padre le había enseñado que era importante saber mandar, pero que el jefe siempre tenía que trabajar como el primero y, a partir de aquí, los otros ya harían y estarían más motivados en el trabajo.

Había otro santo que el niño tampoco había visto nunca antes y que era muy distinto de los otros de la tienda. Era san Martín de Porres y estaba todo morenito, con una escoba, una cesta y una cruz. ¡Un santo con cruz, cesta y escoba! ¡Éste sí! Este santo cumplía los requisitos. Quizás no le daría tanta buena suerte en el negocio, pero esto de la escoba le gustaba mucho.

El señor de la tienda de santos, al ver la figura que el niño había elegido, le hizo una pequeña explicación de la vida y milagros de san Martín de Porres. Este santo, conocido como *Fray Escoba*, fue un religioso dominico peruano y fue el primer santo mulato de América. Este santo iba siempre con la escoba y tenía la costumbre de barrer muy a menudo la iglesia. Cuando salía a la calle con su pequeña cesta, los pobres le pedían pan y él venga a dar pan, y cuanto más pan le pedían, más pan salía de la pequeña cesta. La cesta era muy pequeña y los pobres muy numerosos, pero con esta pequeña cesta de pan saciaba a todo el mundo.

No había duda; ése era el santo del niño. Así pues, aquí, de hecho, empieza la aventura de un santo y de un niño que, con el tiempo, todo el mundo pasó a llamarle Jan.

Un día por la tarde, cuando el sol se va a descansar y el día adquiere otra tonalidad, Jan estaba a solas en el café, sin ayudantes y sin parroquia. Entonces entró un chico que debía tener la misma edad que él. Le preguntó qué quería. Ese joven lo miró y le dijo que no quería nada para beber ni para comer, lo que quería era que le dejaran telefonear a su madre. No tenía dinero para poder llamarla y hacía mucho tiempo que no hablaba con ella. Y es que ese jovencito no era de aquí y venía de un país lejano.

Entonces, Jan se dio cuenta de que él también quería mucho a su madre y que si estuviera lejos de ella, también le gustaría mucho poder hablar con ella. Así pues, a pesar de que pidió al chico forastero que no se alargara mucho en la conversación, le dejó telefonear. Debía de hacer mucho tiempo que no hablaba con su madre porque, mientras lo hacía, le caían las lágrimas de los ojos.

Cuando terminó de hablar, ese joven agradecido estrechó la mano de Jan y le puso entre las manos un pequeño retrato plastificado. Sin dejarle retirar la mano, le dijo: «Llévalo siempre encima, te protegerá como lo hace conmigo». Entonces, ese visitante desconocido se fue. Cuando Jan abrió la mano, vio que le había dado la estampita de un santo. ¿Saben qué santo era? Pues sí, san Martín de Porres. Esos dos jóvenes nunca más se volvieron a ver.

Jan era muy madrugador y se levantaba muy temprano para ir a trabajar. Cada día, cuando llegaba al café, saludaba a san Martín de Porres diciéndole: «¡Buenos días, santo!». El santo, de algún modo, también le decía: «¡Buenos días, Jan!». Y así pasaron los días, los meses y los años.

Jan siempre que podía se iba de viaje, era lo que más le gustaba. Además, le gustaba viajar a lugares muy poco usuales para no encontrar a ningún conocido. Y es que conocía a tanta gente que siempre se encontraba algún conocido allí donde iba.

En el primer viaje lejos que hizo, a Tierra Santa, se encontró en medio de Jerusalén a un grupo de chicas que venían de hacer una estancia en un *kibutz*. ¡Esas chicas eran estudiantes del Liceo Francés de Barcelona y unas *fans* de los bocadillos del café del Dole! Desde entonces, decidió buscar lugares menos turísticos. Con un grupo de amigos decidieron ir una semana al Amazonas, río arriba, partiendo de Manaus. Dormían en hamacas y comían peces del río. Una buena experiencia.

Cerca de Manaus había tenido lugar una rebelión y la situación estaba muy complicada. Los pasaportes eran revisados con atención y también los equipajes. Cuando fue el turno de Jan, el policía miraba y remiraba su pasaporte. De repente llamó a otro policía que tenía al lado y le mostró el mencionado librito, y a otro, y a otro, y todos miraban a Jan. Sus compañeros le decían: «¿Qué sucede en tu pasaporte?». «No lo sé», decía él todo asustado y nervioso.

Me había olvidado deciros que el niño siempre llevaba la estampita del santo en el pasaporte y la sacaba cuando tenía que mostrarlo, pero ese día, con los nervios de los controles de seguridad, se olvidó de hacerlo. Pues casi le ponen una alfombra a Jan. Se ve que san Martín de Porres es muy venerado en Brasil. Entonces Jan recordó las palabras del chico desconocido que le había regalado el santo: «Siempre te protegerá».

De regreso a casa, Jan colocó el santo a la vista de todo el mundo en la cafetería y la gente le preguntaba: «¿Quién es el santo de la escoba»? Y Jan siempre respondía y responde: «Es mi compañero, que siempre me guía y me recuerda lo que es importante y lo que no lo es. Y quien me ayuda a que sepa dedicar el preciado tiempo de que dispongo a las pocas cosas esenciales que hay en la vida. Y me ha enseñado que esa escoba que al principio del cuento servía para sacar la basura, ahora me sirve para respetar el entorno. Esa cesta, con la que el santo repartía el pan para los pobres, con el paso del tiempo, se ha transformado en la práctica de la solidaridad con quien lo necesita. Y su cruz ha sido para mí el aleccionamiento de la vida; no desde el temor que infunde la autoridad, sino desde la reverencia que infunde el respeto a las personas y al entorno que nos acoge».

## Los cuatro pilares de la felicidad

Como seres racionales, los humanos nos marcamos metas, objetivos, pero al mismo tiempo tenemos anhelos, inquietudes, que queremos satisfacer para alcanzar la felicidad. Así pues, podríamos definir el éxito como la culminación positiva de alguno de estos sueños que acostumbran a acompañarnos a lo largo de la vida. Por otro lado, cuando el desenlace no es positivo, tendemos a etiquetarlo como fracaso.

En la vida, tenemos tres grandes pilares: el afectivo, el laboral y la salud. Los tres dependen en gran parte de nosotros. En el primer ámbito, el afectivo, nos encontramos con una familia que no podemos escoger, sino que nos viene dada: padre, madre, hermanos... A lo largo de la vida, elegimos nosotros –ahora sí– a los amigos y amigas, y a las amistades más íntimas con quienes compartiremos y proyectaremos incluso nuestra vida. El segundo, el laboral, nos aporta la independencia económica, y también es escogido, la mayoría de veces, por nosotros. El tercero, y quizás el más determinante, la salud, no lo podemos escoger, aunque sí que podemos cuidarla; de nosotros depende, en gran parte, hacerlo o no.

Dicho esto, no es para nada probable tener éxito en los tres pilares de la vida, por lo menos de forma ininterrumpida y a largo plazo. Además, existe la agravante de que cuando se desploma la base de alguno de estos pilares, los otros tambalean de lo lindo y nos vemos abocados al fracaso, si lo medimos en relación con aquello que consideramos el éxito, está claro. Y he aquí la cuestión que nos ocupa.

Pero hay un pilar que a la vez sostiene estos tres que son fundamentales y que es quizás el más importante para conseguir una vida llena y, por lo tanto, de éxitos: vivir en paz con uno mismo. Es fácil ser amable y simpático con todo el mundo, reír, ser gracioso. No es tan sencillo, en cambio, dominar tu interior y no caer en un fracaso interior –de más o menos intensidad– que nos hace un daño profundo, en el corazón y en el alma, y que nos condiciona el estado anímico. De este modo, si poseemos esta fuerza interior «exitosa», cuando haya algún susto que haga que se hunda una parte esencial de nuestra vida, tendremos más posibilidades de no desfallecer, porque sabremos encontrar en las otras partes la fuerza necesaria. Simple y llanamente, seguro que en estas circunstancias, el éxito, aunque menguado, supera al fracaso e incita a empezar de nuevo. En la vida, siempre es importante volver a empezar y reconstruir la parte fracasada.

## El azar y el éxito

Así pues, hay factores innatos o del azar de la vida contra los cuales no podemos luchar. Con los que sí que dependen de nosotros son con los que tenemos que trazar los caminos del éxito y de la felicidad personal y colectiva. Si el éxito va de la mano de la felicidad, el fracaso va de la mano y acompaña a la infelicidad. Sin embargo, hay un factor en este aspecto que me gustaría comentar. Si cuando se consigue el éxito no se hace de este éxito un todo, y uno piensa que si lo ha logrado es por un cúmulo de casualidades –positivas– y no se lo cree demasiado, del mismo modo, si alguna vez el fracaso es el protagonista de su vida, lo podrá relativizar y pensar que el no-éxito no ha sido más que un cúmulo de casualidades –negativas– que han hecho fracasar su proyecto y que, por lo tanto, tampoco tiene que ser del todo dramático.

Otro factor es la suerte, siempre determinante en la vida de cualquier persona. No es fácil alcanzar los objetivos marcados. El camino más corto entre dos puntos es la línea recta, pero muy a menudo esta recta se transforma en una línea curva que no llega al destino deseado. Si por el camino surgen alternativas que nos aportan felicidad y bienestar, es probable que abandonemos la idea que nos habíamos propuesto inicialmente, sobre todo si por esta vía saboreamos un éxito no buscado. Si, en cambio, lo que encontramos es el fracaso, tendremos que perseverar y empezar de nuevo: lo que no vale es abandonar y decaer. Hay acontecimientos en la vida que no dependen de nosotros y no los podemos alterar. Es así. Tenemos que aceptarlo y encajarlo con filosofía vital y positiva.

## El éxito es algo temporal

También es importante procurar gestionar el éxito sin subirse por las nubes. Cuando te ves inmerso en un baño de masas que te adulan como a un dios, hay el peligro de que después te hundas en un fracaso más grande y estrepitoso. Cuando te elevas mucho –y no lo gestionas bien–, la caída puede ser mortal. Esto puede hacer fracasar o bien marcar negativamente el resto de la vida del afectado, embriagado por el éxito. Por el contrario, si lo gestionamos bien y no perdemos el norte, seguramente en el caso de que llegue el fracaso tampoco nos hundiremos fácilmente. Se tiene que relativizar siempre y en cualquier lugar y en cualquier situación, tanto de éxito como de fracaso.

Hay que decir que el éxito es algo temporal. Puede ser para siempre –es cierto–, pero esto sólo ocurre en contadas ocasiones. La misma vida en sí, el paso del tiempo, inexorablemente pasa factura a la energía y vitalidad del cuerpo y de la mente humana. Muy poca gente ha podido saborear el éxito de una manera perdurable a lo largo de su vida. Y si es así, es posible que este éxito haya sido sacudido por pequeños o grandes fracasos. Tener éxito toda la vida sin saber qué es el fracaso es algo inimaginable. No olvidemos que la familia, la salud, el trabajo o el estado interior anímico de uno mismo pueden agrandar, mantener, menguar, anihilar o incluso desdibujar el éxito de toda una vida.

Por otro lado, podríamos decir lo mismo en relación con el fracaso. Hay mucha gente en el mundo para quien, muy lamentablemente, es todo un éxito tener un plato de comida caliente en la mesa o un techo donde cobijarse. Siempre que miremos a las personas con más desdicha, nos podemos considerar muy afortunados y exitosos. Puede ser que lo que nos guste sea contemplar con envidia o codicia a las personas que tenemos delante de nosotros, y entonces nos podemos sentir fracasados. Nuestra felicidad dependerá de la actitud que adoptemos ante los hechos de la vida, tanto en lo que se refiere a la familia como a la salud o al trabajo. El optimismo está más relacionado con el éxito. El pesimismo –que no realismo– lo encontramos más próximo al fracaso. Por esto es tan importante saber leer y observar en positivo los sustos de la vida, las obstáculos, los fracasos.

## ¿Cómo vemos el éxito?

Cada uno sopesa su éxito en la medida en cómo es de importante para él el objetivo conseguido. Somos humanos y, como humanos, limitados. El éxito es distinto para cada persona. Lo que para alguien es «todo un éxito», para otros puede ser «un fracaso estrepitoso». Para muchos, el solo hecho de plantearse un proyecto u objetivo es ya de por sí todo un éxito, aunque después no se pueda terminar. Para otros, tener que claudicar puede ser un gran fracaso. Éxito y fracaso, felicidad e infelicidad, dependen en exclusiva de nuestra mente y de nuestro estado anímico. Si el éxito se alcanza sin haberlo provocado o buscado, puede acabar en fracaso y tampoco será del todo dramático. Se convertirá en una nueva experiencia –incluso, positiva– que nos podrá aportar felicidad. Por otro lado, la búsqueda de un éxito desmesurado y enfermizo nos puede llevar al fracaso y a la infelicidad personal. Creo, personalmente, que el éxito es algo difícil de alcanzar si se busca como meta personal. La inquietud que nos puede ocasionar el afán de llegar a él merece ser controlado; preocuparse demasiado por ello no es bueno para la salud. Cuando el éxito se marca como *summum*, es probable que una vez conseguido se quiera ir más y más allá, porque, de hecho, el listón siempre se puede levantar. No creo que sea sano obsesionarse con el éxito. En cambio, si el éxito se consigue de una forma espontánea –como quien dice, sin quererlo–, pues no es malo del todo; al contrario, incita a continuar con más fuerza, se gana en autoconfianza. Y posiblemente esto, sin buscarlo, haga agrandar el éxito obtenido y pueda llegar a ser el detonante de nuevos éxitos.

Por otro lado, es fundamental ser agradecido a la vida. Cuando somos agradecidos y vemos la vida en positivo, de hecho, tenemos muchos puntos para alcanzar el éxito. Si miramos todo y no sabemos ver lo que nos rodea, puede ser que el fracaso, la infelicidad, nos haga muy desgraciados. A menudo tendemos a no valorar lo que ya tenemos, el éxito en sí, y no lo valoramos ya que damos por hecho que es así: la familia, los hijos, el trabajo, la salud, el estado anímico. Y es que cada alborada es un éxito. Cada flor que nace. La lluvia fina. Sentarse a la mesa ante una buena comida familiar. Hay que valorar todo lo bueno que nos da la vida y dar gracias por ello. En realidad, es un verdadero fracaso dejar de hacerlo.

Las etapas de la vida también juegan un papel importante en relación con el éxito. No tenemos la misma energía para llevar a cabo ciertos proyectos a una edad que a otra. Y muchos de estos proyectos dejan de ser prioritarios con el paso de los años. Por eso es importante no dejar de hacer lo que toca cuando toca.

Podría suceder también que con la inquietud y la lucha esforzada para conseguir el éxito profesional, se deje de lado la dedicación y cuidado del ámbito familiar, y que éste se convierta en un fracaso. También podríamos decir lo mismo en cuanto a la salud. Trabajar obsesionado en una meta profesional puede llegar a ocasionar un infarto. De lo contrario, también podría darse que, debido a un fracaso y sin quererlo, éste se convirtiera en todo un éxito. ¿Cuántas veces ha ocurrido en la historia de los grandes descubrimientos?

## El éxito colectivo

Sería bueno distinguir el éxito personal del éxito colectivo. El fracaso o no-éxito en el ámbito personal individual puede ser mucho más duro que el del ámbito colectivo, ya que éste último es compartido. El éxito en colectividad es todo un estallido de alegría. Cuando la meta del éxito es personal, podríamos decir que alcanzarla depende de uno mismo. Cuando se trata de un éxito colectivo, entonces ya no sólo depende de uno mismo, se trata de una estrategia de muchos. No debemos olvidar que este tipo de éxito necesita pequeños éxitos, que se acumulan uno detrás del otro, y que es la suma de todos estos éxitos –y algunos de ellos pueden muy bien ser personales–, lo que conduce al éxito colectivo. Este éxito colectivo puede estar liderado por alguien que se lleve la mayor parte de autoría y protagonismo, pero aun así habrá sido de todos.

## Sé al máximo lo que seas

Para ir terminando, a la gente joven le recordaría –para llegar al éxito y superar los fracasos– una reflexión de Joan Corbella que leí en su día, y de eso ya hace unos años, y me quedó como lección de vida. Corbella escribía en uno de sus libros el siguiente razonamiento. Más o menos decía que las personas somos, y en la medida que somos, pues, hacemos, y teniendo en cuenta lo que hacemos, tenemos. Y así ha sucedido durante la mayor parte de la historia de la humanidad, pero ahora hemos hecho un cambio antinatural en este orden vital, y es que las personas hacemos, para tener, para poder ser.

Y, sin ninguna duda, el éxito de la vida es ser. Quien no es, ha fracasado. Los otros te amarán y respetarán por quien eres. Y ser, estar en paz contigo mismo, te dará la fuerza para hacer, y el hacer te hará tener... éxito, con mucha probabilidad. En un libro de Martin Luther King, leía una citación de un tal Malloch que decía así: «Si no puedes ser pino alto y robusto en la cresta de la cumbre, no te aflijas por ello, sé un arbusto cerca del torrente. Si no fueres camino, sé vereda. Sé una estrella si no fueres sol. No es la cantidad lo que te llevará al éxito; cualquier cosa que seas... ¡Sé el máximo!».

Siempre me ha gustado que cuando, sobre todo a los americanos, se les pide que formulen un deseo, ellos respondan «la paz en el mundo». Y está muy bien. Sin embargo, yo, personalmente, siempre pienso en «la paz en cada ser humano», porque hasta que no haya paz dentro de cada uno de nosotros, difícilmente podremos alcanzar la tan anhelada paz en el mundo... éxito clamoroso de toda la humanidad.

# El éxito, el fracaso y las nuevas generaciones

*Lluís Girbau Cabanas y Giorgio Teresi*

Ninguno de los personajes que intervienen en este libro ha leído los textos de los demás mientras ha durado la redacción de esta obra. Lo habrán podido hacer sólo después de haberse publicado el libro. De esta manera, ninguna de las personas que ha hecho su aportación a este trabajo ha podido influir en los demás y viceversa; nadie se ha visto afectado por lo que han dicho los demás. Esta publicación también contiene las reflexiones de dos jóvenes, en sus veinte años, licenciados de sus respectivas universidades hace poco tiempo y que justo han iniciado sus primeros pasos en su vida profesional, uno de ellos en Bruselas y el otro en Luxemburgo. Ellos son las dos excepciones a esta regla porque ambos sí han leído antes de hacer su contribución lo que han escrito los demás. Y esto ¿por qué?

Primero Lluís y después Giorgio, los dos han coincidido como becarios en prácticas, un año cada uno, trabajando conmigo dentro de mi ámbito de responsabilidad profesional. Los dos son brillantes y rebosantes de inquietudes por mejorar, donde sea y como puedan, este complejo mundo al cual se lanzan a conquistar, con toda la pasión propia de unos muchachos nobles y llenos de ideales.

Les expliqué el proyecto y ambos se interesaron vivamente por lo que estaba haciendo. Sin haber hablado antes ni conocerse entre ellos, los dos coincidieron que era una iniciativa muy atrayente y que les gustaría participar en la misma porque todos los «entrevistados» eran «gente mayor» y el libro no contaría con la perspectiva de «gente joven». Estaba claro que su incorporación al libro no sólo sería una magnífica aportación, sino ya una necesidad. ¿Cómo podía preguntar a una veintena de personajes sobre el éxito y el fracaso y no incluir en la lista a dos jóvenes que se encontraban al comienzo de sus vidas profesionales?

El siguiente paso consistió en pensar cómo hacerlos partícipes de esta publicación, de manera que su rol fuera diferente al de los demás. Y hablando con ellos surgió una singular idea. No les preguntaría nada, sino justo lo contrario. Les dejaría leer lo que los otros «coautores» pensaban y habían escrito sobre el éxito, el fracaso, la felicidad, los valores y los objetivos en la vida, y que Lluís y Giorgio expresaran, sin limitación alguna, su opinión sobre lo que habrían leído. Estaba claro que dimos con la idea y de inmediato nos pusimos a trabajar. Ambos empezaron a leer las transcripciones de las conversaciones mantenidas con cada uno de los partícipes en el libro, al tiempo que, en sus ratos libres, colaboraban conmigo en las tareas de edición de los textos. Por este motivo, pues, sólo Lluís y Giorgio han leído el contenido de las entrevistas antes de ser publicadas.

A continuación sigue una breve presentación de estos dos jóvenes y son ellos después quienes escriben en primera persona sus pensamientos y sus inquietudes.

# Lluís Girbau Cabanas

Lluís Girbau Cabanas es un joven de veintiséis años, nacido en Granollers (Barcelona), que vive y trabaja en Bruselas. Es el tercero de cuatro hermanos de una familia enraizada en la vida asociativa, educativa y cultural de su ciudad, y desde que era pequeño tiene tres grandes pasiones: los trenes, los aviones y la música.

De los nueve a los trece años estudió en la Escolania de Montserrat, una de las escuelas de música más antiguas de Europa, con más de setecientos años de historia y gran prestigio internacional, que le dio una sólida formación inicial en el ámbito personal, académico y musical. Completó los estudios de secundaria y del grado profesional de música y violonchelo en el Institut Escola Artístic Oriol Martorell de Barcelona, donde fue elegido representante de los estudiantes en el consejo escolar. Al terminar el bachillerato, recibió una beca de excelencia por sus notas en las pruebas de acceso a la universidad.

Realizó la carrera de Derecho en la Universitat Pompeu Fabra de Barcelona y a medida que avanzaba en sus estudios, descubrió que le apasionaban las relaciones internacionales.

Al terminar la carrera, se presentó a la convocatoria de prácticas del Ministerio de Asuntos Exteriores y Cooperación y obtuvo plaza en el Consulado General de España en Los Ángeles, Estados Unidos, experiencia que reforzó su vocación internacional. A la vuelta, cursó un máster en Diplomacia y Función Pública Internacional en el Centro de Estudios Internacionales de Barcelona, del que se graduó siendo el primero de su promoción. Se especializó en el ámbito de las relaciones económicas europeas e internacionales y realizó su período de prácticas en CaixaBank, en Barcelona, en el Área de Relaciones Internacionales.

Lluís está implicado en tareas de voluntariado, le gusta esquiar y correr, viajar, reír, la política y se considera alguien muy afortunado por tener la familia y los amigos que tiene, a los que quiere mucho.

Tiene una gran habilidad para absorber, sintetizar e integrar conceptos que, combinada con su gran capacidad de trabajo, lo convierten en un candidato ideal para gestionar con éxito grandes proyectos que sólo puedan ser liderados por profesionales inteligentes, resilientes y con profundos valores. Pero además conjuga todas estas cualidades con proximidad y sensibilidad con las personas de su entorno, generando sentimientos de confianza y seguridad con quien convive y trabaja. Lluís también tiene la virtud de irradiar una esperanza limpia y una firme convicción de que podemos lograr un mundo mejor para las personas más desfavorecidas. Es un joven excepcional que aporta esperanza y una intensa fe en todo lo que hace.

# Giorgio Teresi

Giorgio Teresi es un joven italiano, nacido hace veintitrés años en Palermo y que acaba de entrar en el mundo laboral. Es curioso, reflexivo y tiene una gran pasión por la inmersión en culturas y perspectivas diferentes de la suya. Habla varios idiomas y ha vivido desde su adolescencia en diferentes países. Realizó sus estudios universitarios en Italia y Francia, y vivió durante breves períodos en Inglaterra. Es licenciado en Relaciones Internacionales por las Universidades de Palermo y Toulouse, y tiene un máster en Diplomacia y Función Pública Internacional por el Centro de Estudios Internacionales de Barcelona. Después de completar estos estudios, y al igual que Lluís, llevó a cabo unas prácticas en el área de Relaciones Internacionales de CaixaBank en Barcelona. Actualmente reside en Luxemburgo puesto que, una vez terminado su *internship* en CaixaBank, se incorporó a un organismo internacional, que tiene sede en dicha ciudad.

Nunca antes me había encontrado con alguien tan sagaz y rápido como Giorgio. Y entre sus muchas cualidades, también destaca su versatilidad e inteligencia; lo puede hacer todo, desde escalar una pared difícil o crear un portal de Internet hasta analizar el impacto medioambiental de un proyecto de inversión. Giorgio está llamado a ocupar en poco tiempo posiciones de gran importancia en alguna de las primeras organizaciones internacionales. Y dada su juventud, tiene el potencial de llegar a lo más alto en el ámbito que se proponga.

## Participar en el proyecto

### *Lluís*

Participar en este libro me parece un privilegio. Cuando Joan me habló del proyecto, me pareció una idea brillante, porque todos los entrevistados son personas fuera de lo común. Cuando me propuso que le ayudara con la edición, acepté encantado, pero cuando me propuso que escribiera estas reflexiones, pensé que mi pequeña colaboración podía no encajar con personas que me duplican o triplican la edad y con trayectorias vitales tan destacadas. Y no era falsa modestia, sino admiración por sus legados. Joan me dijo que aparcara estas dudas y me pusiera a escribir, porque la diferencia generacional aportaría un punto de frescura. Y aquí estoy.

### *Giorgio*

Joan ha tenido la oportunidad de desarrollar relaciones personales y de trabajo con personas de relieve mundial –o con una historia singular– en cualquier ámbito. Cuando decidió involucrarnos a Lluís y a mí en este proyecto, su idea me inspiró mucho, dada nuestra corta edad, ¿por qué no dar un punto de vista personal, desde el enfoque de las nuevas generaciones, sobre su proyecto? Me pareció inmediatamente una muy buena oportunidad, no sólo para profundizar en las personalidades que ha tenido la suerte de conocer, sino también para poner nuestro pequeño grano de arena al proyecto y también para ver cómo este libro podría ser de ayuda a las generaciones del siglo XXI.

## Reflexiones personales

### *Lluís*

De alguna manera, las personas de este libro han intervenido significativamente en su entorno en particular y en la sociedad, en general, cada una a su manera. Sus diferentes huellas, con matices y singularidades, han dejado rastro. Me parece curioso que a pesar de hablar sobre el mismo tema, sus reflexiones sean tan distintas pero al mismo tiempo complementarias.

Sus éxitos se han traducido en un aumento progresivo de sus responsabilidades. El poder mal gestionado es peligroso, pero, sin duda, el poder bien gestionado puede dar unos resultados extraordinariamente positivos. Y en estas páginas hay varios ejemplos. Después de repasar sus biografías y trabajar sus palabras, experiencias y reflexiones, tengo la sensación de que su testimonio es un buen ejemplo del éxito desde el punto de vista más amplio: no como un fin en sí mismo, sino como un camino en el que, paradójicamente, el fracaso es una parte inseparable del mismo.

Mucha gente se pregunta si hay una receta para el éxito; después de leer este libro parece difícil afirmarlo. El éxito puede ser resultado de tantas combinaciones y manifestarse de tantas maneras que la pregunta no debería ser cómo conseguir el éxito, sino preguntarse en qué consiste: un momento, un camino, un medio, una consecuencia, un fin... En definitiva, ¿qué es el éxito?

Observo que hay un denominador común en las reflexiones de los testimonios. Sus pensamientos y vidas demuestran que el éxito es relativo, subjetivo, que a menudo convive entre el fracaso, el azar y el esfuerzo, y no siempre va de la mano de la perfección ni del bienestar. Estas consideraciones y mi experiencia vital me han llevado a sintetizar mis reflexiones y agruparlas en los siguientes apartados:

## Del azar al hacer

Creo que merece la pena mencionar que sería iluso pensar que todo lo que nos sucede en la vida depende sólo de nosotros. No podemos elegir donde nacemos, nuestros padres, ni tantas cosas... como para pensar que nuestro destino corresponde únicamente a nuestras decisiones. Con esta afirmación no considero que debamos eludir las consecuencias de nuestros actos, sino que asumamos con naturalidad que no podemos controlar todo lo que nos sucede en la vida. Parece una afirmación lógica y casi vacía de contenido, pero aceptarlo en la «vida real» no es tarea fácil. El éxito y el fracaso no dependen de uno o varios factores, sino de un cúmulo de decisiones y consecuencias de dichas decisiones, algunas ajenas a nuestro control.

Aceptarlo no significa resignarse sino tomar consciencia de que sufrir en vano por algo que no está en nuestras manos no nos aportada nada. Pienso que dedicar energía a aquellas cuestiones que sí dependen de nuestras elecciones es un éxito. Saber admitir que en la vida tendremos que enfrentarnos al sufrimiento y al dolor también forma parte del éxito. ¡Y esto cuesta muchísimo!

Igual nos conviene relativizar tanto el éxito como el fracaso para tener perspectiva y no quedarnos paralizados analizando el porqué de absolutamente todo. Es imprescindible preguntarse el porqué de las cosas y reflexionar antes de tomar decisiones, pero la parálisis ante un eterno análisis lleva a la inacción.

## La vida es un juego de equilibrios

Los humanos somos una mezcla única de fragilidad y fortaleza. Somos muy vulnerables a multitud de factores externos pero al mismo tiempo poseemos una capacidad de adaptación y resiliencia mucho mayor de la que pensamos. Si nos contaran nuestro futuro, igual no nos atreveríamos a vivirlo. Sin embargo, aquí estamos, preparados para dar batalla y hacer frente a todo lo que venga por delante.

Quizás el éxito es algo tan sencillo como saber ser feliz a pesar de la incertidumbre. Pienso que es muy humano querer tener certezas, seguridad y la sensación de control. Y aunque tengamos claro hacia dónde queremos ir, saber gestionar con serenidad el conjunto de tantas incertidumbres de nuestro camino vital creo que es uno de los mayores éxitos. Tendemos a dar muchas cosas por hecho, y levantarnos cada día por la mañana y estar vivos ¡ya es un éxito!

En ocasiones, la vida de los hombres y mujeres que participan en este libro no ha sido fácil. Mirando atrás, ¿cuántos no se sorprenden por todo lo que han llegado a vivir y todas las adversidades que han sido capaces de superar?

Creo que es necesario tener sentido crítico para poder avanzar y saber combinar la valentía y la prudencia en su justa medida. Me niego a aceptar que para conseguir el éxito sea necesario pisar a nadie. Creo que es absolutamente compatible ser competente y buena persona, y los testimonios de este libro son un ejemplo.

Pienso que la mejor forma de conseguir nuestros propósitos es aprovechar las oportunidades que nos brinda la vida y no olvidar nunca la cultura del esfuerzo, el trabajo duro y a menudo el sacrificio. Creo que llevan un coste aparejado que pocas veces se ve, pero asumir este coste, hasta ciertos límites por supuesto, casi siempre resulta imprescindible para conseguir resultados.

Qué mayor éxito que saber que te estás atreviendo a vivir la vida que quieres vivir o, por lo menos, a intentarlo. Pero al mismo tiempo, qué difícil es encontrar el equilibrio entre el idealismo y el realismo. Y qué fácil es quedarse en la queja, tantas veces absolutamente necesaria pero siempre insuficiente si no está enfocada hacia la búsqueda de una solución efectiva.

La honestidad forma parte del éxito. Ser honesto con uno mismo y con los demás es importante para no caer en la tentación de vivir en un mundo paralelo que no se corresponde con la realidad. Sin embargo, lograr la coherencia en absolutamente todo es casi imposible. Asumir con naturalidad que todas las personas tienen contradicciones también es una clave del éxito. La gestión adecuada de las convicciones, sin caer en dogmatismos de cualquier signo, es otra clave del éxito.

Creo que el éxito también radica en ser consciente de lo valioso que es el tiempo, siendo lo suficientemente hábil para administrarlo correctamente: sin perderlo, sin derrocharlo, sin ansiarlo, pero también sin temer su avance impasible.

## Del presente al futuro

Quiero terminar mi aportación con un alegato a favor de la esperanza. Pertenezco a la generación que ha crecido y convivido con la crisis, que a veces es tratada con paternalismo y que le ocupa y le preocupa el planeta, pero también me siento de una generación llena de personas con valores firmes, los pies en el suelo y actitud constructiva; personas preparadas, entusiastas, luchadoras, inconformistas, verdaderamente comprometidas y que ya están haciendo cosas concretas para cambiar el mundo.

He reflexionado mucho sobre el éxito y no tanto sobre el fracaso. No soy un ingenuo, la vida ya me ha dado algún mal trago. La enfermedad de seres muy queridos me ha afectado de cerca, no he sido ajeno al dolor y al sufrimiento. Sé por experiencia que la vida no es un cuento de hadas. Precisamente, no concibo el optimismo como una varita mágica, sino como la opción de buscar la mejor respuesta posible a los problemas que se nos presenten.

Con veintiséis años, la vida se ve con tantas posibilidades por delante y con tantas ganas y energía que el fracaso como tal no se contempla como opción. Es decir, claro que habrá fracasos, pero se ven como algo subsanable, no como un miedo que impida vocaciones, ilusiones ni proyectos de futuro.

¿Qué pensaré cuando lea estas páginas dentro de unos años? Acabo mi aportación con un mensaje del Lluís del presente dedicado al Lluís del futuro, unas palabras que son fruto de reflexiones de grandes pensadores que me han gustado y que con el tiempo he hecho mías: el éxito está asegurado a las personas de corazón humilde, una sonrisa sincera abre puertas y corazones, vivir con intensidad merece la pena, lo esencial es invisible a los ojos, la sencillez es una buena compañera de viaje, es importante saber pedir perdón y saber perdonar, la alegría se pega, compartir tiempo de calidad es uno de los mejores regalos y nunca está de más un «por favor» y un «gracias».

Pocas cosas igualan tanto a los seres humanos en esta vida como el hecho de que ésta tenga un final algún día. Que nunca perdamos de vista que estamos de paso y que nuestro legado más importante será el amor que hemos dado, recibido y compartido.

## *Giorgio*

### La comunicación intergeneracional y la necesidad de entendernos

Hablando de éxito y de este proyecto, creo que la comunicación intergeneracional es esencial. Vivimos en un siglo de cambios rápidos y, por lo tanto, es importante que las nuevas generaciones aprendan cuáles fueron los pilares de las generaciones pasadas. No se trata de copiarlos, sino de masticarlos, digerirlos, integrarlos y adaptarlos a los nuevos tiempos. Poder leer los pensamientos de personalidades exitosas –independientemente de la definición de «éxito»– es un verdadero privilegio para nosotros, los jóvenes. Nos permite interpretar los tiempos, percibir las diferencias y los cambios de época. Es interesante e instructivo observar cómo, al moverse de un lugar a otro, las interpretaciones del éxito y del fracaso pueden ser diferentes. Además, ciertamente recogen el bagaje de un contexto histórico, religioso y económico más amplio.

Es aún más increíble, de hecho, la variación de sus interpretaciones en el tiempo: hace unas décadas, hubo morales éticas que hoy ya no se reconocen en absoluto. Así, debido a la falta de comunicación intergeneracional, los jóvenes no entendemos a los adultos y viceversa. Ésta es la razón por la que entre las personas mayores se habla a menudo de la pérdida de valores, del abandono de cualquier pilar en favor de un «libertarianismo desenfrenado». Es evidente que la nueva generación sigue buscando su propio timón, pero creo que sobre todo hay que esperar que los valores se puedan contextualizar en nuestra particular fase histórica, que se puedan interpretar para no encerrarnos en una actitud de sólo considerar nuestros propios valores como única medida. Es importante que las diferentes generaciones se respeten mutuamente: no es necesario compartir valores, pero es esencial que se entiendan entre sí.

### Punto de partida y fuente de nueva inspiración

Este libro, por tanto, es ante todo un excelente punto de partida para la reflexión sobre los valores que caracterizaron a la generación inmediatamente anterior a la nuestra. Precisamente, a través de la memoria de los valores del pasado, podremos crear nuevos pilares, orientándonos en un mundo que cambia a una velocidad cada vez mayor, un mundo que es cada vez más aterrador y que parece cada vez más difícil de afrontar.

Además, es importante tener un ejemplo que seguir. En un mundo donde todo cambia de un día para otro, es necesario fijar objetivos precisos y seguir etapas. En este sentido, elegir un modelo de referencia, un modelo «exitoso», ayuda mucho. Cada cinco años, el conocimiento científico a nivel mundial se duplica y, en poco tiempo, este crecimiento exponencial incluso será más rápido. Así pues, es normal que el sistema educativo aún no se haya adaptado a la velocidad del mundo actual. Nuestra generación está experimentando una crisis cultural, incluso antes de que sea económica o ambiental. Escuchar los consejos de quienes han tenido tiempo de vivir más lentamente este cambio generacional, que también podríamos llamar un cambio de época, es sin duda instructivo para nosotros, los jóvenes. Nos corresponderá a nosotros retomar el timón de este siglo, pero es esencial conocer el pasado para tener un impacto positivo en el futuro. Por tanto, este proyecto también puede ser útil para ayudar a las nuevas generaciones a fijarse unos objetivos concretos y establecer unos «modelos exitosos» que seguir. No es esencial que estos modelos sean fijos, siempre se puede volver sobre nuestros propios pasos, pero es esencial establecer una dirección, especialmente en esta época. Este libro, pues, puede aportar mucho a los jóvenes: un modelo que seguir, un viento que nos empuje hacia delante y una fuente de nueva inspiración.

Por otra parte, el éxito es un tema muy delicado y complejo. Lo que más me importa destacar, en este sentido, es la exigencia de una perspectiva diferente en este nuevo siglo. Creo que tendremos que ser capaces de concebir el éxito como un objetivo compartido. El mundo, en mi opinión, ya no necesita genios ni grandes descubrimientos. Hemos desarrollado la tecnología necesaria para vivir decentemente, la medicina ha alcanzado un nivel que nos permite vivir poco menos de un siglo. No necesitamos alcanzar la inmortalidad para ser felices: el ser humano es un ser principalmente social; su felicidad deriva, en gran parte, de hacer felices a los demás.

### Contribuir a la evolución de la justicia y la sociedad

Lo que esencialmente necesitamos es simplemente una mayor bondad. El famoso discurso de Charlie Chaplin al final de la película *El Gran Dictador* resume perfectamente la idea:

> *Más que maquinaria, necesitamos humanidad. Más que astucia, necesitamos amabilidad y gentileza (...).*
>
> *El avión y la radio nos han acercado. La naturaleza misma de estos inventos clama por la bondad en los hombres, clama por la hermandad universal, por la unidad de todos nosotros.*

Estas palabras se remontan a 1940. Ciertamente no es una consciencia adquirida en los últimos años... Las personas entrevistadas en este libro son plenamente conscientes de ello. La diferencia es que en el siglo XXI la población sigue creciendo de forma espantosa y convertir estas palabras en realidad no sólo será deseable, sino que será una cuestión de vida o muerte. En 1975, la Tierra estaba poblada por 4000 millones de personas. Hemos duplicado la cifra de habitantes en menos de cincuenta años y, según las estadísticas de la ONU, la triplicaremos en los próximos treinta años. Si no aprendemos a compartir en lugar de acumular, a dar en lugar de recibir, el mundo no tendrá suficientes recursos para todos. Por esta razón, el éxito debe entenderse como la situación en la que podamos ayudar a la sociedad y contribuyamos a su evolución y justicia. Me siento optimista en este sentido: veo a muchos jóvenes que tratan de dar sentido a sus vidas contribuyendo a un mundo mejor.

Sin embargo, tengo bastantes más dudas sobre el futuro que nos estamos construyendo. Hablando de un tema tan amplio, en una era de cambios radicales y repentinos, sólo podemos hacer suposiciones. Aun así, este proyecto ha contribuido a la formación de mi propia idea de lo que sería necesario para un «futuro mejor». Al leer las diferentes recomendaciones a las generaciones más jóvenes, veo que el denominador común es a menudo el mismo: ayudarse y respetarse mutuamente y compartir no sólo la vida, sino también los objetivos y los éxitos. Abandonar el egoísmo y el individualismo, que ahora parecen ser congénitos en nuestra sociedad, en favor de una mayor solidaridad. La convicción de que la realidad sea multidimensional y compleja, donde todo está interconectado y nada es superfluo.

Esto es exactamente lo que, hace casi dos siglos, un poeta italiano, Giacomo Leopardi, describió al recordar la imagen solitaria de la genista –una planta mediterránea que crece, a menudo solitaria, en suelos áridos y rocosos– comparándola con la situación humana:

*Aquí, en la estéril espalda*
*del formidable monte*
*exterminador Vesubio,*
*ahí donde ningún árbol ni flor alegra,*
*tus matas solitarias alrededor derramas,*
*perfumada genista,*
*contenta de los desiertos.*

Observando la esencia solitaria e individualista de la condición humana, el poeta espera que la sociedad pueda forjar lazos de solidaridad. Espera que los hombres puedan finalmente formar una «cadena social» y renovar las relaciones civiles, honestas y rectas en un reino donde el orgullo y el egoísmo sean reemplazados por la justicia y la piedad.

Creo que buscamos la felicidad a través de la experimentación continua de cosas nuevas, sensaciones nunca experimentadas y cambios repentinos y continuos. Queremos conocer nuevas relaciones personales, tenemos que experimentar tantos tipos de cocina como sea posible, queremos gozar de diversas formas de música. Y una de las mejores maneras de hacerlo es liberarnos de la rutina, dejar atrás el contexto familiar y viajar lejos, donde podamos experimentar la cultura, los olores, los gustos y los hábitos de otras personas. El consumismo nos convence de que si nos falta algo o alguna cosa no va bien del todo, entonces probablemente necesitaremos comprar un producto o un servicio para hacer nuestra vida mejor. La globalización, entre otras cosas, ha permitido que esta ideología se expanda sin fronteras –lo que trae muchos beneficios, por supuesto–, pero termina por aglomerar y tragarse todas las obsoletas realidades étnicas y religiosas locales que han intentado resistirse a ella.

Es bueno esperar que «las cosas se integren, en lugar de fragmentarse y que desaparezcan las fronteras y los pequeños intereses», pero estoy convencido de que la humanidad no podrá lograr la tan esperada «cadena social» hasta que no tenga algo más alto en lo que creer, en vez del dinero o la búsqueda continua de nuevas sensaciones. El discurso convencional sobre la transición a fuentes de energía sostenibles y sobre la consecución de una sociedad más justa y equitativa nunca podrá hacerse realidad si no hay una filosofía compartida detrás de ello.

El verdadero desafío de nuestro siglo es, pues, encontrar un equilibrio, restaurar unos principios eternos, encontrar la fuerza para creer en una humanidad unida. Puede parecer una reflexión retórica o utópica, a años luz de distancia, pero, en realidad, muchas filosofías y religiones, a lo largo de los siglos, se han acercado a este ideal, por ejemplo, la filosofía africana *ubuntu*, el budismo e incluso el catolicismo, aunque de forma marginal. Debemos restablecer un diálogo verdadero sobre la civilización del futuro, mediante un enfoque más holístico[1] y global de los riesgos reales de nuestro siglo, que es enormemente complejo.

1. El holismo es una posición metodológica y epistemológica que cree que todos los sistemas (físicos, biológicos, sociales, económicos, mentales y lingüísticos) y sus propiedades deben ser analizados conjuntamente, y no sólo a través de las partes individuales que los componen. El holismo analiza y observa el sistema como un todo integrado y global, que no corresponde simplemente a la suma de las partes.

# Epílogo

Hemos llegado al final de esta travesía, pero el viaje continúa...

Algunas veces me había preguntado qué debería escribir en el epílogo, ya que esta obra no es un trabajo académico o de investigación, tampoco una novela ni un compendio de mejores prácticas. Puede que se parezca más a una poesía en la que han participado los 22 protagonistas del libro.

Fue una mañana, poco antes de salir el sol, cuando una espontánea inspiración, venida de tierras americanas, me sugirió una idea bien simple y original: crear una poesía-composición con 23 aforismos, en la que cada uno se corresponda con una contribución de los 22 coautores, con un aforismo además mío propio, sin que sigan el mismo orden de cómo aparecen los protagonistas en el texto.

Y aquí está la composición, propiedad de todos vosotros, los que habéis participado en la redacción del libro. El título no puede ser otro que *Más allá del éxito y del fracaso*.

✓ Es importante ser consciente del regalo que supone vivir otro día. *Hoy* jamás se repetirá.

✓ Tenemos que aceptar que no siempre podemos hacer lo que queremos, pero sé lo máximo que seas.

- ✓ Atrévete a ser como sueñas. Trabaja en las fronteras de lo posible, sueña en lo imposible y confía en lo improbable.

- ✓ El éxito consiste en ser; quien no es, ha fracasado. Quien es y está en paz consigo mismo, tendrá la fuerza para crear y sentir el éxito.

- ✓ Para tener éxito en la vida, no sólo tienes que ser inteligente, tener suerte y esforzarte, también tienes que hacerte valer y saber comunicar.

- ✓ El éxito es sentir el amor de los demás y la felicidad es comprenderlos y ayudarlos.

- ✓ Saber que has fracasado y que puedes remontar ese fracaso es el motor del crecimiento intelectual.

- ✓ La suerte es la habilidad de descubrir las oportunidades que te ofrece el azar, trabajarlas y sacarles partido.

- ✓ Enamórate de las cosas y disfrútalas; lo que cuenta es vivir a fondo y de manera intensa.

- ✓ De un hombre mayor a los jóvenes: comprometeos con vosotros mismos y con los demás. «No te sientes a esperar que el mundo te trate bien».

- ✓ Cuando era un niño, admiraba a mi padre y decía: «Éste es mi padre»; y ahora soy yo quien dice: «Éste es mi hijo».

- ✓ Sé genial, compórtate como si lo fueras, comprométete hasta el final y conseguirás casi todos tus objetivos.

- ✓ Uno puede decir que no lo logró, pero no puede decir que no lo intentó.

✓ Céntrate en un sueño. No importa el tiempo que necesites para realizarlo porque ese sueño permanecerá ahí mientras vivas. Si dices: «Quiero subir esta montaña», lo lograrás; pero lánzate con convicción y mucha fe.

✓ Aprende a moldear el riesgo: arriesgarse es una manera de acercarse a la realización profesional.

✓ La vida feliz apela a los valores de la convivencia y al compromiso, mientras que la *muerte exitosa* remite al egoísmo y a la pérdida de valores.

✓ Las personas somos insignificantes. Sólo podemos aspirar a identificar y encontrar las olas, subirnos a ellas y surfearlas, pero no hay éxito alguno sin amor.

✓ En la vida, hay que dialogar, seducir y convencer, en lugar de imponer, reprimir o prohibir.

✓ Si tienes mucho dinero y los que te rodean no tienen para comer, no podrás ser feliz. Eres feliz en la felicidad de los demás.

✓ Qué mejor legado puedes dejar a los que te sucedan que esa manera honesta y generosa de ayudar a los demás con cariño y respeto.

✓ Somos ciudadanos del mundo. Cuando viajas lejos, redescubres que todos somos iguales. Es una suerte que todos seamos *Homo sapiens* del planeta azul.

✓ Un valor para los jóvenes y los no tan jóvenes es el amor por quienes somos y por lo que hacemos, por el maravilloso mundo que nos rodea y por todos los seres, humanos o no, con los que compartimos la misma casa.

- ✓ Ahora mismo y en cualquier lugar, un joven acaba de hacer un alegato a favor de la esperanza y de esta generación llena de jóvenes con valores firmes y comprometidos por mejorar el mundo.

Y como he dicho al principio de esta clausura, el camino continúa…

Para acabar, pues, me gustaría desearos que vuestro viaje sea bien largo, rico y apasionante.

# Índice

Agradecimientos ... 3
Introducción ... 5
Ricardo Díez Hochleitner ... 21
Ruth A. Davis ... 31
Roser Camp, viuda de Castells ... 43
Dennis L. Meadows ... 51
Martí Boada ... 67
Federico Mayor Zaragoza ... 75
María Novo ... 85
Ángel Villán ... 103
Francesc Cobo ... 113
Nickson Johnson Mgonja ... 121
Ashok Khosla ... 131
Ramon Parellada ... 147
Pep Bou ... 157
Shlomo Ben Ami ... 169
Núria Roca Pasqual ... 181
Josep Lluís Rovira ... 191
Gunter Pauli ... 201
Antonio Valero ... 211
Javier González Fraga ... 223

Leandre Mateu Rocher ........................................ 237
El éxito, el fracaso y las nuevas generaciones ........................................ 249
Lluís Girbau Cabanas ........................................ 251
Giorgio Teresi ........................................ 253
Epílogo ........................................ 265